国学系列公开课

孔子公开课

山东省图书馆尼山书院 编

商务印书馆
The Commercial Press
创于1897

图书在版编目(CIP)数据

孔子公开课/山东省图书馆尼山书院编. —北京:商务印书馆,2023

(国学系列公开课)

ISBN 978 - 7 - 100 - 22440 - 6

Ⅰ.①孔… Ⅱ.①山… Ⅲ.①孔丘(前 551—前 479)-哲学思想-通俗读物 Ⅳ.①B222.2-49

中国国家版本馆 CIP 数据核字(2023)第 076381 号

孔子公开课

山东省图书馆尼山书院　编

商 务 印 书 馆 出 版

(北京王府井大街 36 号　邮政编码 100710)

商 务 印 书 馆 发 行

北京中科印刷有限公司印刷

ISBN 978 - 7 - 100 - 22440 - 6

2023 年 6 月第 1 版　　　　开本 880×1230　1/32

2023 年 6 月北京第 1 次印刷　　印张 9⅝　插页 1

定价:56.00 元

国学系列公开课

主编

刘显世

副主编

李西宁

编委

任　蒙　王　斌　孙晓明　左凤艳

作者（按音序排列）

龚鹏程　郭齐勇　姜广辉　廖名春

刘　东　牟钟鉴　彭　林　舒大刚

王　博　王志民　徐洪兴　颜世安

前言

　　尼山书院国学公开课是由山东省委宣传部、省文化厅主办,山东师范大学齐鲁文化研究院、《光明日报》国学版策划发起,山东省图书馆尼山书院(山东省图书馆)具体承办,面向社会群众和广大党员干部的公益性优秀传统文化普及课程。

　　"孔子公开课"是第一个系列,共举办十二讲,邀请来自全国的著名学者担任主讲人,全面系统地讲解孔子生平思想和影响,传承与弘扬中华优秀传统文化,为山东文化建设提供思想与智力支持。

　　孔子的思想涵盖政治、教育、道德、社会等多方面,因此,"孔子公开课"在讲座内容设置上均有所涉猎,内容包括孔子思想的来源、孔子与齐鲁文化的关系、孔子思想的当代价值等多个领域。牟钟鉴先生做了题为《孔子:中华民族的精神导师》的首场公开课,阐释了孔子思想的发展,孔子集五帝三代之大成,在整理和阐述五经的基础上,创立了儒学,为中华民族的发展确立了一个仁和之道的、人本主义的精神方向,为社会人生提出了普世道德价值标准,形成了民族的文化血脉、基本性格、文化基因,成为中华文化的主导思想,形成了中华民族的核心价值。湖南大学岳麓书院教授、博士生导师姜广辉《从五帝三王到孔子》,系统梳理了三代的历史及孔子对六经的整理与传承。清华大学历史系教授廖名春在《孔子其人其书及其误读》中,首先介绍了孔子的一生;随后,他对《论语》的内涵、编纂及对后世的影响展开论述,并重点就人们对《论语》的误读,以实例的形式为孔子进行辩诬。孔子及孔子思想的产生与其所生长的齐鲁大地有着密不可分的联系,山东师范大学齐鲁文化研究院教授王志民就这一问题做了《孔子与齐鲁文化》的专题讲座,齐鲁文化孕育了孔子,同时,孔子对推动和丰富齐鲁文化做出了巨大贡献。清华大学历史系暨思想文化研究所教授、博士生导师彭林《为政以德:孔子的德治思想》以东方文明和西方文明的差异为开场,认为周文王新政以道德为灵魂是孔子形成"德治"思想的历史背景,并以自身经历和一些普遍存在的社会现象为实例对孔子的"德治"思想进行了一一解析。南京大学历史系教授、博士生导师颜世安在《孔子的社会理想:天下有道》中从"和而不同"看孔子的人生修身、社会理想及孔子社会理想的意义及后世影响。四川大学历史文化学院教授舒大刚先生在《孔子的教育思想》中,总结了孔子在教育方面的实践及贡献,认为其教育理论的创新性对当代教育产生了重要影响。武汉大学国学院教授郭齐勇所讲的《仁者爱人:孔子的伦理道德思想》指出,"仁"者为人之本,并介绍了五伦的内容及价值。复旦大学哲学学院教授徐洪兴在《孔子与儒学演变》中重点介绍了儒学三大家,即孔子、孟子和荀子,对汉、唐、宋、明、清视野中的孔子进行了一一剖析。北京大学哲学系教授、博士生导师王博在《孔子与诸子百家》的讲座中,首先介绍了从王官学到诸子学转折中的孔子;进而分析了孔子与老子、墨子等诸子百家之间的关系,形成了对诸子百家的独特描述;对中国文化影响深远的儒、墨、道、法,如同映射了心灵的春夏秋冬四季——儒家是温泉,是春天;墨家是热泉,炽热如夏日;道家是冷泉,如秋天般的感觉;法家是冬天从温泉走出来之后的那种感觉,残酷冷绝。北京大学中文系特聘教授龚鹏程《孔子与近现代中国》的讲座,重点分析了近现代中国的时代主题及国家命运,以及在马克思主义、科学主义、后现代主义视野中的孔子形象。清华大学国学研究院副院长、博士生导师刘东在《孔子思想的西方回声》中,以他在法国书店拍摄的一组照片为开场,展示了法国学术界对孔子思想的研究角度和动态。以传教士、哲学家和职业汉学家为发展线索,描绘了西方世界对中华文明及孔子思想的传播。

孔子公开课系列讲座活动是尼山书院弘扬优秀传统文化的新尝试,提高了"图书馆+书院"模式的公共文化服务水平,充实了服务内容,扩大了尼山书院在弘扬传统文化中的社会影响力,同时,提高了全省文化系统干部职工思想道德修养和传统文化素养,为促进社会和谐,建设文化强省提供强大的精神动力和思想文化保障。

编者

2022 年 10 月 14 日

目录

第一讲　孔子：中华民族的精神导师

牟钟鉴

　　首先感谢山东省尼山书院国学公开课孔子公开课第一讲让我来讲，有一些压力，但是我愿意努力讲好，因为今天是习近平总书记视察山东讲话一周年，是个很重要的日子，我自己也有一种很深的乡情，所以我愿意抛砖引玉，把我平时研究孔子的一些体会，最近学习习近平总书记讲话的一些心得，和大家一起分享。今天讲座的题目是《孔子：中华民族的精神导师》，这个提法很多人认同，也有人还不认同，但这都没关系，我们可以做一些探讨，就是今天应该给孔子一个怎样的新定位。我认为可以概括为这样一句话：孔子，是中华民族的精神导师。今天我想从历史发展的曲折道路方面来重新审视孔子的历史作用，因为大家知道实践是检验真理的标准，这个实践有时需要一个很长的历史时期来检验，今天我们就用历史来检验孔子的思想及历史地位。

　　我最近学习习近平总书记关于中华文化的一系列讲话，我认为总书记从全局的角度和长远的眼光，阐发了中华优秀传统文化跨越时空的深厚内涵，第一次提出了文化发展战略构想，为文化建设指明了方向。其中有两次讲话在时空点上具有特殊的重要性，一次是 2013 年 11 月 26 日和 28 日在山东曲阜的讲话，另一次是 2014 年 9 月 24 日在北京纪念孔子诞辰 2565 周年大会上的讲话。在山东的讲话是在孔子的故乡讲孔子儒学和中华文化，主要内容包括：强调孔子思想是人类思想宝库中的重要内容，是中国传统文化的重要组成部分；强调世界上的孔子热经久不衰，虽然有争议，精华却为人们所共识；又说国无德不兴，人无德不立，中华传统美德系统完备、博大精深，我们要努力实现中华美德的创造性转化、创新性发展；指出要运用传统美德资源来推进以德治国和以德树人，特别是希望推进美德山东、文明山东建设。我的体会是总书记对山东有殷切的期望，希望山东能够在弘扬中华文化方面走在前面。

一、“以仁为本”是中华民族的底色

　　第一部分，我主要追溯一下历史。孔子是集五帝三代之大成，在整理和阐述五经的基础上创立了仁礼之学，为中华民族的发展确立了一个仁和之道、人本主义的精神方向，为社会人生提出了普遍的道德价值标准，形成了民族的文化血脉、基本性格和文化基因，故其在百家中脱颖而出，成为显学，而后成为中华文化的主导思想，形成了中华民族的核心价值，即中国人所说的"道"，这个"道"，如果用两个字来表述，就是"仁和"，以仁为体，以和为本；如果用三个词来表述，就是"仁义、民本、贵和"；如果用四句话来表述，就是"天人一体、仁爱忠恕、和而不同、礼义诚信"；如果用六个短语表述，就是"讲仁爱、重民本、守诚信、崇正义、尚和合、求大同"。这几个方面的概括就是总书记做的总结。

　　孔子儒学铸造了中华精神。《易传》所说的"自强不息""厚德载物""刚健中正"就是中华民族的精神，即不甘落后，也能包容，同时不卑不亢。

　　大家都知道孔子在历史上曾被称为"大成至圣先师""万世师表"。"大成"是孟子评价孔子的，因为孔子"祖述尧舜，宪章文武"，如"民惟邦本""本固邦宁""协和万邦""讲信修睦"，特别是继承了周代的礼乐文化，并对它加以提升。所以孔子不是哪一个方面的继承者，而是三代以来主流文化的一个综合继承者，因此说他"集大成"是非常准确的。

　　"至圣"是司马迁所议，《史记·孔子世家》"赞辞"里评价说，"孔子布衣，传十余世，学者宗之。自天子王侯，中国言六艺者折中于夫子，可谓至圣矣"。意思是说，圣人里孔子是第一位的。

　　"先师"是元明清时期的封号，这是一个比较准确的定位，孔子不是神，也不是王，孔子是人，但他是圣人。孟子说得很清楚,"仁人之志也",就是做人做得好,可以成为表率,做得最好就是圣人。这个"师"是广义的,他不仅是中国民间教育最早的老师,而且是整个民族的思想导师。

孔子使中华民族成为礼仪之邦,成为高度文明的国家,而且这个文明绵延不绝,不论朝代如何变动,不论制度如何改革,中华民族延续的基因、血脉和得以凝聚的精神纽带,始终是以儒学为主导的中华文化。所以神化孔子是不对的,丑化孔子是对民族的罪过,敬重孔子应该是常态。在历史上,凡是坚持孔子儒学确立的精神方向并且认真实施的时代,便是治世、盛世;凡是公然背离上述精神方向,或者扭曲它、架空它,或者僵化保守、不思进取的时代,便是乱世、衰世。两千多年的社会历史实践反复地检验着儒家的真理性,鉴别着它时代性和普遍性,考验着它的创新能力。儒学有时候也衰弱,生命力下降,但是过一段时间以后又有所创新,呈现新的面貌,特别是在近现代可以说是置之死地而后生,现在它又焕发出新的生命。

在我看来,孔子儒学不是一个普通的学派,不要和诸子百家并列,它不是一家一派的问题,也不是西方式的宗教团体,它没有严明的组织制度,不重视自身有形力量的拓展,也没有特殊的利益诉求,它是基于普遍人性的一种公共性的社会德教,这个"教"不是宗教之"教",而是教化之"教",致力于向社会和各个领域提供基本道德规范和公共生活准则,使得社会人生沿着向上、向善的有序的文明方向前行。"教化"中最重要的，就是经过孟子、荀子和汉儒的加工，所形成的"五常""八德"基本道德体系。"五常"，即仁、义、礼、智、信，这是人生常道，须臾不能离。"八德"，即孝、悌、忠、信、礼、义、廉、耻。这八德里"忠孝"是核心，它是五常的一个扩展。五常八德在不同的时期有不同的解释，但是本质属性是永恒的。

表现在人生态度上，主要是修己以安人，修己以安百姓，以天下为己任，"富贵不能淫，贫贱不能移，威武不能屈"，这是中国的君子所追求的一种人生价值。表现在治国理政上，就是导之以德、齐之以礼，为政以德，民生为本，正己正人，礼法合治，德主刑辅，用贤纳谏，廉洁奉公，政通人和，居安思危。这就是我们孔子和儒学为治国理政提供的一些基本的规则，至今仍影响深远。表现在经济生活方面，就是见利思义、取之有道、诚信为本、富民均平、重农扶商、开源节流，基本涵盖了当今经济生活的主要理念。表现在国防军事上，就是仁者无敌，义兵必胜，出师之缘由应该是正义的，"足食足兵，民信之矣"，军事国防到今天还遵循这样一个原则。表现在国际外交上就是协和万邦，讲信修睦，礼尚往来，"近者悦，远者来"，化干戈为玉帛。表现在文化、文艺上就是和而不同，文以载道，尽善尽美，强调要为社会服务，为大众服务。表现在民族宗教政策上，因俗而治，神道设教。孔子"敬鬼神而远之"，他远鬼神，但是他"敬"即尊重别人的信仰。当今社会应尊重各个民族的信仰，因俗而治，发挥它推动社会道德教化的作用。表现在教育上，有教无类，因材施教，仁、智、勇兼备，启发式教学，

5

到今天仍然是我们教育改革的一个方向。表现在人和自然的关系上，就是敬畏自然，天生人成，赞天地之化育，"仁者可与天地万物为一体"，天人一体，而不是征服自然。表现在社会理想上，就是小康大同，天下为公，选贤与能，四海一家。

中国老百姓的基础信仰是什么？其实并不像有些西方人说的中国是一个没有信仰的国家，这是完全错误的。中国几乎全民信仰"敬天法祖"，这是中国人的基本信仰，但同时不排斥其他的信仰，具有包容性。

习近平总书记把儒家的讲仁爱放在第一位，而仁爱的体现是忠恕之道：一是"己欲立而立人，己欲达而达人"，讲求帮助人、关心人；二是"己所不欲，勿施于人"，要尊重人、体谅人。当孔子的弟子谈论孔子的一贯之道是什么时，曾子就说过一句话，"夫子之道，忠恕而已矣"；在回答子贡"有一言而可以终身行之者乎"的提问时，孔子说"其恕乎"。他没讲忠，只讲恕，这就是他的一贯之道。孔子更重视恕道，因为儒家的仁爱和一些宗教信仰的仁爱的不同点在于，宗教也讲爱，但是它的一个缺点就是它觉得在我这个信仰之外无法成就，因此它强调"己所欲施于人"，这个"爱"就成为强迫的爱。儒家讲的"恕"道，是互相尊重的爱，这才是真正的爱，强迫的爱会给人类带来痛苦，甚至灾难。所以主张"其恕乎"，孔子讲恕道最伟大的精神就是将心比心，不能只考虑自己，要关爱和尊重他人，不能把自己的意志强加于人，这正是当代社会最缺乏的精神。

历史在演化，社会在变迁，儒家的上述种种的价值观是中华民族一以贯之的精神追求。同时，老子的道家也是不可缺少的，它和儒家阴阳互补，形成了中国文化的底色。

二、　古代儒学的内在理路是波动中的主流

1. 秦汉时期儒学的发展

先秦儒学经过孔、孟、荀三家的发展，到战国后期成为诸子中的显学，但正当它可以在统一的秦朝发挥作用的时候，却遇上了秦始皇要反儒家之道而行之。秦国最早是用商鞅变法实现了国富兵强，始皇执政，吞并六国，建立起中国第一个中央集权的统一帝国，统一文字和度量衡，建立郡县制度，车同轨、书同文，一系列法律制度是有历史贡献的。但是秦始皇犯了一个严重的错误，他迷信武力，以为有强大的政权、军队和山河之险，天下固若金汤，就可以开万世基业，便废弃孔子之道，以吏为师，以法为教，严刑酷法、滥用武力，修长城、阿房宫。偶语《诗》《书》者弃市，焚儒学和百家之书，坑杀议政的儒士四百六十余人，结果传之二世而亡国，从焚书到陈胜吴广起义仅十年的工夫，一个强大的军事帝国很快就土崩瓦解。

汉初思想家、政治家总结秦朝灭亡的教训，其中最有代表性的就是贾谊的《过秦论》，指出"一夫作难而七庙隳，身死人手，为天下笑者，何也？仁义不施，而攻守之势异也"，这一认识非常精辟，强大到令六国都打不过的秦朝，一个普通的农民

(陈胜)揭竿而起后,整个天下都乱了,秦二世被赵高杀死,被天下人嘲笑。这一方面是因为"仁义不施",对老百姓不关心,而以残暴的手段对待老百姓,天下"苦秦久已",以致失掉了民心;另一方面就是"而攻守之势异也",当初取得政权,用强大的军事力量就可以做到,以前是攻势,现在是守势,要治理国家,要长治久安,但统治者思想没转过来,还用原来那一套办法,所以达不到原来的效果。这是一个深刻的历史教训,我们要吸取。

西汉建立之初,刘邦和儒家思想家陆贾曾经讨论过一个问题。据史载,高帝骂之曰:"乃公居马上而得之,安事《诗》《书》!"陆生曰:"居马上得之,宁可以马上治之乎?且汤武逆取而以顺守之,文武并用,长久之术也。"也就是说,马上得天下,能不能马上治之?经过讨论,刘邦认识到儒家的重要性,汤武革命要用军事,但是"逆取而顺守之",当时是造反,现在是守成,文武并用,才是长久之术。贾谊和陆贾都看到了"国以民为命脉",治国要礼法并重,所以到汉武帝的时候,采纳了董仲舒"罢黜百家,独尊儒术"的建议,尊崇儒学为国家的指导思想。这里我强调一点,很多人有误解,认为汉代的时候,百家都被取消了,但实际上不是这个意思。董仲舒的建议是作为一个国家的政治意识形态、指导思想应是儒家的,不能是百家的。我认为,到现在为止,世界上所有的国家政府主导的意识形态都是一元的,而在文化上可以是多元的。

汉代强调儒家的大一统,反对分裂,把儒家的经学提升为官学,推动"五经之学"发展,制定新的礼乐制度,提倡以孝治天下,贯彻于政治、教育、社会民俗,实际上应该说是礼法并用。汉代《孝经》流行,孝是一个家庭伦理概念,以孝则忠,以家为国,所以在儒家的思想里面,国家是家庭的扩大,与家是融为一体的。

当时的社会也是开放的,与西域交流,汉代出现一个盛世气象,就是因为又回归了儒家的正路。

汉代的贡献是建立了以儒家为主导的中华文化的格局,也就是董仲舒肯定的"五常",它确立了中国人的核心价值。但是也有缺点,就是董仲舒同时提出的"三纲",即君为臣纲、父为子纲、夫为妻纲,这是把宗法等级社会政治意识形态加到儒家。孔子讲"君使臣以礼,臣事君以忠",孟子讲"民为贵,君为轻",互相都有责任,不是单向的服从,孔孟思想里面没有三纲。三纲带来了儒学过度政治化、等级化,它具有时代性,没有永久性,这就自然地减少了儒家的仁爱忠恕精神,忠恕之道中很强的平等精神被三纲抑制,汉代经学后来又出现了神秘化、烦琐化,使得其生命力更加下降。

汉武帝时期,刘安编了一本《淮南子》,希望建设一个比较开明的君主制度,但汉武帝没有采用,由此造成了君主个人的高度专制。到汉代末年,政治腐败,特权世袭,"名教礼法"成为教条,治国理政偏离了儒家精神,民不聊生,人心离散,所以才有黄巾起义,三国鼎立,国家分裂,出现了魏晋南北朝的乱世。

2. 魏晋南北朝、隋唐时期儒学的发展

魏晋南北朝社会动荡不宁,佛教盛行,道教壮大,玄学流行,中华文化出现了多元化的趋势,儒家的主导地位受到冲击,新的格局还没有形成,儒家面临着转型的问题,儒家怎样和佛道相处尚不明确,儒释道三教既有冲突,又有融合,处于探索之中。这一阶段虽为乱世,也有兴治之时,如南朝梁,但总体上国家不统一,朝廷更替频繁,南北间常有战事,因此这是一个动乱的时代。

隋唐时期,国家统一,特别是唐代,多民族关系趋向缓和,儒释道三教既有冲突又有融合。一方面儒家吸收佛老精髓,建立科举制度,并且编纂《五经正义》作为科举的标准读本;另一方面,佛道开始吸收儒家,出现了中国化的禅宗,形成了文化主体性与开放性的统一。由此形成了一个以儒为主、佛道为辅、三足鼎立与互补的新格局,这个格局一直延续到清代。

唐代是一个繁荣昌盛而且开放的时期,文化走向多元,出现了新的盛世。当时唐朝是世界上最繁荣的国家,各国纷纷遣使前来学习,其中儒家制度文化的健全和道德文化的普及起了主导作用。那么,为什么还要有佛道二教呢?这是因为儒家有所不足,儒家不太讲彼岸和来世,而老百姓有这个需求,所以佛道二教可以补充儒家的不足。但反过来,佛道二教也深受儒家的熏陶,没有另起炉灶,而是认同儒家五常,同时用神道设教,增强了儒家道德的力量。所以在这个意义上,佛道二教用宗教的方式扩大了儒家信条的影响,是儒家的功臣。

唐代对儒学的贡献是展现了儒家开放、包容的品格和宏大的气象。唐太宗确立了儒学在治国理政中的主导地位，同时他也深知并善于发挥佛道二教安定民心、改善民俗、稳定秩序的作用。《贞观政要》里面记述他说过"朕今所好者，惟在尧舜之道，周孔之教，以为如鸟有翼、如鱼依水，失之必死，不可暂无耳"。就是说他像鱼依赖水，鸟依赖两个翅膀一样，一刻也离不开儒家之道。他还说，"今李家据国，李老在前；若释家治化，则释门居上"，即我姓李，老子叫李耳，所以就推崇道教，另外佛教也有很强大的教化功能，所以他也推崇，但是他内心里主要相信儒家。所以唐太宗和秦始皇很不同，他既有武功，又懂得文治，他依据孔子儒家的思想，能够用贤纳谏（如重用魏征），修身崇俭，改善民生，繁荣商业，建立学校，实行科举，巩固边防，沟通中外，为盛唐奠定了牢固的基础。之后的几位皇帝大体上没有离开太宗的治国之道，所以唐代成为中国历史上最繁荣的一个朝代。

到了唐代末年，政治腐败，厚征巨敛，民生凋敝，内有党争，外有番争，导致了亡国和五代十国乱世。

3. 宋元明清时期儒学的发展

到了宋元明清时期，《论语》《孟子》成为经，与《大学》《中庸》合称"四书"，地位在"五经"之上，形成了十三经格局。三教合流达到理论层面，在融合佛道中出现了新儒家，就是宋明道学，包括程朱理学、陆王心学，它们成为主流思想，并且在社会生活中，礼法成为生活方式。

可以说，这四个朝代基本上保持了儒家礼仪，都有繁荣的时期。但是也有缺点，儒家思想体系有缺点，就是过度重视礼，强调"存天理，灭人欲"，导致礼仪强、仁爱弱，天理强、人情弱，内圣强、外王弱，太重视心性之学，而忽略了外王，即忽略了经世致用，也常常忽视民生为本，所以不断地有内乱发生。正因如此，于是在思想上出现了反弹，既有心学讲个性解放，又有实学出来讲经世致用、明体达用。

宋代大儒张载有名的"横渠四句"："为天地立心，为生民立命，为往圣继绝学，为万世开太平"，从此以后成为中国志士仁人的座右铭。宋代范仲淹《岳阳楼记》里有名句"先天下之忧而忧，后天下之乐而乐"，一直在鼓舞着中华的精英为国家建功立业。成吉思汗未接触中华文化时，凭借游牧铁骑西征列国，建立横跨欧亚的军事大国，充满战争扩张的残酷性、野蛮性。高道丘处机西行雪山会见大汗，用儒家"敬天爱民"和道家"清心寡欲"劝诫之，使其减少了杀戮。元朝采用了儒家礼义教化，推崇四书，认同华夏文化正统，仍有国运近百年。明清之际，顾炎武敏锐察觉到儒学精髓与中华民族生存发展的血肉联系，指出"亡国"与"亡天下"不同，"易姓改号，谓之亡国。仁义充塞而至于率兽食人，人将相食，谓之亡天下"。亡天下就是整个民族文明的灭亡，所以"保天下者，匹夫之贱，与有责焉耳矣"。清中期则有戴震反对道学，批判"以理杀人"。但乾嘉以来，由于文字狱大兴，学人远离经世之学而把精力转移到考据学上，致力于经典文献整理和文字考订、音韵、训诂上，虽在学术史上有重要贡献，但脱离现实关切，不能使儒学义理与时俱新，加上科举考试落入八股，读经成为利禄的敲门砖，儒学的精神生命日益萎缩。

三、变革与危机——近现代儒学的衰微

1. 辛亥革命时期的儒学危机

清代末期以后，儒家的思想遇到了最严峻的考验。清代的后期到辛亥革命，有理乏仁，仁义礼智信的精神被三纲压倒，社会治理上闭关锁国，不仅限制了社会的发展，也使儒家的生命枯萎，万马齐喑，导致礼教吃人。无仁之礼导致整个国力衰败，一败于鸦片战争，二败于甲午战争，这是一段让国人倍感屈辱的历史。

此后，中国人开始觉悟，寻找自强救国之路。面对西方文化的强势进入，张之洞提出"中体西用"之说。严复引进西方的进化论，进化论强调优胜劣汰，虽然能振奋民心，但事实上具有一定的负面作用。西方的进化论被扭曲为"社会达尔文主义"，在国家民族之间奉行弱肉强食；在文化方面，叫作"单线进化论"，导致产生"中国文化是低级的""西方文化是高级的"这种欧洲中心论。因此，严复的天演论具有两重性。后来康有为、梁启超的改良派兴起，实行托古改制，主张虚君共和，重提"大同"，在国家精神方面试图重新建立孔教，但没有成功。改良派思想家中，需要特别关注的是谭嗣同。谭嗣同在

其著作《仁学》中猛烈抨击三纲,不仅要挽救仁学,而且把仁学和当时那个时代的改革开放联系起来。他提出了"仁以通为第一义",要中外通、上下通、男女通、人我通,打破闭关锁国,所以我觉得谭嗣同是中国最早的改革开放思想家,他区分了儒家思想中的精华和糟粕,在当时很少有人能做到这一点。但是由于种种原因,改良派失败了。

后来孙中山提出三民主义,强调民族独立,民族平等,民主共和,平均地权,利用资本,发展实业,对外实行王道,反对霸道。他把中国的、西方的,甚至是基督教的一些优点都集中起来,而能够抛弃其中不好的东西。比如:他抛弃了基督教的排他性和西方的霸权主义,吸收了西方的民主、自由、平等的思想;抛弃了中国文化的三纲,成功推翻君主专制;肯定儒家的传统美德,提出新"八德",即忠孝、仁爱、信义、和平;赞成社会主义,平均地权、共同富裕;不完全认同当时苏联的模式。孙中山能够综合各家的精华,所以说他是了不起的。但是在他去世后,三民主义被国民党歪曲和架空了。

2. 中华人民共和国成立前后儒学的发展变革

民国时期一直到新中国成立,社会处在大变革时期,文化的走向陷入危机,当时的中国人迷茫了,以后的文化该怎么走?但当时这不是主要问题,主要问题是救危图存,特别是日本帝国主义侵略中国,带来的是亡国灭种的危机,来不及深入处理文化问题。所以一方面,中华民族从沉睡中觉醒,发扬了"自强不息,艰苦奋斗""天下兴亡,匹夫有责"的中国精神,以此来顽强抵抗帝国主义特别是抵抗日本法西斯。后来又坚持统一战线，推倒三座大山，建立独立自主的新中国。这其中就有儒家的功劳，仁人志士在新的条件下发扬了以儒家为主导铸造出来的中国精神。

在文化上，当代新儒家探索儒学融汇中西、贯通古今之路，但不是主流，当时的主流是反传统和反国粹。中国文化界的主流掀起了反孔的狂潮，为欧风美雨所冲刷，迷失了大方向，孔子儒学被妖魔化，于是提出打倒孔家店的主张，孔子、儒学被妖魔化，面临着一场生死考验。儒家还有没有声誉，孔子真的过时了吗？中国是否要走全盘西化之路？共产党人主张批判地继承，毛泽东说："从孔夫子到孙中山，都要认真的总结，继承这份珍贵的遗产。"但是革命者中又有不少人把孔子儒学视为"封建文化"，把孔子儒学与封建专制主义等同起来（法家才主张君主专制而非儒家），视为革命的思想障碍，一味强调阶级分析，而忽略儒家维系中华民族生生不息血脉基因的独特价值，过分夸大其陈旧的成分，而看不清它的精华所在，没有认识到孔子儒学内含的基本精神已经成为全民族的社会心理结构。事实上，在那些为民族独立解放而奋斗的反孔革命者身上，仍然流淌着儒家倡导的仁人志士"以天下为己任"的热血，只是在理性上没有自觉意识而已。五四新文化运动思想家批判当时妨碍个性解放的旧礼教有其历史合理性，但有简单、粗暴、偏激的弊病，他们分不清"三纲"与"五常"的差别。孔子没有三纲之说而有"礼之用，和为贵"，孟子更有民贵君轻之论,三纲是儒学被宗法等级政治扭曲而有的,已经过时了。我们要替孔孟辩诬。今日中国,三纲不能留,五常不能丢,八德都要有。所以我们要提孔孟,我们要继承五四,也要超越五四,这就是否定之否定,我们的文化应当遵循这条道路的轨迹,不断超越。

3. "文革"时期儒学的命运走向

从建国到"文革",一方面中国人发扬自强不息、不屈不挠的民族精神,抗击帝国主义、抗美援朝,进行和平建设,研发核武,使得现代中国傲然屹立于东方民族之林。另一方面,在社会治理上我们曾经一度迷失,取消了"道之以德,齐之以礼"的文化传统,孔子、儒学继续遭到批判,儒家的地位每况愈下。受苏联阶级斗争理论的影响,在人民内部制造了连续不断的意识形态批判运动,社会主义日益脱离我们民族文化的根基,向着偏"左"的方向发展,最终导致了"文革",批孔、反孔达到了极端。

十年浩劫,中国社会就在这个时期陷入大灾难、大祸患。当时有一句口号是"革命无罪,造反有理"。革命已经成功,三座大山已经被推翻,还要造谁的反呢?最后是踢开党委闹革命,造"党内走资派"的反,造"反动学术权威"的反,才有了《横扫一切牛鬼蛇神》的社论,及谭厚兰带领红卫兵砸孔庙等事件。现在看来,所谓破四旧就是要铲除民族的精神根基,割断民族的精神命脉。历史教训告诉我们,文化不能革命,只能改良,因为它是长期积累的,一定要走渐进革新之路,政治可以革命，经济可以革命，文化不行。

子贡把他的老师孔子比喻成日月，日月是无法毁伤的。历史证明，孔子是打而不倒，批而不臭，因为他活在中国人的心里，他的思想已经融入我们的血液，进入我们的骨髓，成为一种民族性格。而我们的文明社会只要走上正轨，就会又需要孔子。所以打倒孔子的运动很快就被扫到历史的一边，不能成为中国的传统。

四、再造与重生——当代儒学的发展

1. 改革开放时期儒学的再改造

改革开放以来，我们抛弃了以阶级斗争为纲，开始重视民生，实行仁政，以民为本，强调和谐与正义，逐步回归孔子儒学的仁和之道，同时海纳百川，吸收全人类的文化成果，包括用西方的市场经济这个智慧来壮大自己，推动全球和平发展，所以我们国家取得了巨大的成就。与此同时，孔子的地位也重新被认定，被主流社会上下认定为伟大的思想家、教育家和政治家。在纪念孔子诞辰 2565 周年国际学术研讨会上，秘鲁前总统加西亚也发表了演讲，他在《儒学与全球化》一书中说，拉丁美洲 30 年前国民经济总产值高于中国，30 年以后经济停滞不前，远远落在中国后面，是因为一直处在动荡、争斗之中，而中国奇迹背后的深层原因是中华传统文化所凝结的仁爱、和谐、务实、整体、忠实、责任、勤奋的民族性格，在邓小平实行改革开放以后,得到发扬的结果。加西亚比普通人眼光要高,不仅仅停留在改革开放的经济层面、政治层次,还看到了背后的文化层面。中华民族的这些性格在改革开放以后得到释放,整个中国团结起来,致力于现代化事业,不再是一盘散沙。中国人团结起来,在共产党领导和组织下,发挥出十分伟大的力量。但由于前一个时期根深蒂固的反传统观念,国人的文化自觉性还是处于缺乏的状态,文化自卑现象严重,以孔子儒学为指导的中华文化传统,在中国文化建设中还处于相对模糊的地位。

同时,由于市场经济随之而来的不可避免的功利主义大潮流,把本来很脆弱的道德冲得更加衰微。习总书记讲过,中华文化是海内外中华儿女共同的魂。中国人在相当一段时间里"丧魂落魄"。现在普遍存在道德不受重视,甚至被嘲弄的现象。有些人意识不到传统文化与现代化事业是可以统一的,而且是必须互补的。现代化和社会转型中的矛盾层出不穷,需要传统道德来维系社会的稳定,以保证市场经济健康发展。欧美现代化国家并不是抛弃传统,改良后的基督教仍然在维系社会精神、社会道德。中国自古就有儒商传统,近代以来出现的晋商、徽商以及海外华商,都强调以义导利、诚信不欺、回馈社会,能够促进现代工商文明。中国人和海外的华人华侨中,五常八德仍然是他们为人处世的价值观,它超越了意识形态和经济制度,成为凝聚中华民族的精神纽带。我认为,陈水扁在台湾搞"台独",其手段就是在文化上去中国化。在台湾,对中国文化认同的人就是"孔派",很多台湾朋友就是坚定的孔派。陈水扁、李登辉认同的是日本和西方文化。多少年来,大陆许多人也在不断否定自己的传统文化,做着去中国化的蠢事,而陈水扁的"去中国化"给我们一个提醒,不能再搞这种蠢事了,中华文化是两岸统一的思想基础。

在教育上,我们长期以来重洋轻中、重理轻文,培养出很多高智商、精专业的博士,其中一些人却没有"中国心",一心走西方留学、移民这条路,中国科技方面90％以上的博士要走这条路。我不反对留学,现在是一个开放的时代,应该留学,但是你要保留一颗"中国心"。

爱国主义最深层的是爱中华文化,没有文化的自觉和自爱,是不可能真正爱国家的。所以我们要大力提倡国学教育,要做好培育文化根基和道德还魂的工作。山东正在做乡村儒学和社区儒学工作,就是要把民族的思想之魂与民族身上文化的根对接起来,要使中国优秀传统文化重新兴旺发达。文化之根,就是我们的心性,老百姓运用而不自知,讲孝道,讲诚信,讲忠厚,很容易激发出他们的道德意识,短期之内就能改变一个村子的风尚,这就是把根和魂对接起来了。

2. 十八大以来儒学的继续发展

十八大以来,习近平同志有多次关于中华文化定位的讲话,第一次正式提出以中华优秀文化为血脉、为根脉、为源泉,同时推动多彩的文明和谐、交流、互鉴,"各美其美,美人之美,美美与共,天下大同"。"文革"以后,政治上、经济上的拨乱反正比较容易,而文化的拨乱反正是很曲折的,接近一百年了。教师节的时候,习主席在北京师范大学重提"大成至圣先师""万世师表",高度评价了孔子的理论和教育思想,为中华民族的文化复兴指明了方向。

孔子开始在中国人心里复活了,重新在发挥精神导师的作用。习近平同志用"深沉""根本""精神命脉""文化精髓"等词语,形容以儒学为主导的中华优秀文化,指出培育和弘扬社会主义核心价值观必须立足中华优秀传统文化,只有这样才能体现社会主义的特色。社会主义核心价值观里面很多内容,比如文明、和谐、敬业、诚信、友善等都是直接来源于儒家的智慧。社会主义就是要把中国的最优秀的传统文化提升到一个新的高度,而不是把它抛在一边,另起炉灶,那是没有根基的,是不能成功的。

习近平总书记视察山东讲话时说,很多国家元首研究孔子,说明孔子在世界上已被很多人所认可。孔子的思想历史上传播到东亚,曾经一度影响了欧洲的启蒙运动,伏尔泰受孔子的影响很大,西方的近现代思想,从根源来看很多是吸收了中国的智慧才有的,但是后来因为中国落后了,这种影响也减弱了。现在这种情况又在改变,因为解决世界当前的危机需要孔子的智慧。孔子儒家和而不同、天下一家、四海之内皆兄弟的思想能够跨越民族、国家、宗教的界限,促进人类命运共同体的和谐,这是孔子最伟大的地方。今天的西方文化很难改变的是大民族主义信仰，这是一种对抗的哲学。所以如今一些西方国家处理国际问题，动辄采用制裁的措施，进行军事力量的炫耀、干预和核武器的军备竞赛。汤因比曾说："世界的统一是避免人类集体自杀的唯一之路，而在这一点上，最有充分思想准备的是2000多年培育了特别思维的中华民族"，这个特别思维就是孔子的和而不同、天下一家。

所以中华文化的复兴，不仅在推动中国成为现代文明强国，而且为消除人类的对抗与战争，建设和谐世界，发挥越来越重要的引领作用。孔子当初有述而不作之说，其实他是要返本开新，为礼崩乐坏的时代提出救治方案。他作《春秋》褒贬历史人物，目的是在为当时的社会人生树立一个道德标准。《论语》里孔子讲"温故而知新"，要学生举一反三，不分不弃不废不返，从中有新的认识，所以今天我们也不能把孔子儒学当成教条，教条主义最窒息思想的生机。对待儒家也是这样，人能弘道，非道弘人，我们要学习孔子在继承中创新的精神，把它创造性地运用在儒家文化的当代转化上，要学会取其精华、去其糟粕，并综合创新，把孔子的智慧与当代的智慧结合起来，要针对现实问题，活学活用，要特别在治国理政和立德树人上下功夫，从自己做起，从本职工作做起，不辜负伟大时代赋予我们的历史使命。

习近平总书记在山东讲话时说，儒家推崇君子人格，讲"君子喻于义""君子坦荡荡""君子成人之美"等等，这些话很重要。孔子是圣人，司马迁说的"虽不能至，心向往之"，这是一个最高的目标，可以作为一个方向。但是对大多数人而言，比较贴近的目标应该是做君子，不做小人。所以我希望大家一起来争做新时代的君子，"君子喻于义，小人喻于利"，君子和小人总是有对比性的，差别在于道德的高下。小人太计较个人利益，不管他人；君子，既有益于社会和他人，也会使自己过得有尊严，有意义。

根据孔子论君子人格的言论，我把它概括为"君子六德"，即有仁义、有涵养、有操守、有容量、有坦诚，有担当。一要有仁义，"君子以仁存心""君子义以为上"，即心地善良，关心别人，而且行为端正，见利思义，如孟子所说"居仁由义"。心要有温度，一定要有同情心，恻隐之心。二要有涵养，"君子尊德性而道问学""君子道者三：仁者不忧，知者不惑，勇者不惧""文质彬彬然后君子"，即要以修身为本，知书达礼，人格健全，忠厚待人，气质高雅，行事有度。三要有操守，"君子和而不流""临大节而不可夺也"，即要坚守正道，是非分明，矢志不移，不与歪风邪气同流合污。四要有容量，"君子和而不同""君子尊贤而容众""君子以厚德载物"，即要心胸宽阔，尊重他人，讲究恕道，包容多样。五要有坦诚，"君子坦荡荡""君子必诚其意"，即要诚信做人，表里如一，直道而行，光明磊落。六要有担当，"君子以自强不息""仁以为己任"，即要有责任心和使命感，立志远大，勇挑重担，为中华民族伟大复兴做贡献。

费孝通先生提出文化自觉十六字箴言：各美其美，美人之美，美美与共，天下大同。这是孔子提出的"君子和而不同"的大智慧在当代的崭新表述。

我最后有一个心愿："天将以夫子为木铎"，我希望尼山木铎重新响起，使孔孟之乡的山东早日成为君子之乡！

第二讲　从五帝三王到孔子

姜广辉

我们今天为什么要做"从五帝三王到孔子"这个选题呢？从五帝三王到孔子，我们首先要解决一个问题，那就是我们的祖先是谁？中华民族是怎么形成的？

一、　中国古史传说时代

按照司马迁《史记》所说，"五帝"就是传说时代的黄帝、颛顼、帝喾、尧、舜。当然，关于"五帝"还有其他的说法，我们还是以司马迁的说法为准。那么"三王"又指谁呢？夏禹，大禹治水的那个禹；商汤，建立商朝的第一个君王；周文武，周文王、周武王。我们说"三王"的时候，实际上是讲四个人，周文王、周武王父子二人并做一个王。所以，"三王"实际就是讲"三代"。我们通常说，"三代"指的是夏、商、周三代，是中国最早的三个文明国家。儒家是很崇尚"三代"的，把"三代"的一些制度当作理想。

总而言之,首先要解决"我们是谁"这个问题。古希腊哲学家曾经提出过"认识你自己"这一命题,"认识自己",首先要认识你是从哪儿来的,你这个民族是怎么来的,要知道这个历史。

（一）摩尔根的理论

要解决这个问题,我们要先解决一个理论性的问题。

西方有位历史学家叫摩尔根,他是研究史前文明的。史前文明就是有"史"之前的那个文明,也就是传说时代的那个文明,那时候没有文字记载,但是它有真实的历史。摩尔根根据对西方文明所进行的调查,把史前文明分成两大阶段:一个是蒙昧时代,另一个是野蛮时代。蒙昧时代是更初级的时代,野蛮时代就比较高级一点儿了,野蛮时代之后是文明时代。

蒙昧时代又分为三个阶段:第一阶段是低级阶段,低级阶段的人类几乎没有任何防御能力,也不能制造出防御工具,人们为了防备大野兽的攻击而居住在树上;第二阶段是中级阶段,人们已经能够制造比较粗糙的石器,掌握了人工取火的技术,考古学上将此阶段称之为旧石器时代;第三阶段是高级阶段,也就是新石器阶段,人们懂得了建造房屋。

野蛮时代也分为三个阶段,在此前文明进步的基础上又有了新的进步。第一阶段是学会了制陶技术,生产方式由渔猎转入畜牧业。到了中级阶段,人类发现在烧火做饭的时候,靠近火有的石头会流出金属液体来,于是他们发现了青铜,掌握了青铜冶炼技术和青铜加工技术,以及谷物种植技术,这时候人们能够靠种植谷物来生存。到了高级阶段,人们掌握了炼铁技术,开始出现铁制农具和兵器,生产力得到了极大的提高。并且还发明了文字,人类从此开始向文明时代过渡。

摩尔根通过对原始民族的调查分析,总结出这个规律,这很了不起,对研究人类的发展历史具有非常重要的意义。他指出了人类不是一开始就有阶级,而是在这之前存在着一个没有阶级的原始社会,原始社会又分为两个大阶段,蒙昧时代和野蛮时代,这是历史科学的一个很大的进步。恩格斯就根据他的理论写出了《家庭私有制和国家的起源》。也正是因为有了摩尔根的理论,我们才能够正确分析中国远古时期的那些传说。

（二）中国古史传说时期

清代有位学者叫马骕,他写的《绎史》将中国上古的历史按照时代顺序进行材料排比,而这一顺序与摩尔根说的顺序竟然是一样的!下面我们把马骕所说的历史顺序与摩尔根讲的历史顺序作一对比,通过材料排比看一看。

第一个阶段是有巢氏时代。在中国追溯到最早的,我们老百姓说"盘古开天地",但是盘古不是汉民族的传说,是少数民族的传说。那么中国文献中记载最早的是谁呢?就是有巢氏。据《韩非子·五蠹》记载:"上古之世,人民少而禽兽众,人民不胜禽兽虫蛇,有圣人作,构木为巢,以避群害,而民悦之,使王天下,号之曰有巢氏。"有巢氏,实际上就是在树上建巢。住在树上,就相当于摩尔根所说的蒙昧时代的低级阶段。这个传说不是韩非子杜撰的,而应该是上古以来人们对自己生活的一种集体记忆。所以我认为,中国的古代传说不等于神话,它有历史真实的影子在,反映了历史的真实。

第二个阶段是燧人氏时代。《韩非子·五蠹》讲:"民食果蓏蚌蛤,腥臊恶臭而伤害腹胃,民多疾病,有圣人作,钻燧取火,以化腥臊,而民悦之,使王天下,号之曰燧人氏。"没有火的时候,吃生果子、吃生鱼、吃生肉,那很容易得病的。当时有人发明了钻燧取火的方法,用火来化解鱼肉的腥臊。腥就是鱼类,臊就是肉类,把它们煮熟了、烤熟了吃,可以保护脾胃。这就叫燧人氏。这一阶段恰恰与摩尔根所划分的蒙昧时代的中级阶段是一致的。

第三个阶段是伏羲氏时代,也就是渔猎时代。这个时代的人,采集果实、打鱼打猎,只知其母不知其父,那时候还没有家庭。可能有一点像云南的摩梭人,还是母系氏族社会。人们采集到食物就吃,吃饱了就把剩余的东西扔掉。"饥即求食,饱即弃余",不会把东西储存起来,是"茹毛饮血"的这么一个阶段。到了伏羲氏的时候,开始慢慢由母系氏族社会转向父系氏族社会,这个阶段相当于摩尔根所说的蒙昧时代的高级阶段和野蛮时代的低级阶段。

第四个阶段是神农氏时代。神农尝百草,神农是发明农业的,他是农业的祖先,也是医药的祖先。神农时代,人口慢慢多起来,只靠打鱼狩猎和植物采集不足以维持人们的生活,后来他们发现,植物的种子可以吃,还可以种植、收获,于是发明了耕作,就由渔猎时代进入农耕时代,文明又向前进了一大步。这是神农氏时代,相当于野蛮时代的中级阶段。

第五个阶段是黄帝时代。我们说自己是炎黄子孙,炎帝就是神农氏,炎帝之后是黄帝。这个时代相当于摩尔根所说的野蛮时代的高级阶段。黄帝时代是华夏文明的酝酿期,人类开始懂得建造房屋和舟船,懂得制造车具来改善交通,甚至出现了养蚕。在《大戴礼记》中有一篇叫《五帝德》,孔子的学生问孔子,有人说黄帝活了三百岁,那么黄帝到底是人还是神?孔子回答说,黄帝是中华人文始祖,他有许多文明创造,他活着的时候,人得其利百年;他死了之后,人畏其神百年;再过一百年,人用其教百年。孔子说三百年是这么来的,并不是说这个人真的活了三百年,是说黄帝对人类的贡献很长远。这是关于黄帝的一个传说,其实黄帝之前有更早的传说。中国的这些传说暗合摩尔根的这样一个早期原始社会的理论类型的划分,所以我们认为中国的传说本身就有历史的影子存在,它不等于神话。

五帝之后还有颛顼、帝喾和尧舜。

颛顼时代有了原始的垄断性的宗教。原始社会,巫术盛行,每个人都可以作法术,与天神沟通。人人都可以传达所谓"天神"的旨意,这就导致了社会的混乱。为了平息这种混乱,颛顼时期开始进行原始宗教的改革,明令规定只有大酋长指定的巫师才可以进行与天神沟通的活动,禁止其他人胡乱作法术。这样就形成了政治统治集团垄断性的宗教体系。

再往后就是尧舜时代。尧舜时代是儒家所盛赞的原始社会的鼎盛时期。"祖述尧舜,宪章文武",尧舜时代提倡人与人之间的平等、友爱、和谐的关系,构成了儒家大同社会的理想模式。

以上是中国的古史传说时期,与摩尔根的西方史前文明时期相对应,是人类史前文明时期的一个经典缩影。

这里我要补充一下,我们说炎帝、黄帝,这都是传说,可能他们不是一个人,而是几代人、若干代,凡是那个时代都叫炎帝时代、都叫黄帝时代,这个我们不能准确地给它断代,但是我认为,这个传说有原始社会真实的影子在。

（三）古史传说与孔子的关系

以上这些传说与孔子有什么关系呢？关于炎帝、黄帝以前的传说,儒家典籍里没有记载,我们现在看到的文献出自《韩非子》等书。黄帝等五帝的传说在儒家文献里也有,比如《大戴礼记》中的《帝系》和《五帝德》,就记载了这些传说,而这些儒家文献应该是与孔子有关系的。司马迁就是根据这些记载写了《史记·五帝本纪》。另外,《逸周书·尝麦》篇也讲到了炎帝和黄帝的事迹,学者多认为此篇作品可以确定为西周时的文献。

二、 五帝传说的文化意义

关于五帝传说，有什么文化意义呢？我主要归纳了以下几点。

首先，中国是一个多民族的国家，炎帝和黄帝被众多民族奉为共同的祖先，不只是我们汉族。这其中除了有血缘的关系之外，还在于炎帝、黄帝推动和初步实现了华夏大地的氏族大融合，把当时的诸侯万邦、许多大大小小的国家都整合了，意义非常重大。

我们讲五帝，首先要知道"帝"的意思。"帝"最初的意思就是花蒂、花萼，就是开完花要结果的那个地方。花蒂也就是植物的子房，里面藏着种子。因为我们华夏民族的文化是从植物采集而来的，中华的"华"就是"花"，在古代，"花""华"为一字。我们的华夏民族就是一个"花"的民族，崇尚花，热爱花。那么为什么要重视植物的蒂呢？因为以前族群的发展很不容易，生活条件差，生育率低，所以人们崇拜"蒂"就有生殖崇拜的含义。华夏文明是在植物采集文化的历史背景下滋生发育的，大家都认为同出一源，都是出自一个种子的子房，也就是出自共同祖先的意思。因为溯源很远，虽然有很多大大小小的分支，但是因为是同一个祖先，所以就有联合的可能。所以说，"帝"和"蒂"是一个字。"帝"字强调了民族同本同根的民族统一性。黄帝时代能够成功地建立起社会组织，奥秘便在于对"帝"的信仰。

炎帝、黄帝时代,是氏族社会时代。那个时候文明初启,没有什么多数民族与少数民族的区别,也没有华、夷之别,就像唐代史学家杜佑说的那样,"古之人朴质,中华与夷狄同"。

那么中华的主体民族包括哪些呢?包括汇聚于黄河流域与长江流域之间的古代各氏族和部落,也就是由古华夏各部、古夷人各部、古羌人各部、古戎狄各部和古苗蛮各部等共同融合而成的。其实华夏在古代的组成不是单一的,那个时候就已经有了一个初步的大融合,也就是说,我们共同信仰的炎帝、黄帝,是有民族的统一性在里面,这是我们文化的一种血缘和认同。炎帝和黄帝是华夏各族的共同祖先,中国人喜爱自称"炎黄子孙"由来已久。这种民族融合的传统和对历史文化的认同,有利于增强民族的亲和力与凝聚力。

还要说明的是,华夏文明没有侵略别人的文化基因,而是自古以来崇尚文化,不崇尚武力。在古代氏族的大融合中,它不是靠武力征服,而靠文化感化。如果一个氏族获得了领导的中心地位,一定是由于文化贡献,而不是靠武力征伐。哪一个氏族最先有对人类贡献比较大的一个发明,那这个氏族就成了一个中心的氏族。比如,炎帝神农氏主要靠的是农业和医药发明,黄帝轩辕氏则可能与车辆的发明、车辆技术的改进有关。轩辕就是车的意思。炎帝是南方民族的大联合,黄帝是北方民族的大联合。这两个南北大联合后来经过一次战争就融合起来了。炎帝和黄帝有过阪泉之战,我想这次战争规模很小，两个文明有一点冲突，经过这次战争后很快就融合了。

其次，五帝传说的文化意义还体现在德治上。华夏文明的逐步形成，除了人与人之间的交流融合，还在于领导者对思想文化的引导，比如德治等。

原始社会没有阶级的区分，五帝时代尤其崇尚德治。尧舜是德治的代表，《尚书·尧典》的第一段文字就是歌颂尧的德行，"克明俊德，以亲九族"，意思是尧依靠自身的道德修养来团结自己的家族；"九族既睦，平章百姓"，自己的家族和睦了，再推而广之，团结其他的家族；"百姓昭明，协和万邦"，不同姓氏的家族联合起来之后，再联合其他的邦国。由自己修身推及氏族的融合，进而促进天下百姓以及万邦的大融合，这是德治的最大魅力。所以孔子和孟子都是"祖述尧舜，宪章文武"，就是说，孔孟是推崇尧舜时代的德治的。

尧舜时代的德治，就有着大同社会的理想。我们讲大同社会的理想是从哪里来的？儒家不是讲未来，而是讲先前，尧舜时代的德治就是大同社会的一种理想模式。尧舜之后，历经禹、汤、文、武、周公，由德治变成礼治，那就是小康社会。社会的文明进步了，但是道德方面退了一步。"大道之行也，天下为公"，这是德治时代，这是大同的理想；"大道既隐，天下为家，各亲其亲，各子其子"，这就是小康社会、小康的理想。所以说，五帝时代是一个大同社会理想的模型，到了三王时代就是小康社会理想的模型。

那么,"德治"的内涵是什么？怎样做才属于德治呢？第一是"以德居位,无德不贵"。相传舜在历山耕作时就以孝闻名,他的父亲是个盲人,继母和弟弟多次想加害他,他还能竭尽孝悌之义。正是这种精神感动了年老的尧帝,所以舜被选为接班人。1993年在湖北郭店楚墓中出土的竹简《唐虞之道》记载说:"古者尧之与舜也,闻舜孝,知其能养天下之老也;闻舜弟,知其能嗣天下之长也。"以德居位,无德不贵,这就是德治。第二是君宜公举。君主由人民选举出来,得到了人民的认可,这样的君主得民心,处理百姓事务才能得心应手。第三是民可废君。在倡导德治的时代,如果统治者不遵守德治的相关原则,或者"德不称位",残虐臣民,臣民就有革命的权利,推翻君主的统治。

可见,在原始社会时期,由于炎帝和黄帝的推动,华夏民族实现了氏族的大融合。其中一系列的举措,都促进了华夏民族的发展进程。

三、 夏商周三代时期

我们知道大禹治水的故事,大禹治水有功,所以舜把帝位让给了禹,这是禅让制,通过推选德才兼备之人作为君主。禹开创了夏代,禹帝老了以后想把帝位禅让给伯益,但是人们不认可伯益,而认可禹帝的儿子夏启,后来就一代一代传承下来,禅让制变成世袭制,早期的国家开始形成。

（一）三代社会性质的变化

中国传说的"五帝"时代是中国的原始社会时期，实行的是"氏族公有制"，也就是儒家所说的"大同"时代。夏商周三代是中国古代早期的文明国家，属于"宗族私有制"时代。这期间发生了社会性质的变化，就是由原始的氏族公有制变成了私有制，这个变化在禹帝时期似乎已经开始了。《说苑》记载："禹曰：尧舜之人皆以尧舜之心为心，今寡人为君也，百姓各以其心为心。"意思是说，禹帝治理国家的时候，百姓不再以统治者之心为心，各自有了自己的想法，这表明私有制时代到来了。《庄子》里也有类似记载，子高对禹说："昔尧治天下，不赏而民劝，不罚而民畏。今子赏罚而民且不仁，德自此衰，刑自此立，后世之乱，自此始矣。"尧帝治理天下之时，百姓臣服，而禹帝治理天下的时代，已经开始倚重刑罚，百姓德行自此衰微。这说明刑罚制度也伴随着私有制国家的出现而出现了。它反映了这么一个事实：古代的传说和我们现在的这些国家理论也是可以相应合的。那么我们可以说：中国传说的五帝时代是中国的原始社会，实行的是氏族公有制，也就是儒家所说的大同时代；夏商周三代是中国早期的文明国家，属于宗族私有制。

那么宗族私有制是怎样产生的呢？我个人认为可能与当时的宗教信仰有关系。中国自古讲究孝道，重视对祖先的祭祀。由于"神不歆非类，民不祀非族"理念的延续，直系血缘关系受到重视，血统观念、亲疏观念相应产生，并被不断强化。权力只限于近亲之间转移，氏族的首领也只限于近亲之间产生，氏族的公有财产悄然变成了氏族宗族的私有财产。就像《礼记·礼运》篇所说的"天下为公"时代变成了"天下为家"时代。从此，家天下时代到来，氏族首领的家族天然成了贵族。而这个家族依然被本氏族称为"公室"，即氏族公共利益的代表者。这是华夏民族家国宗亲关系的发展过程。

（二）东西方文明路径的不同

中国文明和西方文明走了两条不同的发展路径。根据马克思等的推测，西方古希腊人在进入文明时代时，原始氏族部落经历了更为动荡的历史，自然形成的血缘家族遭到了极大的破坏，产生了脱离原始氏族制脐带的自由民小农。在自由民大量产生的基础上，希腊的商品经济得到迅速普遍的发展。这些重大的历史因素破坏和摧毁了血缘氏族制和宗族贵族制，从而建立了城邦民主制度。

中国的文明和西方的文明有什么不同呢？20世纪40年代，侯外庐先生对中、西文明路径和特点做了精辟的概括。他提出：古代西方的文明路径是从家族到私产，再到国家，国家代替了家族；古代中国的文明路径是由家族到国家，国家混合在家族里。前者是新陈代谢，是革命的路线；后者是新陈纠葛，是维新的路线，也就是《诗经》所说的"周虽旧邦，其命维新"。这是中国文明的一个根本的特点。中国的文明从这个时候跟西方走了两条路,西方文明的发展是在打破血缘关系的基础上发展了私有制,可是中国没有打破血缘关系,是在家族的基础上建立了国家,所以私有制非常不发达,是由家族到国家,国家混合在家族里。中华民族特别重视血缘宗亲关系,重视孝道和家庭伦理,这与西方文明有很大的不同。西方文明重视宗教、法律,而家庭伦理相对于中国要淡薄很多。东西方文明基本点的不同,催生了各自不同的文明特点。

(三)孔子对三代文明的评论

分析了东西方文明的不同之处,下面再重点论述孔子对三代文明的观点。

孔子对大禹是有高度评价的。《左传》记载刘定公说,没有禹,我们都会被淹没在洪水之中,也早已变成了鱼鳖。孔子对大禹的评价如《论语》记载:"子曰:禹,吾无间然矣!菲饮食而致孝乎鬼神,恶衣服而致美乎黻冕,卑宫室而尽力乎沟洫。禹,吾无间然矣。"孔子称赞大禹能够恪守孝道,克己奉公,建立很大的功勋,是一位无可挑剔的完人。禹传承了尧舜的公天下的德治优点,但其后人则开启了家天下的时代。夏朝经历约 400 年,17 个王,最后一代王夏桀暴虐无道,被商汤所灭。

商汤建立了商朝。商汤是孔子的远祖。在孔子生活的年代,夏、商两朝的文献所存很少,所以孔子能够依据的文献不足,所做的评论有限。商朝大约经历了 500 余年,17 代 31 个王,末代帝王商纣王残暴无道,被周武王所杀。

孔子对周朝的礼乐制度是非常肯定的,他认为"周监于二代,郁郁乎文哉",孔子希望后世能继承周朝的礼乐制度来治理国家。但恰恰是孔子盛赞的周朝制度,也会随着社会的发展走向衰落。

讲到西周,我们就要讲到分封制。西周政治与夏、商两代政治相比,有许多重大的变化。西周原是西部的一个小邦,武王伐纣取得了政权。当时商管辖的区域非常广大,如何对它们进行有效统治呢?西周采取了一个办法,那就是利用血缘关系,把自己的亲属、姻亲都分封到各地,做那里的诸侯,"同姓则同德,同德则同心,同心则同志",这就是所谓的"非我族类,其心必异"观点的延续。这是西周王室实行分封制的现实原因。

西周统治者也实行"德治"。周族在周文王时代,用"德治"来感召、团结其他邦国,来壮大自己的势力,削弱殷商的势力。周武王克殷建国后,对周围的原有方国部族,除了叛乱不得不以军事平定外,一般用怀柔、涵化的"德治"办法,这继承了原始社会的德治思想。

除此之外,西周还发明了一套治国理念,叫礼乐文明,史称周公"制礼作乐"。"礼"强调秩序,"乐"强调和谐。礼乐制度既有森严等级,所谓"贵贱有等",又有敬让和睦,所谓"礼让为国"。这一制度得到了王国维先生的肯定,他说:"周之所以纲纪天下,其旨则在纳上下于道德,而合天子、诸侯、卿大夫、士、庶民，以成一道德之团体。周公制作之本意，实在于此。"
周公制礼作乐，是为了维护西周初建国的稳定，以柔化的礼乐
之制感化天下万民，剔除动乱因素，也让商之遗民甘心臣服。

西周时期的教育主要是"王官之学"。"王官之学"的意思
就是学术掌握在西周朝廷官员手中。贵族子弟要学习知识，
必须从王官那里得到，所以这个教育制度也被称为"学在官
府"。学习的人一般是王的太子、卿大夫的嫡长子以及诸侯的
太子等。这种现象在《礼记·王制》中有记载："乐正崇四术，
立四教，顺先王《诗》《书》《礼》《乐》以造士，春秋教以《礼》
《乐》，冬夏教以《诗》《书》。王大子、王子、群后之大子，卿大
夫、元士之嫡子，国之俊选，皆造焉。凡入学以齿。"也就是说，
一般情况下只有贵族子弟有受教育的资格，平民子弟没有受
教育的机会。

西周文明后来衰落了，衰落的原因是什么呢？西周的分
封制建立在血缘宗法关系基础上，但血缘亲族关系，每下一
代，就疏远一层，数代传承之后亲情越来越淡薄。到那时，虽
然有血缘关系，互相之间也像没有血缘关系一样陌生。而且
原来是地广人稀，这个国和那个国不接壤，中间有很多空阔地
带，后来每个国都发展得很大，边界犬牙交错，利益高于血缘
关系，所以各个国家都互相争斗、互相杀戮。到最后，这种分
封制度暴露出了它的缺点，叫"君不君，臣不臣，礼崩乐坏"，西
周文明开始衰落。

四、 孔子的历史贡献

孔子生活在西周文明已经"礼崩乐坏"的时代。孔子对于华夏文明的贡献体现在哪里呢？

首先，孔子是第一位私学老师。春秋末世，"王官之学"没落，学术下移，原来许多从事王官之学的人才流落到民间，这种情况使得民间有了接受"王官之学"的机会。相传孔子就曾问礼于老聃，问官于郯子，问乐于苌弘，学琴于师襄，等等。孔子学成"王官之学"，便首开私人讲学之风，提倡"有教无类"，不问出身、不分阶级地实施平民教育。所以说，孔子是中国的第一位私学的老师，是老师的鼻祖。

其次，孔子也是第一个将贵族文化转化为全民文化的人。当时"礼崩乐坏"的局面，首先是由贵族阶层造成的。贵族阶层对原有的文化不但不加以爱惜和保护，反而肆意破坏。孔子出于强烈的保护历史文化遗产的愿望，努力全面复原文化，并开创私学，向民间传播文化。《史记·孔子世家》中就有记载："故孔子不仕，退而修《诗》《书》《礼》《乐》，弟子弥众，至自远方，莫不受业焉。"许多人从远方慕名而来跟随孔子学习，原来被垄断的贵族文化也逐渐发展为全民文化，私学的扩大，使得教育得以逐渐普及。

再者，孔子珍视历史文化内涵的价值观。孔子曾说过"述而不作，信而好古"，这句话颇为今人诟病，被看作保守、复古的代表性语言。这恐怕是对孔子思想的一种误解。按照孔子的思路，"述"是叙述历史，"信"是珍视历史文化中所含的价值观，这种价值观是经受了历史检验的，它比现实中人为造作的价值观更可靠。历史中自有价值，所以要"述而不作"；现实中价值失落，所以才"信而好古"。我们要认识到，价值观是各民族文化心理中深层次的东西，只有到本民族的历史文化传统中去发现和发掘，才能彰显它、继承它。

还有，孔子又是第一个建立中国道德哲学体系的人。孔子建立了一个以"仁"为最高理念的道德哲学体系，这个体系包含了孝、忠、恕、礼、义、智、勇、恭、宽、信、敏、惠等许多道德条目。儒家推崇和弘扬"道德"，认为道德教化是一种最为人性化和社会成本最小的社会管理方式。后世的朱熹将"道德"称为"规矩禁防"，认为道德有如堤防，当洪水不发时，堤防看似无用，且占用土地，可是一旦洪水决堤，若毫无堤防，洪水就会肆虐，侵蚀人们的生命和财产。道德的作用与堤防的作用类似。"道德"平时看似是一种束缚、一种令人生厌的说教，而一旦道德的堤防垮掉，就会人心蛊坏，物欲横流，互相侵害。而要重建道德堤防，非数十年不能奏功，可见道德构建的艰难及在社会生活中的重要作用。

另外，孔子还是第一个以布衣身份站在道德高度上批评权贵的人。以往的一些学者大多指责孔子维护旧秩序的负面价值，而很少看到孔子批判社会现实的正面价值。如《礼记·哀公问》中记载，鲁哀公问礼于孔子："今之君子胡莫之行也？"

即问君子为什么不依礼制行事？孔子回答说："今之君子好实无厌，淫德不倦，荒怠傲慢，固民是尽，午其众以伐有道，求得当欲不以其所。昔之用民者由前，今之用民者由后。今之君子，莫为礼也。"孔子认为现在所谓的君子并非真君子，而是喜好财富充实、贪得无厌、放纵淫欲、无休无止、不遵守礼节的权贵罢了。再比如，孟子称"孔子成《春秋》而乱臣贼子惧"，孔子敢以一介布衣的身份对当时的大人物们加以褒贬论列、伸张正义，使乱臣贼子心生畏惧。在这件事情上，可以说孔子是难能可贵的，不是人人都做得到的，他不是简单地维护旧秩序，他是敢于提出批评的。

最后，孔子是"文化集大成者"。中华文明上下 5000 年，孔子之前 2500 年，孔子之后 2500 年。孔子集中了在他之前的 2500 年的智慧，为中华文明奠定了一个坚实的基础，所以《孟子》称"孔子之谓集大成"。

在孔子去世 2500 年之后，世界有识之士认识到孔子思想对人类的巨大贡献，以至在 1988 年诺贝尔奖得主齐聚巴黎会议时，瑞典科学家汉内斯·阿尔文博士说："人类要生存下去，就必须回首 2500 年前，到孔夫子那里去汲取智慧。"这句话概括得非常好。我们也要看到我们中华文明的智慧，2500 年前由孔子集大成，2500 年后又传到今天，我们应继承这一优秀文化遗产，来解决我们当代所碰到的一些挑战、一些问题。我相信传统文化在当今社会仍有勃勃的生机！

第三讲　孔子其人其书及其误读

廖名春

一、孔子其人

司马迁在《史记·孔子世家》中对孔子其人有系统记载。孔子生于公元前 551 年,卒于公元前 479 年,名丘,字仲尼。孔子先世为宋人,后避乱迁鲁。孔子的父亲是叔梁纥,为陬大夫公邑宰,以勇力闻名。孔子生而叔梁纥死,也就是刚出生的时候他的父亲就死了,不到 20 岁母亲又去世,所以孔子"多能鄙事",做过乘田、委吏一类的普通管理工作。孔子 34 岁时以"诗书礼乐教","弟子弥众";51 岁开始从政,做过中都宰、小司空等官,进而"由大司寇行摄相事","与闻国政"。后来,孔子为强公室而堕三都,得罪了执政的季氏,只好弃官周游列国,先后历经卫、陈、蔡、曹、宋、郑等国,但是都不被各国的君主所重用。68 岁时,孔子自卫返鲁,虽被尊为国老,但是不被鲁国所用，晚年一直致力于整理文献。

关于孔子的生平，有几个问题值得我们注意。

一是孔子是殷的遗民。因为孔子的先祖孔父嘉是宋国宗室，后人就因为孔父嘉的原因以孔为氏。孔父嘉被华父督杀害，孔父嘉后代防叔畏惧华氏的逼迫而出奔到鲁，防叔生了伯夏，伯夏生了叔梁纥，孔子便成为鲁人。所以孔子自称"丘也，殷人也"。因此，孔子是殷的遗民，他应当姓子，为孔氏。胡适著《说儒》一文，抓住孔子是殷之遗民这一点大做文章，说孔子为儒，继承了殷遗民懦弱的性格，并没有多少说服力。孔子服膺的是文武周公之道，"儒"之为"儒"，可以追溯到西周文化。所以他说，"郁郁乎文哉，吾从周""祖述尧舜，宪章文武"。孔子的思想性格与殷商文化传统并没有多大关系。

二是孔子出身不高。孔子自己说："吾少也贱，故多能鄙事。"就是说，他生下来的时候，生活在社会底层，所以他做过很多低贱的工作，用我们现代话来说也就是"草根"。而现在很多人总是把孔子塑造成一个贵族的形象，以其为春秋贵族的代表，这是不符合实际的。事实上，孔子做过官，但并不是很显赫，"大司寇"也就相当于现在地级市的公安局长，而当代理宰相也只有三个月，时间非常短。因此，孔子在春秋时代不是以高官而出名。司马迁也强调说："孔子不仕，退而修《诗》《书》《礼》《乐》，弟子弥众，至自远方，莫不受业焉。"所以人们常说，孔子"弟子三千，贤人七十"。在《史记》中，孔子官职不高却依然被列入"世家"，这是非常特殊的，足以看出在司马迁的眼里，孔子地位的崇高，此后历朝历代亦都把孔子当作圣人来看待。

孔子成为圣人，后人有许多不同的解读。古人一般认为这是"天命"，是天生的；现代人一般以为孔子是第一个教育家，是"有教无类"成就的；批孔的人则认为孔子的思想迎合了后世当权者、统治者的需要，代表了统治阶级的利益。这些认识，应该说都有欠公允。我认为，孔子的伟大主要在于其思想的超越性和普适性，在于其思想的普世价值。

孔子思想的核心是什么？这在学界是一个有争议的问题。尊孔者多认为孔子思想的核心是"仁"，是仁爱；反孔者多认为其思想的核心是"礼"，守"礼"就是保守。客观来看，孔子思想的核心应该是"仁"，但是"礼"也很重要，概括起来应该是"仁本礼用"，即以仁为本、以礼为用。

孔子的学生樊迟向孔子请教什么是"仁"，孔子的回答是："爱人。"所以，"仁者爱人"就成为以孔子为代表的先秦儒家的核心价值。"仁"的核心含义就是爱人，孔子对老百姓、对他人有爱心，所以他就能够赢得大家的尊敬，就有影响。但是"仁"这个字的解释却不容易。《说文解字》说"仁"是"从人从二"，"二有偶义，故引申之有相亲之义。郑康成氏所谓相人耦，是也"。就是说，两个人在一起互亲互爱，所以叫"仁"。这个解释看起来挺合理，实际上是违反逻辑的，两个人在一起并不都是相亲相爱，打冤家的也不少，所以这个解释是讲不通的。

其实孟子讲得非常好，他认为，"仁，人心也"。孟子实际上用了拆字法，认为"仁"这个字是由"人"和"心"两个字组成的。"仁"字,古文字写作"𢆶""𢆶""𠐋",又作"𠔃"。左右结构变成上下结构,就写成了"忈"。由此可知,所谓的"＝"就是省写符号,代替的就是"心"。"仁"这个字是由"人"跟"心"组成的,指的是心里面装着别人,心里面想着别人,这就是"仁",所以"仁"的意思是爱。许慎的《说文解字》将"𠐋"字的"＝"误为"二",将从人从心的"𠐋(忈)"误认为从人从二的"仁",造成了千古疑案。人生在世,心里面装着别人,想人之所想,急人之所急,这种思想,无论是放之四海还是用之古今,都是高尚而令人起敬的,永远也不会过时。这就是孔子思想魅力之所在。

孔子思想的另一个重要理论是强调"礼"。《论语·学而》篇里有一句很重要的话,我们现在的断句都是"礼之用,和为贵",这个断句是不对的。因为《礼记·儒行》就有"礼之以和为贵"的说法,这个跟"礼之用和为贵"的意思相同,俞樾早就指出了。因为在古代汉语里,"用"字可以做介词,相当于"以"。例如,《周易》里面讲的"为我心恻,可用汲",《史记》里就引作"可以汲";《孟子》里的"用夏变夷",就是"以夏变夷","用"就是"以"。所以"礼之以和为贵"就是"礼之用和为贵",这个"用"就是"以"的意思。为什么这个字不能做"用"解呢?因为"礼"不存在什么"用"与"体"的问题。你如果说"礼"的用是"和",那么"礼"的本是什么呢?就没办法回答了。

我们知道这个"用"字是"以"的意思,那就好说了。"礼之以和为贵",就是"礼"的核心价值就在"和","和"就是"礼"最高的价值。我们讲"礼",关键是在"和"。"和"是什么？就是调节。高的要把它调低,低的要把它调高,这个"礼"就是用来调节的。做君主的人不能太过分,做臣子的也不能太被忽视,君臣做事都要靠"礼"来调节,大家要在规定的规范里做事情。一个人如果只是讲"爱",没有原则、没有规矩,是要出问题的。实际上也不是所有的事情都是"爱"能够解决的。现在有很多小孩过于被溺爱,缺乏教养,所以我们还要用礼来规范他,光是讲爱是不行的。所以,"礼"和"仁"是人伦的两面,"礼"是起调节作用的。人既要有爱心(仁),又要有规范(礼),以仁爱为本,以礼的规范为用。孔子思想的这种普适性和超越性,应该才是他成为"命世之大圣,亿载之师表"的原因。

二、 孔子其书

（一）《论语》释名

通常人们说《楚辞》的作者是屈原,《论语》的作者是孔子,实际上这个说法是不准确的。因为《楚辞》中除了屈原的作品以外,还有其他人的作品,《论语》也是如此,除了孔子的话之外,实际上还有他学生的话,但主要是孔子的话。

"语"是一种文体,是记言的,这是一个很简单的问题。但《论语》书名中"论"字的意义就不好说了。"论",我们一般认为它是"论纂"的意思,"论纂"就是编辑。但这样解释也不是很到位。因为编辑是个一般性的工作,很多书都是编成的,因此不能够成为《论语》的本质性、区别性特征。有人提出，从"仑"声的字多与"条理""规则"有关，所以"论语"的"论"可训为"伦"，"论语"就是"伦语"，其言是多就人伦而发，多为讨论人伦道德规范之语，专门讲修身、修齐治平的事情。这是很有道理的。

（二）《论语》的编纂

关于《论语》的编撰，柳宗元做了很好的考证。柳宗元认为它里面记载了很多孔子学生的言语，一般都是直呼其名，但是只有两个学生很特殊，一个是有子，一个是曾子。有子称"子"，曾子也称"子"，"子"就是老师。我们读《墨子》，书里面有"墨子"，有"子墨子"，"子墨子"就是老师的老师。从其他弟子直呼其名看，编者跟这些人的关系比较一般。曾子和有子，他们都称子，说明编纂者与他们的关系是比较特殊的。

有子称子比较好理解，因为在孔子去世之后，大家都准备让有子做继承人，所以有子的地位比一般的学生要高。但曾子则不然，曾子的年龄在孔子学生里面是比较小的，属于孔子晚年的弟子，他为什么称子？这就有问题了。因此，柳宗元就猜测，《论语》这个书是曾子的学生编的，他们与曾子的关系较之孔子其他弟子比较特殊，所以，就称曾子为"子"。这一猜测还是相当合理的。

既然《论语》一书的编者是曾子的学生，那我们就可以对

《论语》的基本倾向有一定了解。曾子的学生编的书，里面就不会有很多对孔子不利的东西。而如果《论语》是韩非子编的，情况就会大有不同，书中肯定会记载孔子很多负面的事情。明白了《论语》一书的编纂和倾向，对我们理解《论语》是有助益的。现在很多人总在《论语》里面找材料攻击孔子，这是徒劳的。

（三）《论语》的影响

《论语》最初不是"经"，而是"传"，但是后来不但变成了"经"，且其地位超过了"经"，"四书"超过了"五经"。例如，我们现在讲《周易》、讲《左传》、讲《礼记》，但实际上都没有我们讲"四书"讲得多。"四书"已经深入人心，而讲经的难度比较大。宋代的宰相赵普更有"半部《论语》治天下"的讲法，所以《论语》的地位很高，不但在中国，在韩国、日本也是如此。虽然通常说《周易》是"群经之首"，但现在《论语》不但是由"传"转"经"，而且实际上《论语》的影响比《周易》要大得多。

三、《论语》的误读

现在大家都相信"书读百遍，其义自现"，很多人在讲《论语》，组织背诵经书的活动，带领儿童念经，不讲经义，只读原文。这种做法有对的地方，也有不对的地方。比如古书，你读百遍，不一定读得懂。最明显的一句话是"君子固穷，小人穷斯滥矣",读过《论语》的,对这句话都很熟悉。我下乡时,有老人说这句话的意思是"自己穷得撕烂衣服",将"穷斯滥矣"理解成这样,能说"书读百遍,其义自现"吗?所以,尽管你能背《论语》,但是并不意味着你读懂了《论语》,能够准确地把握住其精神。

《吕氏春秋》里有这样的记载,鲁哀公问孔子说:"乐正夔一足,信乎?"孔子解释了一番"乐正夔"的能力后说:"故曰夔一足,非一足也。"是说夔这个人非常能干,能力很强,"夔一足"是说有一个夔就足够了,不是说这个人只有一只脚。

再如,孔子的学生子夏从卫国经过的时候,有人读史记道:"晋师三豕涉河。"子夏一听,就说读错了,"己"与"三"相近,"豕"与"亥"相似,应该是"晋师己亥涉河",到了晋国一问,果然如此。

《论语》里这样的误读也很多。因为《论语》产生的年代早,几千年来,在流传的过程中不可能不出错。古人的书都是抄的,后来才有雕版印刷,在抄写的过程中出现错误毫不奇怪。

《论语·为政》篇里面记载了孔子一段著名的话:"吾十有五而志于学,三十而立,四十而不惑,五十而知天命,六十而耳顺,七十而从心所欲,不踰矩。"这句话我们非常熟悉,我们通常理解为三十岁是而立之年,四十岁是不惑之年,五十岁是知天命之年,六十岁是耳顺之年。但为什么六十岁是耳顺呢?历代学者对此都有论述。

杨伯峻先生虽然将"六十而耳顺"译为"六十岁,一听别人言语,便可以分别真假,判明是非",但是他在注释里面进一步告诉我们:"耳顺这两个字很难讲,企图把它讲通的也有很多人,但都觉牵强。"杨伯峻自己也疑惑为什么六十讲"耳顺"。

相传唐代韩愈认为这个"耳"相当于"尔","六十而耳顺",就是"六十而尔顺",就是"六十而如此顺天",这个话实际上是不通的。

赵纪彬认为"'而已'急言之为'耳'","'而耳顺'当即'而已顺'之误"。这是从清华哲学系教授沈有鼎那里搬来的。

还有人认为这个"耳"同"尔",是"而已"的合音,"耳顺"之前的"而"字可能因为是笔误多出来的。"而耳顺"即"而已顺",也就是顺天命。

于省吾先生也说"耳顺"这个"耳"字是衍文,是多出来的,"此十四字应作四句读:六十而顺,七十而从,心所欲,不踰矩"。

他们的这些解释,都有一定道理,但也都很难说服别人。

其实"六十而耳顺"之"耳"应该读为"聅"。"聅"字从"耳"得声,跟"耳"字音完全相同,所以从音上来讲,它跟那个"耳"完全可以通用。较早的字典《类篇》就说:"聅,又人之切,和也,调也。"《庄子·天下》篇也说:"以聅合欢,以调海内。"陆德明《释文》则直接指出:"聅,崔、郭、王云:'和也'。聅和万物,物合则欢矣。"所以,"六十而聅顺"也可写成"六十而耳顺"。

古代的字是左右结构,也可以反过来,比如安静的"静",

"青"通常都是写在左边，"争"写在右边，但是有一些书也把"争"写到左边，把"青"写到右边，这是可以的。左右结构的字也可以写成上下结构，因此"聇"可以写成"聋"，这时会出现两个"而"字。后人把其中的一个"而"字删掉，"六十而聇顺"就变成了"六十而耳顺"。所以，"六十而耳顺"实际上就是"六十而聇顺"，"六十而聇顺"就是"六十而和顺"。"和顺"这个词在先秦文献里很常见，就是孔子讲自己到了六十岁的时候，心境平和，性情和善温顺，不容易与人相争了。

再如，《论语·里仁》中说："不患无位，患所以立；不患莫己知，求为可知也。"很多人都是把"求为可知也"中的"求"理解成"寻求、求取"，杨伯峻就把这句话译为"去追求足以使别人知道自己的本领好了"。这样一来，这句话的前后就不对称、不协调。同样的句子在《论语》中出现了很多次，如《学而篇》最后一段讲"不患人之不己知，患不知人也"，"患"与"不患"是对举的；《卫灵公篇》说"不患人之不己知，患其不能也"，"不患"与"患"也是对举的；《宪问篇》说的"君子病无能焉，不病人之不己知"，"病"与"不病"也是对举的。但这句话中后半部分的"不患"就没有对举之字。因此，前辈学者意识到这个问题，认为此处应该是漏掉了一个"患"字，这是很有道理的。但把"患"字补上，这句话就不通顺了，所以古人就不补。台湾的程石泉先生补上了，"不患无位，患所以立；不患莫己知，患求为可知也"。他照顾到了形式的协调，但是在语义上就不通顺了。

后来在河北出土的汉简本《论语》上，这个字不写作"求"，而是写作"未"。我的学生赵晶曾写过一篇文章，他认为"未"是正确的，"求"是错的，应该是"患未为可知也"，翻译过来就是"不怕没有人知道自己，就怕自己没有做出能让人知道的事情"。这个分析应该是正确的。但为什么"未"字被误为"求"了呢？我写过文章，认为"未"和"求"两字字形相近，后人形近而讹，将"未"错成了"求"，"患未为可知也"变成"求为可知也"，句子就讲不通了。

所以，很多时候并不是"书读百遍，其义自现"的。有时大家读的《论语》，理解其实是有误的。这些错误有些虽然对我们理解《论语》、理解文意造成了障碍，但是它无碍大意，对研究孔子的思想还没有很大的问题，但是，还有一些错误则会直接误导我们对孔子思想的理解，会引发出非常严重的问题。

这方面我举三个例子。

第一个，愚民说——"民可使由之，不可使知之"。

"民可使由之，不可使知之"，从郑玄到何晏均把"知"字理解成"知晓、知道、明白"，这句话就成了"我们只能够让老百姓替我们去干活，但不能够让他们知道本末"，也就是老子所讲的"国之利器不可以示人"。杨伯峻也认为"老百姓，可以使他们照着我们的道路走去，不可以使他们知道那是为什么"。这种讲法虽然很通顺，但在逻辑上是有问题的，因为孔子是一个教育家，是要教学生的，而如果孔子认为"民"是"不可使知之"

的,那么孔子的教育、儒家的教化将无从谈起。

所以,为了解决这个问题,历代的学者都进行了不同的尝试。梁启超、宦懋庸等从断句上着手,从"可"处断句,这句话就成了"民可,使由之;不可,使知之"。"民可,使由之",老百姓同意的,我们就听老百姓的;"不可",老百姓不同意的,"使知之",我们要说服教育。这样一改,就不是愚民思想了,非常民主、很现代。

近来还有人将其断句成"民可使,由之;不可使,知之"。

实际上这两种断句方式都不合理。"民可,使由之",如果"民可","由之"就行了,为什么还要加"使"字呢?"民可使"还"由之",既然是老百姓听我们的,还"由之",也不通顺。所以这些断句,大家都不认可,还是认可原来的断句"民可使由之,不可使知之"。

在这一问题上,郭店楚简给我们提供了新的材料。郭店楚简《尊德义》上有这样一段话:"民可使道之,而不可使智之。民可道也,而不可强也。"这个"道"字可读成引导的"导",我们知道"民可导也",它是解释"民可使道(导)之"的,"而不可强也"很自然是对"而不可使知之"的一个解释。"不可使知之"的这个"知",它为什么用"强"来做解释,这就是值得研究的一个问题。"强"是强迫的意思,它不是知晓、明白的意思。它为什么要"强"来解释这个字?

我认为,"知"非本字,当为"折"字之借。例如,《荀子·劝学篇》讲:"锲而舍之,朽木不折;锲而不舍,金石可镂。"《大戴

53

礼记》的《劝学篇》,与《荀子》的《劝学篇》相似,它有同样的话,则是:"楔而舍之,朽木不知。"就用"知"代替了"折"。这个例子就告诉我们,"知"跟"折"是通假字,是可以通用的。

再者,《中庸》引《诗》讲"既明且哲",《经典释文》的异文则把"哲"写作了"知"。《尚书·吕刑》篇的"伯夷降典,折民惟刑",《释文》也说:"折,马云:智也。""知"与"智"通用,因此,"折"字跟"智"字也相通。例如哲学,什么是哲学?哲学就是智慧之学。哲人就是智者,所以"哲"就是"智",是相通的。

"折"本义是以斧断木,引申则有以强力折服、制伏之意。所以这个简文"民可使道之,而不可使知之。民可道也,而不可强也",应该读作"民可使导之,而不可使折之。民可导也,而不可强也"。意思是说,老百姓可以让人引导他们,而不能让人用暴力去折服他们;老百姓可以引导,但不能强迫。

现在,回到《论语》中的"民可使由之,不可使知之",我们就知道,这一句中有两个字是假借字。第一个是"由"字,这个"由"字,郭店简做"道",也就是引导的"导";第二个是"由"字,"由"也不是本字,而是启迪的"迪"字的假借,"由"跟"迪"都是从由得声的字,它们的古音是相同的。

所以"民可使由之"就是"民可使迪之",就是老百姓只能够去启迪他们、启发他们。"不可使知之"这个"知",应该读作"折","不可使折之",不能够用暴力去压服他们。

把这两个假借字读出来了,《论语》这句话的本意就容易理解了,所谓的逻辑矛盾也就不存在了。"民可使由(迪)之,不可使知（折）之"，这句话表达的是一种典型的民本思想，而不是愚民思想。我们用这句话来批评孔子反对开启民智是不对的，完全是我们误读了孔子。

第二个，司法腐败说——"父为子隐，子为父隐"。

《子路篇》记载："叶公语孔子曰：'吾党有直躬者，其父攘羊，而子证之。'孔子曰：'吾党之直者异于是。父为子隐，子为父隐，直在其中矣。'""党"是指乡党、家乡；"直躬"，意思为直信；"攘"指偷；"证"就是告官。

孔子的这句话在近代以来引起很大的争议，很多人特别是研究西方哲学的一些学者就认为，"父为子隐，子为父隐"是"典型的徇情枉法"，是"无可置疑的腐败行为"。研究中国哲学的郭齐勇教授引证了现代司法制度中"亲人回避"这一点为孔子辩护，认为"父子互隐"是合理的。

这两种意见势同水火，一个批评孔子，一个为孔子辩护，但是他们训诂学的基础是一致的，都把"父为子隐，子为父隐"的"隐"字讲成是隐瞒、隐匿。但是这种解释也是有问题的。《左传·昭公十四年》记载："仲尼曰：'叔向，古之遗直也。治国制刑，不隐于亲。三数叔鱼之恶，不为末减。曰义也夫，可谓直矣！'"孔子表扬叔向"不隐于亲"，办案时，自家的叔鱼犯了法，他"不为末减"，一点儿不轻判，一点儿不徇私情。

因此，孔子既然以"不隐于亲"为"直"，又岂能以"父为子隐，子为父隐"为"直"？两者必有一误！

《论语》里面并没有孔子"匿过"的说法，没有孔子包庇错误的说法，相反，孔子讲改过的话，在《论语》里面比比皆是，比如《学而篇》说"过则勿惮改"，犯了错误不要害怕改正；《卫灵公篇》孔子说的"过而不改，是谓过矣"，犯了错误不改，是过上面加过；《述而篇》说"不善不能改，是吾忧也"，"子曰：三人行，必有我师焉！择其善者而从之，其不善者而改之"，孔子担心的是犯了错误不能够改正。这些记载都强调了要改，要改过。《学而篇》中，孔子还讲"就有道而正焉"，所谓的"正"也是要改正错误。

孔子的学生也有这样的言论，比如子夏就说："小人之过也必文。"只有小人犯了错误，才去文饰，才去文过饰非，所谓"文"就是隐瞒。子贡说："君子之过也，如日月之食焉：过也，人皆见之；更也，人皆仰之。"这里的"君子"其实就是讲的孔子。君子犯了错误就好像日食月食一样，犯错误的时候，大家都看得清清楚楚，你改了错误，大家会更加的尊敬你。因此，从孔子到孔子的学生，都是主张改过，没有一个主张要隐瞒错误、包庇错误的。

《孝经》里也说："父有争子，则身不陷于非义。故当不义，则子不可以不争于父。"就是说，父亲做了不义的事情，做了错误的事情，做儿子的要敢于抗争，不是包庇。《荀子·子道》里面也有记载，说孔子讲"父有争子，不行无礼"，家里有一个敢于提意见的儿子的话，那么父亲要想做无礼的事情都做不成。

《为政篇》里记载，孟懿子向孔子问孝，孔子讲"无违"，樊迟就问"无违"是什么意思。按照一般的理解,"无违"就是父亲说什么就是什么,但孔子不是这么讲的,孔子说:"生,事之以礼;死,葬之以礼,祭之以礼。""无违"要在"礼"的范围内,合乎礼的就听从,不合乎礼的就不听从。

《颜渊篇》里记载,"父父、子子",就是父亲要像个父亲的样子,儿子要像个儿子的样子。换言之,如果父亲不像个父亲的样子,儿子是不能够"无违"的,这就叫作"君子成人之美,不成人之恶"。家人做了坏事,你去包庇他,这就是"成人之恶"了。

《荀子·子道》也记载有鲁哀公与孔子关于孝、贞的讨论,鲁哀公问孔子:"子从父命,孝乎? 臣从君命,贞乎?"三问,孔子不对。孔子就说:"父有争子,不行无礼;士有争友,不为不义。故子从父,奚子孝? 臣从君,奚臣贞?"就是说,儿子一切都唯父命是从,孝又从何谈起? 如果臣子一切听君主的,那么贞又从何谈起? 因此要"审其所以从之之谓孝、之谓贞也"。也就是说不能盲从,要讲"礼"。

所以荀子说:"入孝出弟,人之小行也;上顺下笃,人之中行也;从道不从君,从义不从父,人之大行也。""大行"是最高的原则。最高的原则,道要高于君主,义要高于父母。换言之,就是父母不义的时候、君主不道的时候,我们是不能够盲从的。

我们为什么把"父为子隐,子为父隐"理解成父子之间互相包庇呢? 我们在逻辑上有一个误区,认为在父亲有错时,只能告发或包庇，没有第三种选择。

其实"父为子隐，子为父隐"的"隐"不是隐瞒的意思，而是纠正的意思。"父为子隐，子为父隐"是说父亲替儿子纠正错误，儿子替父亲纠正错误。王弘治在《〈论语〉"亲亲相隐"章重读》一文中专门讨论了这个问题，他认为这个"隐"是"檃栝"的假借字，是"矫正、纠正"的意思。我认为王弘治这篇文章的观点是正确的，后来我又写了一篇文章进行补充。

"檃栝"一词在《荀子》里用得非常多，《荀子·性恶》中记载："故枸木必将待檃栝烝矫然后直，钝金必将待砻厉然后利，今人之性恶，必将待师法然后正，得礼义然后治。""故檃栝之生，为枸木也；绳墨之起，为不直也；立君上、明礼义，为性恶也。用此观之，然则人之性恶明矣，其善者伪也。""直木不待檃栝而直者，其性直也；枸木必将待檃栝、烝矫然后直者，以其性不直也。"

《荀子·大略》记载："乘舆之轮，大山之木也，示诸檃栝，三月五月，为帱菜，敝而不反其常。君子之檃栝，不可不谨也。"

杨倞注："檃栝，正曲木之木也。烝，谓烝之使柔。矫，谓矫之使直也。"箭杆一定要很直，射出去才有速度，如果箭杆是弯的话，射出去速度就慢了，所以为了把箭杆拉直了，专门有叫作"檃栝"的工具，"檃栝"一般是木头做的，所以它从木字旁。《荀子·大略》里"檃栝"的"檃"是从木，"栝"也是从木。《说文·木部》："檃，栝也。从木，隐省声"，"栝，檃也。从木，昏声"。段玉裁注："檃栝者,矫制衺曲之器也","檃与栝互训"。

由此,我们知道"檃栝"是矫正竹木弯曲的器具,是木头所制,所以两字都从木。但是在别的文献里面,还有别的写法。

《荀子·非相》篇记载:"善者于是间也,亦必远举而不缪,近世而不佣,与时迁徙,与世偃仰,缓急赢绌,府然若渠堰檃括之于己也。"

这里的"檃括"没有从木,而是从手旁,其实是一个字。《淮南子·修务》中"木直中绳,輮以为轮,其曲中规,檃括之力"的"括"字也是从手旁,不从木旁。葛洪《抱朴子·酒诫》中"是以智者严檃括于性理,不肆神以逐物"的"括"字也是从手旁。刘勰《文心雕龙·熔裁》中"蹊要所司,职在镕裁,檃括情理,矫揉文采也",亦是如此。

《韩非子·显学》载:"自直之箭、自圜之木,百世无有一;然而世皆乘车射禽者,何也?隐括之道用也。虽有不恃隐括,而有自直之箭、自圜之木,良工弗贵也,何者?乘者非一人,射者非一发也。"《韩非子·难势》也载:"夫弃隐括之法,去度量之数,使奚仲为车不能成一轮。"这些文献里的"隐括"就是"檃栝",只是"隐括"两个字的木字旁都被省略了。所谓"匡民隐括",就是以"檃栝"匡正百姓,"檃栝"之义也相当于"规矩"。

《尚书·盘庚下》:"邦伯师长,百执事之人,尚皆隐哉。"郑玄注:"言当庶几相隐括共为善政。"盘庚这是希望"邦伯师长,百执事之人",都要能用"檃栝"来规正自己,都要能遵守规范。

《管子·禁藏》:"是故君子上观绝理者以自恐也,下观不及者以自隐也。"尹知章注:"隐,度也,度己有不及之事当效之也。"姜涛注:"自隐:自我纠正。隐,借为'檃',校正用的木板,引申为纠正。"以"隐"为"檃",但训"隐"为"纠正"则非常正确。

综上可以看出,"檃"本为"正曲木之木""正邪曲之器",其为木质,故字从木。名词作动词,"檃"遂有规正、矫正、纠正之义,这一意义上的"檃",古人常写作"隐",训为"度"。因此,所谓"度",也就是规范。

文献里的"隐括""隐审""隐实""隐核""隐度"等的"隐"字,实际上都应该加木旁,它的本质都是加木旁,不是训为规正、矫正,就是训为检核、审核。所以我们讲"隐省",就是按照规矩来进行省察,错的东西要把它改过来,所以这些"隐"字看起来没有木旁,其实都是有木旁的。

所以,《子路篇》中的"父为子隐,子为父隐",当为"父为子檃,子为父檃",翻译成现在汉语就是,"父亲要替儿子矫正错误,儿子也要替父亲矫正错误",而不是父子之间互相包庇。退一万步说,即使"子为父隐"是"伦理常态",但是"父为子隐"无论如何也讲不过去。

因此,知道"父为子隐,子为父隐"是"父亲要替儿子矫正错误,儿子也要替父亲矫正错误",再讲孔子司法腐败,就完全没有理由了。叶公和孔子两个人讲的都是"直",但是两个人讲的"直"不同,一个是"儿子替父亲矫正错误",从根本上解决问题;一个是告官,求官府来解决问题。两者都是对父亲"攘羊"错误的处置,都是对父亲"曲"的纠正,所以都称之为"直"。父亲"攘羊",儿子如果是隐瞒不报,父亲"攘羊"的问题解决了吗?还是没有解决。儿子隐瞒不报,并不等于别人就不会检举揭发,并不等于父亲偷羊的错误就不会暴露。用隐瞒的办法而不是用退赔来处理父亲的偷羊,其实刚好是帮了倒忙,害了父亲。而父亲犯了错误,儿子就把它改正过来。这种办法比把矛盾推出去的解决办法高明得多。所以孔子面对叶公,充满了"鲁一变,至于道"的自信。如果是隐瞒的话,不要说不能解决问题,就连叶公的告官也不如,还谈什么"直"呢?

将"父为子隐,子为父隐"理解成父子互相包庇,只能说是以小人之心度孔子之腹。因此,说孔子搞司法腐败,只能说是"深文周纳、故入人罪"。

第三个,轻视妇女说——"唯女子与小人为难养也"。

人们说到孔子,就指斥其"轻视妇女",依据就是《阳货篇》的这段话:"子曰:'唯女子与小人为难养也,近之则不孙,远之则怨。'"

在较早的注解里面,一般不对这句话做注,因为通常认为女子就是妇人,人人皆知,不值得特别提出来。现在也还是这么理解,认为这个"女子"是指所有的妇女,大家也因此对孔子颇有微词。比如鲁迅就讽刺孔子:"女子与小人归在一类里,但不知道是否也包括了他的母亲。"即使是对儒学抱有"同情之理解"的现代思想家李泽厚也无奈地承认:至于把"小人"与妇女连在一起,这很难说有什么道理。自原始社会后,对妇女不公具有普遍性,中国传统对妇女当然很不公平很不合理,孔学尤甚。

现代学者大部分都肯定,这一章表明了孔子轻视妇女的思想。蔡尚思更说:"既认女子全是小人,就可想见男子全是君子了","孔丘的主观片面,竟到如此地步!"因而他认为孔子"是女性的敌人,男性的恩人"。

与现代学界的主流认识相反,古代的权威注释则多以《论语》此章"女子"为特指,是指一部分女子,否定其为全称。

邢昺疏就指出:"此章言女子与小人皆无正性,难畜养。所以难养者,以其亲近之则多不孙顺,疏远之则好生怨恨。此言女子,举其大率耳。若其禀性贤明,若文母之类,则非所论也。"就是说,那些很贤能的女子就不在这一范围内,比如说武王的母亲大姒等,这样这个"女子"就不是全称了,是指一部分,至少那些特别贤能的人是不在这个范围之内的。

朱熹也说:"此'小人',亦谓仆隶下人也。君子之于臣妾,庄以莅之,慈以畜之,则无二者之患矣。"这里的"妾"指的就是"女子",朱熹认为"女子"在这里是特称,指妾,不是指所有的女子。后来的科举考试也都按朱熹的这一解释。

王船山说:"唯妾媵之女子与左右之小人,服劳于上下之所养也,而养之难矣。"王船山在"女子"之前加上定语"妾媵",特指的意思更为清楚,逻辑性更强。

钱穆也是如此,他说:"此章女子小人指家中仆妾言。妾视仆尤近,故女子在小人前。因其指仆妾,故称养。待之近,则狎而不逊。远,则怨恨必作。善御仆妾,亦齐家之一事。"他认为此处的"女子"就是"家里的妾侍",采纳的就是朱熹的说法。

陈大齐认为,《论语》此章"女子与小人"前有"唯"字,表明"女子与小人"是特指而非全称,因此当指"有些女子与小人"。抓住一个"唯"字,就为孔子洗去"轻视女性"的罪名,这是陈大齐作为一个现代逻辑学家在《论语》研究上的创举。

以朱熹为代表的宋儒为什么不把这句话中的"女子"视为全称?我想原因有两点。一是从《论语》一书的性质上看,《论语》是孔子的弟子,或者弟子的弟子编的,按照柳宗元的说法,是曾子的学生编的。既是曾子的学生编的,就不可能编很多对孔子不利的东西、负面的东西。二是从孔子思想的逻辑上看,孔子重视孝道,强调仁者爱人。如果以此章的"女子"为全称的话,孝道和仁学就难以成立。因为我们不能说孝只孝敬父亲,不包括母亲;仁爱只能对男子而言,不包括女子。如果"女子"作为特称的话,就能避开这一矛盾。因此,从孔子的整个思想和《论语》一书的性质来看,这个"女子"确实只能视为特称,只能指一部分女子,不能指所有的女子。

陈大齐认为句首的"唯"字"言其有所排拒",也就是有表特称的作用。"唯女子与小人为难养也"表示的是"低拒判断",也就是特称肯定判断。恐怕难以成立。因为"唯"在此类句子中,作为副词,是用来限定范围,表示强调的,相当于"只有""只是"。如"无恒产而有恒心者,惟士为能",这里的"惟"

强调的是"士",而且此"士"应该是全称,而非特指,我们不能说"惟士为能"是"有些士为能",而与"士为能"有本质的不同。

我认为,"与小人"当为"女子"的后置定语。在现代汉语里,定语都在名词的前面。但在古代汉语里,在早期文献里,定语在名词后面的情况应该会有,英文里就非常多。

此句的"与"字前人都解为并列连词,相当于"和"。但并列连词前后的名词或词组应该是相类的。"女子"和"小人"并非同类的名词,"女子"相对的应该是"男子","小人"相对的应该是"君子"或"大人"。所以认为"与"表示并列是不正确的。

宋人从逻辑上认定此章"女子"为特称而非全称,但"女子"作为特指需要有定语进行限制,只有找出"女子"的限制性定语,此章"女子"作为特指才能落实。此章"女子"有没有限制性的定语呢? 我认为是有的,只不过此处限制性的定语,不在"女子"前,不是"唯"字,而是"女子"后面的"与小人"三字。

"与"当训为"如"。《广雅·释言》:"与,如也。"王念孙《疏证》:"孰与,犹孰如也","弗与,犹弗如也。与、如、若,亦一声之转"。裴学海《集释》对王氏之说极表赞成:按《经传释词》谓《檀弓》《左传》《晋语》之"与"字皆训"如",其说甚碻。

比如,《孟子·滕文公下》中说:"不由其道而往者,与钻穴隙之类也。"俞樾就认为这句中的"与"当训为"如",即"不由其道而往者,如钻穴隙之类也",说"与"训为"如",则文义自然明了。

"与"能训为"如",那么《论语》此章的"与小人"就可作"如小人"，也就是"像小人一样"。这个"与"字不是并列连词，而是介词。

古汉语的定语一般是前置，但也有后置的，定语后置常以"中心词＋定语＋者"的形式出现。如《论语·卫灵公》中说："有一言而可终身行之者乎?"《孟子·梁惠王下》中说："此四者，天下之穷民而无告者。"《史记·廉颇蔺相如列传》中说："求人可使报秦者，未得。"

"一言而可终身行之者"即"可终身行之之一言"，"穷民而无告者"即"无告之穷民"，"人可使报秦者"即"可使报秦之人"，都是以"者"为标志将定语后置。

甲骨文有"文武丁伐十人"，"十"作定语修饰"人"，是在名词的前面。但是它也可以说"勿登人四千"，"四千"就是四千人，它把定语后置了。所以在甲骨文里面，定语后置的也是有的。金文这样的例子更多。《大克鼎》："赐女田于野，赐女田于渒，赐女井寓囗田于峻，以厥臣妾，赐女田于康，赐女田于匽，赐女田于溥原，赐女田于寒山。""田于野"，在野的田；"田于渒"，在渒的田；"田于峻"，在峻的田；"田于康"，在康的田；"田于匽"，在匽的田；"田于溥原"，在溥原的田；"田于寒山"，在寒山的田。《作册旂觥》载："戊子，令作册旂兄（贶）望土于相侯。""土于相侯"，在相侯的土地。《孟簋》："毛公赐朕文考臣自厥工。""臣自厥工"，即来"自厥工"的臣。《大克鼎》："赐女井人奔于量。""井人奔于量"，"奔于量"的"井人"。

我们再看《诗经》，《诗经·商颂·玄鸟》中有"天命玄鸟，降而生商,宅殷土芒芒"。《左传·襄公四年》则有"芒芒禹迹",这个"芒芒"是修饰"禹迹"的。所以我们就知道,"殷土芒芒"可以读成"芒芒殷土",辽阔无边的殷之国土,它也是定语后置。《诗经·小雅·六月》:"侯谁在矣? 张仲孝友。"朱熹的注就说:"而孝友之张仲在焉。"说明这个"孝友"就是修饰"张仲"的,所以这个句子也就是定语后置。《诗经·大雅·假乐》:"受福无疆,四方之纲。"《叔旅鱼父钟》也有:"朕皇考叔旅鱼父蓬薄降多福无疆。"《善夫克盨》有:"克其日赐休无疆。"而《弭仲簠》则作:"弭仲受无疆福。"由此可知,"受福无疆"即"受无疆福","多福无疆"即"多无疆福","休无疆"即"无疆休"。可见《诗经》和金文定语后置屡见不鲜。

《论语》中也有这样的例子,如《雍也篇》:"冉子与之粟五秉。""粟五秉"即"五秉粟",这是数量值组做定语被后置了。《学而篇》:"主忠信,无友不如己者;过,则勿惮改。""无友不如己者"即"无不如己之友",也就是说,"主忠信"的人,没有一个朋友是不如自己的,朋友都比自己强。这里的"不如己"是后置定语,是修饰"友"的。"人以类聚,物以群分",主守忠信的人,朋友也是主守忠信的。

由此可知,"者"固然是定语后置的标志,但这种标志有时是可以省略的。以此例之,我们完全可以将《论语》此章的"唯女子与小人为难养也"看成是"唯女子与小人者为难养也"或"唯女子之与小人者为难养也"的省略。有"者"字,"与小人"是定语后置毋庸置疑;没有"者"字,也无碍于"与小人"是定语后置这一事实,因为这是孔子思想的逻辑所导致的必然结果。

因此,这里的"女子与小人"是一个偏正结构,"女子"是中心词,"与小人"则是后置定语,是修饰、限定"女子"的。所以说,这里的"女子"不可能是全称,不可能是指所有的女性,而只能是特称,特指那些像小人一样的"女子",如同小人一样的"女子"。这种"女子"如同小人,其实质就是"女子"中的"小人",就是"女子"中的"无德之人"。为了强调,孔子特意在"女子与小人"前加上一个语气词"唯"字,突出强调只有这种像小人一样的"女子"才是他视为"难养"的对象。这样,自然就排除了其他的女子,排除了非小人一样的女子。

孔子视小人一样的女子为"难养",认为她们"近之则不孙,远之则怨",亲近了,就会放肆无礼;疏远了,就会埋怨忌恨。这种轻视、这种厌恶,有的放矢,绝不是针对全体女性而言的,只能说是对"女子"中的"小人"而言的。所以,"唯女子与小人为难养也,近之则不孙,远之则怨",与其说是对妇女的轻视,不如说是对小人的轻视。

因此,从以上的分析看,认为孔子鼓吹愚民思想,反对开启民智,主张血缘至上、搞司法腐败,轻视妇女、仇视妇女,完全是出于对《论语》的误读。真正读懂了《论语》,我们就知道,孔子的真精神是以民为本,从义不从父,厌恶的是小人,崇尚的是君子。这才是《论语》真正的思想。

第四讲　孔子与齐鲁文化

王志民

我们知道,孔子是中国历史上最伟大的思想家、教育家,是对中国历史文化的发展进程影响最大的文化名人。不仅中国人认为孔子思想是中国文化的中心,无孔子则无中国文化,而且外国人也认为孔子不可不谓人类中最大人物之一。那么,第一点,这样一个伟大的人物,为什么出生在齐鲁,而没有生在其他地方？这是偶然的因素,还是历史的必然？第二点,为什么孔子创立的儒学能够成为影响最大的学派？齐鲁文化与先秦儒学的发展有什么关系？第三点,孔子诞生之后,对齐鲁文化的发展又产生了哪些影响？我将就上面这样三个问题来谈孔子与齐鲁文化。

一、非齐鲁无以生孔子

在我看来,非齐鲁无以生孔子。也就是说,如果不是齐鲁之地,不会产生孔子这样伟大的人物。当然,孔子的出现,应该是有若干文化因素的聚集,例如社会的变革,孔子只能产生在春秋的末期,这是时代的化育。此外,还有孔子的个人努力。正像孔子自己说的"吾十有五而志于学,三十而立,四十而不惑,五十而知天命,六十而耳顺,七十而从心所欲,不逾矩"(《论语·为政》)。孔子说:"十室之邑,必有忠信如丘者焉,不如丘之好学也。"(《论语·公冶长》)有十户人家的一个地方,就一定有品质像我一样好的人,但是他不如我好学。这就是说,孔子之所以成为孔子,有本人努力的因素,还有其他人对孔子的影响,等等。我们从孔子故乡的角度来探讨对孔子成长的影响,那么我们应该首先分析齐鲁文化的根基和齐鲁文化给孔子提供的文化环境。

(一)齐鲁是孕育孔子的文化沃土

首先,齐鲁是中华文明最早的发源地之一,这说明齐鲁文化是在一个高的起点上,发源于一个很丰厚的文化发达区。这一点我们可以从史前的考古和文献记载几个方面来加以说明。

从考古来看,这个我们大家都比较熟悉,像著名的考古学家夏鼐先生曾经说过,中国的文化主要是三个中心,一个是黄河流域,第二个是长江下游,再一个是山东地区。这是通过大量的考古证明的,齐鲁是中华文明一个最早的发源地。大半个世纪以来的考古挖掘和研究都证明,齐鲁地区是有着深厚根基的自成序列的高文化区,从后李文化、北辛文化、大汶口文化、龙山文化,再到岳石文化……。从文明的要素来看,山东出现了最早的文字,出现了最早的金属器,出现了最早的城市,这是世界从考古方面认定进入文明的三大要素。所以,齐鲁是中华文明最早的发源地,这点已经被二十世纪以来将近一百年的考古所证明。

从文献记载来看,我们知道传说中的中华始祖,像黄帝、炎帝、尧、舜、禹,都跟山东发生过联系。文献有记载,我们就不再多说了。从文献来看,还值得提出的是,泰山自古以来就是一个上层的宗教文化活动中心,这一点和后来孔子的出现也是关系极大的。这是我讲的第一点,齐鲁首先是中华文明最早的发源地。

其次,齐鲁是春秋时期东方的文化中心。我们知道,周初,姜太公和周公两位文化界的巨人被封到齐鲁,为这一地区文化地位的形成奠定了一个新的更高层次的基础。在齐鲁立国之前,齐鲁之地本身就是商代的一个高文化区。从文献记载来看,在齐地有一个古国叫"薄姑国",在鲁国有一个古国叫"奄国",也称"商奄",这两个方国在商末都是势力强大、文化发达的东方古国。周初爆发了"三监之乱",这两个东方的古国都参加了反周的叛乱,因此带来了周公三年的东征,东边的目的地最主要的就是我们山东这个地方,首先镇压了商奄、薄姑以及商代的一些旧部。这也说明,在商末,齐鲁之地实力比较强、文化比较发达。

从齐地的如青州苏埠屯商代大墓挖掘的文物来看,确实证明在商代这个地方的文化非常发达。济南的大辛庄出土了大量的甲骨片,它也被誉为在安阳之外发现的商代一个最大的文化中心。我们可以这样说,齐鲁立国本来就是建立在一个比较高的文化发达区的基础之上的。周初分封齐鲁,又对齐鲁文化的提升奠定了一个很好的基础。主要表现在以下几点。

第一点,周初分封,侧重齐鲁。首先,齐鲁为首封,武王统一天下之后,封功臣谋士,第一个封的是齐国,第二个是鲁国,可见周天子是最重视齐鲁这个地方的。其次,受封之臣为重臣。姜太公在周灭商当中,他实际上是一个灭商的统帅,是"文王之师,灭商统帅",再一个是安邦首辅,灭商之后安定周初动荡的社会天下,姜太公是首辅,他主要是从当时的军事方面镇服各地的反抗力量。这是姜太公。再看周公。首先,周公是周武王的弟弟,同时他也是整个周朝的典章制度的制定者,所以《礼记》上曾记载:"周公践天子之位以治天下。六年,朝诸侯于明堂,制礼作乐,颁度量,而天下大服。"也就是说,整个制度、文化、礼节,整个典章,全是在周公的主持下制定的。我们可以这样说,周王朝把最高军事统帅封在了齐国,把最高的文臣封在了鲁国。当然这里面还有曲折,比如说周武王灭商两年之后就去世了,那么周成王年龄比较小,所以周公成为摄政王,七年之后把这个位置还给了他的侄子,有这样一个历史的过程。如前所述,把两个最高的一武一文封在了齐鲁,这也说明周王朝最重视齐鲁这个地方。

再次，用特殊政策扶持齐鲁。首先说齐国，姜太公封到齐国之后，周王朝就给了姜太公一个特权，即"授其以征伐特权"，实际这奠定了齐国后来称霸的基础。根据《史记·齐太公世家》记载，周成王命召康公对太公说："东至海，西至河，南至穆陵，北至无棣，五侯九伯，实得征之。"就是在这样一个范围之内，这一些大小诸侯国，姜太公可以来征伐它。当时，齐国封的地方实际上很小，根据历史的记载是"方百里"，也就是方圆一百里左右的一个小地方，但是它的征伐范围东至海，到了山东半岛，西至河，今天看就到了聊城、菏泽一带，北至无棣，到了今天河北的黄骅和山东的交界地，南至穆陵，即泰沂山区。在这么一个广大的范围之内，姜太公代天子在这里安抚一方，可以征伐诸侯。所以为什么春秋时期齐桓首霸？这与齐国立国之时的这样一种特权是有关系的。

对于鲁国，首先是厚赐鲁国，培植礼乐文化中心。根据《左传》的记载来看，在分封周公到鲁国的时候，实际上周天子是将鲁国作为周朝的文化之都来建设的。在分封的时候，首先给它以全国的文物，因为在古代，所谓文化，最主要的是把前朝文物中的相当一部分直接作为分封之物送到了鲁国。第二个是人才，就是把那些掌管文化事业的人才，比如说祝、宗、卜、史等等，包括礼乐方面的人才也作为分封的一部分给了鲁国。第三是图书，把一些历代的典章图书给了鲁国。再一个是重要的礼器。总之，在分封鲁国的时候，比起其他的诸侯国来讲,就有意在鲁国建立一个礼乐的文化中心,这一点对后来孔子的成长和思想培育至关重要。这是第三点,特殊政策来扶植齐鲁。

最后,建国之策提升齐国。立国之后,齐国就沿着"简政从俗,工商立国,尊贤尚功"这样一条路子奠定了霸业的基础。鲁国沿着"崇礼革俗,强农固本,尊尊亲亲"的路子来发扬西周宗法社会的传统。"尊尊亲亲"主要是礼。整个中国的传统社会就是一个农业和宗法社会,"孝"是宗法社会一个非常重要的方面,忠是孝的扩大,所以我们这个社会是一个宗法社会。周公所发扬的就是西周的宗法社会的传统,太公举贤,实际上开创了后来咱们在政治上尚贤的先河。

我们从齐鲁立国后的建国之策来看,齐鲁两国沿着两条不同的道路发展,但是都走在了春秋时期整个经济文化建设的前排。这是我们讲这里面的第一点,就是周封天下,侧重齐鲁。

第二点,春秋之变促成中心地位的形成。我们首先说鲁国,刚才我们已经讲了,鲁国的立国是周王朝带着建立礼乐文化中心这样一个意图,所以给了它相当多的优惠政策。我们来盘点一下周初分封给鲁国的文化优势。我觉得主要有三点。

第一点优势,鲁国是周公的封地,而周公又是周朝整个文化制度的设计者、创立者,这本身对鲁国就是一种文化优势。同时,周王朝又给了鲁国一些文化上的特权,据《史记》记载,就是"成王命鲁得郊祭文王,鲁有天子礼乐者,褒周公之德也"。这是说,在所有分封的诸侯里面,周天子给了鲁国一个特权,就说你可以在鲁国的郊区祭祀,不必跑到国都来祭文王。"鲁有天子礼乐者",是说鲁国的礼乐可以奏只有在周王宫里面奏的礼乐。这里面有一点相似,就是我们现在在孔府里面,孔府建制的格局跟皇宫是一致的,孔庙的格局跟皇宫是一致的。所以,当初鲁国就享受天子礼乐,为什么?以"褒周公之德也",这是因为周公对整个周朝做了太多的贡献,所以让他子孙享受这样一种文化上的特殊待遇,这个优势是非常大的。第二点优势,就是文化的高配置,具有先天的文化条件,像文物、图书、人才、礼器等。第三点优势是在分封鲁国的时候,将殷商的一些旧贵族遗民迁移到了鲁国,这一点为后来孔子创建儒家奠定了基础。这些遗民原来是殷商的贵族,这些人最大的特点是有文化,到了鲁国之后,他们就沦落为普通百姓了。所以有学者说,鲁国的统治者是周人,老百姓是殷人,这当然并不是全部。这样一个结构,实际上就在鲁国境内造就了比较天然的人才的基础。三大优势当中这是一大优势。这些人在鲁国从事什么呢?这些人在鲁国主要是教人学文化,"相礼",就是来从事与礼有关的活动,因为当时礼乐是主要的文化。这些文化人,这些前朝的没落的贵族和遗老遗少,他们一代一代传下来,他们在这里从事一些文化活动,我们从这里是不是感到鲁国确实具备了一种高的文化的土壤?

其次,对鲁国来讲,到了春秋时期,是礼乐尽在鲁,礼乐文化的中心都来到鲁国了。西周末年,北方的戎狄少数民族攻进了镐京,把原来西周的国都镐京可以说洗劫一空。如果说原来文化中心一个是首都,一个是鲁国的话,那么经过西周末年的这样一种动乱,首都的文化中心地位就被毁掉了,所以迁都到了洛阳。"周公营洛邑",最早对洛阳也是作为一个文化的重镇来建设。

但是大家知道,东周以后就进入了春秋时期,这时,周天子的地位已经衰微败落,所以他虽居洛阳,但是洛阳已经不具备天下之都这样一种地位,所以周王室最后就靠很小的一块儿地盘来供应他们的财政。其他的诸侯,特别是大的诸侯国很少进贡了,周王室逐步沦落到一个像小的诸侯国那样的地位。在西周的国都衰败之后,鲁国的文化中心地位大为突出,这里面有几点需要说明。

第一,在当时,各国公认鲁国是周礼的中心。这里面有两个故事,第一个故事是齐桓公问他的大夫,说咱是不是应该攻打鲁国,把它灭掉?大夫说不可,现在周礼都在那里,我们要是攻打它,会引起天下诸侯对我们的不满。"鲁不弃周礼,未可动也。"另一个故事是晋国的上卿韩宣子到鲁国来了,看了鲁国的图书资料、器物,感叹道:"周礼尽在鲁矣!"

第二,周乐尽在鲁。因为当时的文化主要表现形式,一个是礼,一个是乐。我们可以这样说,周朝传统的音乐在鲁国,各个地方的地方音乐也都集中在鲁国,这就是说各个诸侯国都在文化上把鲁国公推为一个首都,一个文化的副都,或者说一个文化的中心。据记载,鲁襄公二十九年,吴公子季札去鲁国访问,要求欣赏一下鲁国歌舞,鲁国答应了他的请求,演出了各种音乐舞蹈给他看,包括各诸侯国的音乐。这说明鲁国实际上成为周朝礼乐文化的一个中心区。

理解孔子当然主要从鲁国来理解,我们捎带说一下春秋时期的齐国。春秋时期的齐国,实际上是整个东方一带的政治文化中心之一。齐国在春秋的早期就发展成了一个核心的大国,最著名的是齐桓公称霸。《孟子》上说,"五霸,桓公为盛",就是五霸里面最强大、最兴盛的是齐桓公。齐桓公一个是称霸时间长,在位43年,霸业持续三十余年;第二个是征伐的范围最广;再一个是他鲜明地打出了"尊王攘夷"的称号。春秋时期,周王室衰落,诸侯一个个都不听周天子的摆布了。但是齐桓称霸是打着"尊王"的旗号。"攘夷"就是屏除南方、北方和周边的少数民族对中原整个文化的破坏,就是把北方和南方屏除于中原之外。"尊王攘夷"既维护了统一,又御强敌于千里之外。再一点就是他的霸业主要是组织诸侯开会,用谈判解决问题,不是用武力解决问题。为什么"以人为本"这句话最早是在《管子》中提出来的?在齐文化当中,它最早就有"以人为本"这样一种思想理念,我们后面还要讲到孔子思想的形成实际是齐鲁文化的一个结晶。所以,我们可以这样说,在春秋时期,齐国也是当时的一个政治文化的中心。

从春秋时期开始,齐鲁就展现出独特的文化中心的地位,而这样的一片文化的沃土,正是产生孔子这样一个伟大文化巨人的最好的文化基础。也可以这样说，一棵参天大树必然要产生在一片文化的沃土之中。

（二）齐鲁文化是构筑孔子思想的文化基石

首先，孔子对中国、对人类最大的贡献有三点。

第一点是创始儒学。关于儒家思想的核心，现在有各种各样的解读，一般认为，儒家思想的核心主要有两点：一是礼，我们山东是礼仪之乡，在国外称中国是礼仪之邦；二是仁，仁义的仁。所以，仁和礼是孔子思想的核心。在《论语》里面，"仁"字出现了 109 次，"礼"字出现了 74 次。"礼"是鲁文化对孔子培育的最重要的内涵之一。我们前面已经说到鲁文化最突出的特点是继承和保存了丰富的周礼文化，而礼又是孔子的核心思想之一，很明显，鲁文化为孔子构筑礼的思想提供了最重要的文化基础。这里面有这么几点，我简单提一下。

一个是孔子自幼习礼，从小就在礼的文化的熏陶之下。据《史记》记载，孔子还是小孩子的时候，经常"陈俎豆，设礼容"。我们从这里也可以感受到，孔子从小所接受的就是礼的一种教育。这说明在鲁国这样一种礼的氛围浓厚的社会，从儿童时期起，孔子就受到了礼的熏陶。第二个就是孔子稍微长大以后，学习的主要任务是学礼。这一点在《论语》里面有大量的记载，比如"子入太庙，每事问"，主要讨论的都是礼的问题。所以，在孔子这个思想核心形成的过程当中，礼自然是他重要的思想内容之一。第三个就是对违礼的现象，孔子都深恶痛绝,坚决反对。孔子在他的成长过程当中,最喜好礼,最厌恶非礼的行为和习惯。所以,《论语》载"民之所由生,礼为大"。而且他明确地告诫他的儿子"不学礼,无以立",人如果不学礼,就不能立身;他明确地告诫学生"非礼勿视,非礼勿听,非礼勿言,非礼勿动",凡是不合乎礼的,不要看、不要听、不要说、不要动。可以这样说,鲁国的文化生态和文化氛围,对孔子的礼的思想产生了巨大的影响。

第二点是创办私学。周王室分封鲁国的时候,把殷商的一些贵族遗老遗少迁移到了鲁国,这些人是一些有文化的平民,他们在从事的职业当中,他们要发挥他们的专业特长,所以鲁地就有一种以传播知识来主持礼的一些仪式,从事这项职业的人就被称为"儒"。我们今天说孔子是中国历史上第一个创办私学的人,但是我们也应该看到,在孔子之前,鲁国很长的一段时间一定有很多以教书来主持礼为职业的人,当然他们的规模、他们的影响不如孔子大。孔子实际上是在学习和吸收鲁人创办这种教育和主持礼的这样一个前提之下,创办成了最大的一个教育集团。

所以我觉得孔子他之所以成为中国历史上私学的创立者,一方面是孔子的规模大,最主要的是孔子用自己的行动和自己的言论创立了一整套教育的思想和理论体系。至于说创办教育的私学的实践,在鲁国一定是比较有基础的一种文化现象。所以从这里来看,我们是不是可以这样说,就是鲁文化对孔子创办私学的这样一种伟大历史功绩,也是奠定了它的文化基础。

第三点是整理古籍。孔子把他出生之前特别是三代以来的古籍都做了整理。从这里面，选出了六经——《诗》《书》《礼》《乐》《易》《春秋》。孔子把三代的古籍都整理了，这是他对中国文化一个最大的贡献，就是孔子对他之前的历史文化做了一个很好的总结，又传给了后人。如果没有孔子，夏商周三代的文化不会传承下来。

孔子的这三大贡献都和鲁国有直接的关系。如果鲁国的图书馆里面没有这么多的文献古籍，孔子不可能阅读到这么多的文献，那么也就不存在孔子是如何去整理这些古籍的问题。可以这样说，一个伟大的古籍整理专家，必然是一个藏书丰富的图书馆才能够造就的。这样的图书馆在当时来讲只有鲁国有，所以鲁文化对孔子这个伟大人物的出现提供了得天独厚的文化基础。

我们再来看齐文化对孔子的影响。我们大家在谈到孔子的时候，往往认为他是鲁国人，主要受鲁文化影响。但是齐文化对孔子的影响也很大，首先齐鲁两国是近邻，交往频繁。齐国和鲁国互为婚姻之国，鲁国的国君大多娶齐女为妻，来往自然密切。

另外最主要的，进入春秋之后，齐桓霸业是为当时所有的文化人非常敬仰和推崇的一项伟大的业绩。我们刚才已经讲了齐桓公"尊王攘夷"，所以整个天下的诸侯都在齐国的领导之下，齐文化的社会影响自然很大。分封之初，齐国和鲁国应该说都是强国,甚至有的时候是鲁强齐弱,因为鲁国是周王室的嫡系,姜太公主要是靠战功,当然姜太公也是周王室的亲戚,周武王的妻子之一就是姜太公的女儿。但不管怎么说,齐鲁两国当时都是大国。但是自从齐桓公称霸之后,齐强鲁弱已成定局。

所以到了孔子的时代,齐国是比较强大的,鲁国可以说越来越衰落。在这种情况下,孔子对齐国非常向往和崇拜。在35 岁的时候,孔子来到了齐国。待了多长时间?历史上记载很简略。有的说是七年,有人还说他曾经三次到齐国,现在看这个说法已经不被采纳了。根据总体考证来看,孔子在齐国至少待了三年以上。按他在齐国的活动来看,一是做了高氏的家臣,高昭子的家臣,就是到一个贵族家里去做了幕僚,或者说教书先生,或者去做一些文职的工作。第二件事情,他曾经"与齐太史语乐",就是跟齐国掌管音乐的最高官员谈论音乐。第三件事情,齐景公曾经向孔子请教如何治国。可见,孔子在齐国的地位还是不低的。当然,他在齐国并没有受到重用,但是他在那里是受到尊重的,他跟齐国的上层是有接触的。

"子在齐闻韶,三月不知肉味",孔子在齐国听了韶乐,竟然很长时间都不知道肉是什么味道。这样来看,他大量地吸收了齐文化。我们认为,至少孔子的仁的思想是对齐文化有所吸收的,齐国有仁学的这样一种传统。齐鲁之地主要都是东夷的这种文化根基,这一片总的来讲都属于东夷之地。汉代许慎的《说文解字》中有这样一句话，"夷俗仁"，就是说东夷这个地方有"仁"的风俗，这个仁的风俗用今天的话来说就是与人为善，相互之间很平和。

《汉书·地理志》上有这样的记载，说"东夷天性柔顺，异于三方之外，故孔子悼道之不行，乘桴浮于海，欲居九夷，有以也"。在东夷，人和人之间是很和谐的一种关系。"异于三方之外"，和南、北、西这三方都不一样。所以，孔子曾经"欲居九夷"。关于这个"九夷"，总的来讲，有人说可能是指今韩国，或者指其他的地方。在古代，东夷的范围是很广的，山东是一个核心区。东夷有一种仁的习俗。

那么我们来看，齐桓公称霸最主要的方式就是以会盟来统一天下人的意志，来"尊王攘夷"。所以孔子在《论语》里面曾经专门来赞扬管仲的这项功绩。"桓公九合诸侯，不以兵车，管仲之力也！如其仁！如其仁！"在治国当中，什么叫仁？就是九合诸侯，用会盟的方式，用开会的方式来谈判解决问题，不是靠武力，"不以兵车"。孔子认为这是仁的一种作为。我们可以这样说，"仁"的形成，是孔子从齐国古老的仁的风俗里面吸收了一定的营养，然后又进行提升改造，上升到理论，最终成为一种仁的学说，这是孔子的创造，是孔子对中华文化、对人类的最伟大的贡献之一。

当然，孔子仁的思想的形成非常复杂，这里面包括孔子研究了三代以来的文化，吸收从上古以来中华文化的一些传统，这里面自然有他对这些方面的吸收。但是我们从区域的文化来讲,他对齐国文化的考察,对齐地民间长期流传的这样一种古老传统的吸收、改造、提升、升华,也应该是他仁的思想的重要来源之一。孔子是讲爱人的,他从齐文化中看到了仁,但是这种仁是一种低层次的,是一种风俗式的,还不是一种有体系的仁。所以在《论语》里面有一句话叫"齐一变,至于鲁;鲁一变,至于道"。齐和鲁一结合,仁和礼一结合,就达到了孔子理想的仁礼结合的道。我个人认为,这一句话是孔子考察了齐国之后的一种深切的体验,这种体验就是孔子的这种道是仁礼结合的最高的一种境界。

那么我们在这里是不是可以得出这样一个结论:不是齐鲁,就不能产生孔子。只有齐鲁文化这样一种深厚的文化根基、丰厚的文化沃土,只有齐鲁文化在春秋时期这样一个礼乐的文化中心、丰足的文化创造条件,以及齐国霸业所创造出的政治上的这种现实,孔子把它们吸收融合,形成了他的儒学的这样一种思想体系,完成了他对中国教育的伟大创新,对中国三代文化的伟大总结。

二、 非齐鲁难以成就儒学

没有齐鲁文化的这样一种推动,孔子思想形成儒学的庞大的思想体系是很难的。所谓儒学,实际上在先秦时期已经形成了一个比较完整的思想体系,这个思想体系不是孔子本身来完成的,它是经过一系列的发展才形成了一个完整的体系,我们才能称它为儒学。所以孔子思想和儒学不是完全画等号的,孔子思想是儒学的创始,而儒学是指的先秦时期就已经形成的这个完整的儒学的体系。

在这一方面,在形成完整的儒学体系方面,必须有两件事情要完成:一是它的思想理论有人发展;二是孔子的学说有人推广、有人宣传。而这两个问题,在先秦时期,主要是有赖于齐鲁来推动实现的。

（一）儒学博大精深的思想体系的构建

儒学博大精深的思想体系的构建,我觉得主要有两个方面。一方面,孔子创立儒学之后,在战国时期就形成了完备的理论体系,这个理论体系得益于三位伟大的儒学大师。这三位分别是子思、孟子、荀子。

子思和孟子,一个是鲁人,一个是邹国人,邹国在鲁国旁边。荀子是赵国人,但是荀子从15岁就来到齐国的稷下学宫,待了几十年。也就是说,荀子虽然是赵国人,但是他的成就主要是在齐国实现的。这三个人物可以说都是齐鲁之人,而他们的活动、他们思想理论的发展也都离不开齐鲁。

我简单说一下。子思主要是发展了孔子的伦理道德思想,特别是他的中庸思想。孟子的建树是很广泛的,孟子可以说是孔子之后一个最伟大的儒学大师,他对孔子思想的发展是多方面的,最主要的是他将孔子思想的核心——仁,引入到治国安邦的政治思想当中。你看《论语》就会知道,孔子讲仁主要还是讲爱人，"己所不欲，勿施于人"，主要还是从你的行为、你的思想这个方面来讲仁。孟子认为，这个仁不但能够让你成为一个好人，它还能治国，把它引入到治国安邦之策当中，我认为这是孟子最大的一个贡献。后来，儒学之所以成为中国的统治思想，成为一个国君统治国家的思想，与孟子是密不可分的。荀子主要是发展了孔子的礼的思想——隆礼重法。礼强调到更严厉的程度就是法，我们今天也是这样，道德谴责和违法实际上有时候界限是很模糊的。我们原来说你这个人对父母不好，应该受到道德的谴责，这应该说是违礼。可是现在，你不赡养父母，法庭会来判决。在先秦时期，儒学已经具备了上升到治国这样一种统治思想的基础，而这三个人都是齐鲁之人。

另一方面，孔子之后，儒学分成了好多派别。"儒分为八，墨别为三"，这是在《韩非子》上记载的。我们说一个理论，这个创始人创始之后，分成若干派别，这是对它理论体系发展的一种外在表现。"儒分为八"对儒学体系的形成实际上是一个很大的推动，而在"儒分为八"的八大领袖人物中，七个人是齐国人或鲁国人，主要是鲁国人。我们是不是可以这样说，孔子思想理论体系的这一种建构、发展、完善，是得益于齐鲁文化的推动。

（二）孔子思想的传播

孔子思想能够在汉代成为一种统治思想，最主要的应该是有人给他宣传,大家都来效仿。一个理论它在创始的时候可能声音很小,可是传播开去,就有可能成为最大的声音。

孔子思想的传播我觉得得益于两个方面,一个方面就是他的弟子,孔子的弟子号称三千,主要是齐鲁之人,最主要的是鲁国人。为什么他的弟子主要是鲁国人? 一方面,当然是因为鲁国距离近,便于学习;另一方面,鲁国的平民中高文化素质的人太多了,而且愿意来这儿学习。

据统计,在孔子弟子当中,现在知道名字的、有国籍的,就有 8 个国家的 68 人,仅鲁国人就有 42 人,可以说大半是鲁国人,第二多的是齐国人。总的来讲,他的弟子主要来自齐鲁。《史记》记载,孔子死后,弟子守孝三年,守孝三年之后就都分散了,有去教书的,有去做官的,有游说诸侯的。因为战国时期国君对知识分子是礼贤下士,非常尊重的,所以孔子的弟子有很多做了各国国君的座上客,成了国君的老师,很多成为高官或者大夫的家臣。不管怎么说,孔子这么多弟子四散开来,使孔子的思想得到了大量的传播。

当然,孔子思想的传播与孔子是一位老师是有关系的,他不仅是有学生,学生再教学生,这个形成了一个几何体的传播网络。还有一个很重要的,孔子有教材(五经,当时也可能是六经),每一个学生都拿着教科书出来传播孔子的思想,当然就可以作为一种职业了。所以私学风起,孔子思想被大量传播,在战国时期已经号称"显学"。

孔子思想的传播,还在于邹鲁这个地方在战国形成了一种社会风气,叫"邹鲁之风"。这个在以前很少有人论述,我去年在邹城开孟子思想与邹鲁文化的国际学术研讨会,我提交了一个题目,就是《论邹鲁之风》。经过我收集的大量资料,我认为在邹鲁这个地方,在战国时期形成了一种社会风气,叫"邹鲁之风"。这个邹鲁之风的核心内容就是尊孔、崇儒、读经,尊崇孔子,崇拜儒家,阅读传播经书——五经。而这一个风气,是从孔子时代开始的,孔子整理五经,以五经来教学生,学生当然有读经的风气。

但是有一点,孔子去世之后,他的弟子四散,在相当一段时间之内,儒学思想在社会上已经是一种衰萎的思想。五百年之后,莒县有一个人叫刘勰,他写的《文心雕龙》里面有一句话,说"春秋以后,角战英雄,六经泥蟠,百家飙骇"。什么意思呢?就是说春秋以后到了战国时期,"六经泥蟠",这五经就成了在泥里的泥鳅了,到了地下了,没有人理这个五经了;"百家飙骇",就是诸子百家都起来了,各种学说都有,反而儒学衰弱了。

正是在这样一个时间,孟子出现了,孟子和孔子相差一百年。"乃所愿,则学孔子也。"他说我一生的志愿就是学孔子。他学孔子两个方面:一个是四处奔波,大力宣传孔子的学说,而且发展孔子的学说;第二个就是大量地教学生、教徒弟。当然,孟子比孔子要风光,他出去的时候,带着数十辆车,后面跟着上百个学生,周游列国,到哪里都受到欢迎。这与当时的社会风气有关系,社会风气就是哪一个国君最尊重知识分子,那么哪一个国君就是强盛的。当时,斗争形势非常激烈,出谋划策得靠知识分子,所以各个国家的国君都尊重知识分子,只要是知识分子来,就奉为座上客。孟子带领他的学生数百人,浩浩荡荡,到各个国家去周游,所到之处都受到热烈欢迎,当然他的学说实际很少被采用。

据我考证,孟子活了80岁,40岁以前在邹国,40岁到60岁周游列国,60岁以后在家里收徒讲学。孟子在周游列国的20年中,也经常回祖国。所以战国中期,名声最响的国家是邹国,因为有孟子。邹国和鲁国离得很近,受孟子影响,邹鲁形成了一种浓厚的知识分子的风气,就是"诗书礼乐之风"。所以《庄子·天下篇》:"其在于诗书礼乐者,邹鲁之士、缙绅先生多能明之。"就是说你要是谈到诗书礼乐这些东西,你上邹鲁这个地方去,那里那些知识分子和官员都对诗书礼乐非常懂、非常了解。

从这里来看的话,我们可以说,孟子收了大量的徒弟,这些徒弟又四散到全国,主要以传播五经为主,实际上振兴了儒学。我们在这里也解开了一句话,就是从战国之后,称孔孟之乡并不是"鲁邹",而是邹鲁,邹鲁之地。《汉书·地理志》上就有"邹鲁滨洙泗,俗好儒,犹有周公之遗风"之句。邹鲁成了孔孟的故乡的代称,邹鲁之风成了孔孟之乡那种尊孔、崇儒、读经、崇德的道德风尚的代名词,其原因就是在战国时期,孟子振兴了儒学。

《史记》上有这么一段话,说"天下并争于战国,儒术既黜焉","黜"就是废除。"然齐鲁之间,学者独不废也",在战国时期,大家都忙着打仗,儒家思想已经被废除了,但是只有齐鲁这个地方没有废除。"至于威、宣之际,孟子、孙卿之列咸遵夫子之业而润色之,以学显于当世",这是《汉书·儒林传》上的一句话。在齐国的威王、宣王时期,孟子和荀子都遵照孔子的这个学说,而且给它发展了,以儒学显于当世。

在楚地郭店出土的竹简里面,记载了思孟学派的一些内容。说明什么问题呢?就是战国时期,子思和孟子的一些思想,已经在长江那个地方落地生根,这个据说可能是一个太子的墓,陪葬的时候把竹简都放上了,这是震惊国内外的重大的考古发现,我们现在研究儒学,这个郭店竹简是最重要的考古文物之一。

思孟学派这种思想理论,怎样传到了长江流域?我们知道,那个时期的传播还是比较难的。我想有一种很好的解释,就是子思和孟子教育出来的弟子,因为各种原因跑到长江流域去传播,因此在 2000 多年以后,我们竟然在长江流域发现了写有思孟学派思想理论的著作。孟子主张"得天下英才而教育之",不管是哪个国家的人,只要是可以培养的人,都可以聚集到我这里,我来教育他们,孟子有这样的胸怀。国际汉学界认为,郭店竹简的发现改写了先秦的历史。我认为这个改写的历史就是邹鲁之风吹到长江沿岸的一个表现,所以这个传播它有传播的基地。

另一方面,稷下学宫促进了思想的传播。齐国修建了稷下学宫,存在了 150 年,可以说整个战国时期,稷下学宫都是存在的。稷下学宫的出现在中国文化史上是一件很了不起的事,具有划时代的意义。可以说当时的诸子百家学说几乎在稷下学宫都存在,当时的齐国统治者采取了一种很宽松的文化政策,对各派的学者都很欢迎。不管带着多少人,来到以后管吃管住,在这里待多长时间都可以,这是很了不起的。这样就把各国的学者都集中到稷下学宫来了,当然孟子也来了。一般来讲,孟子在20多年周游列国的时间里,主要是待在齐国,至少待了15年以上。孟子对儒学的发展,与在稷下吸收各家各派的思想,相互融合、碰撞有直接关系。

荀子在稷下学宫是"三为祭酒",用今天的话来说就是当了三任校长。在历史记载中,并没有记载其他任何一个人在稷下当祭酒,"国子监祭酒"就是用了稷下学宫的这样一个职务称呼。

稷下学宫实际上既是一个百家争鸣的中心,也是一个思想的传播园,不断地有学者来,不断地有学者离开,走到各个国家去。所以,儒家思想之所以能够成为显学,形成一种影响非常大的、人数众多的思想理论体系,得益于邹鲁之风和稷下学宫。如果没有齐鲁学者和齐鲁文化的推动,儒学不可能在先秦时期成为显学,所以,非齐鲁难以成就儒学。

三、 孔子对齐鲁文化的重大影响

我们上面主要讲了齐鲁文化对孔子产生的影响,齐鲁文化对儒学,先秦儒学早期发展的影响。我们现在反回来讲,孔子产生以后对齐鲁文化有什么影响呢?我想这个影响是广大的、深入的、深刻的,也是深远的。这里我想从三个方面讲。

(一)具有齐鲁文化特色的儒化

两千多年以来,我们都称齐鲁之地是孔孟之乡、礼仪之邦,这实际上就显示出齐鲁文化是以儒学为主要特色的区域文化。那么齐鲁大地是怎样形成了这样一种儒学的特色呢?关键在于孔子的出现。大体可以这样说,在孔子之前,齐文化和鲁文化是各具特色的地方文化,一在泰沂山以北,一在泰沂山以南,在文化特色上有明显的差异。

从地理环境来说,齐文化主要体现滨海的特点,鲁文化主要体现陆地河谷文化的特点;从经济上来讲,齐国重工商渔盐,鲁国重农业桑麻,齐国主要是捕鱼、晒盐,鲁国主要是种庄稼、桑麻;从治国的理念来讲,齐国崇尚霸道,鲁国是崇尚王道,主张"兴灭国,继绝世"。邹国虽然很小,但是鲁国没把它灭了,而且到了战国时期还有"泗上十二诸侯"。从宗教来说,齐国重自然崇拜,鲁国重祖先崇拜。所以齐国这个地方有"八神祠",就是敬天神、地神、日神、月神、山神等等,敬八神,而鲁国主要是祖先崇拜。

从思想传统来讲,齐国主要是道家思想,后来发展为法家。所以,齐国可以说是道家思想一个发源地。在《汉书·艺文志》上记载的道家的著作,第一本是《管子》,第二本是《老子》,但是

《管子》里面也有其他的思想，所以不能作为道家经典著作，《老子》是专门论述道家思想的。鲁国主要是以儒学为主。

但是为什么齐鲁又形成了一个文化圈？这是一个儒化的过程，春秋时期，齐鲁两国交往十分频繁，在这个时候孔子出现了，他把齐文化和鲁文化可以说融合了，而上升为一种更高的文化体系，这就是儒学。我们可以这样说，孔子吸收融合齐文化与鲁文化创立儒家学说，是二元一体的齐鲁文化发展为儒学特色的第一步。

第二步，战国时期，齐鲁两国文化进一步融合，也是进一步儒化的过程。这个融合有两种现象，一种现象就是齐强鲁弱继续发展，鲁地到了战国时期大部分变成了齐地，鲁国只萎缩在曲阜周围这么一个很小的范围。这样一个国土相对统一的局面，也就促进了文化的统一。

此外，到了战国时期，在孔子及孔子弟子、子思、孟子的推动之下，儒学作为一种思想文化又得到了提升、发展、发扬、光大，这就出现了"二律背反"。一方面，齐国靠国势在齐鲁之地形成了一个较为统一的国家；另一方面，在这个国家里面，儒学成为声势浩大的一种思想文化。所以，齐文化就向儒化迈出了关键的一步，也就是说，齐鲁文化在战国时期进一步融合，儒学的特色进一步加重。

佐证就在荀子的著作中，第一次出现了"齐鲁"并称。在荀子之前，你看从来没有"齐鲁"并称，"齐鲁文化"的"齐鲁"是从荀子开始，到了秦汉时期才称"齐鲁"，直到现在。而且荀子称"齐鲁"的时候是这样说的,就是"齐鲁之民",就是齐鲁那个地方的老百姓,他们都有一种孝顺的传统,这句话也表明当地有一种儒化的文化特色。

第三步,到了汉代,汉代推崇经学,特别是汉武帝"罢黜百家,独尊儒术"以后,经学大盛。汉武帝时,设五经博士,易学博士、诗学博士都有。经学大师主要是齐鲁之人,而且齐人多于鲁人,可见齐鲁这个地方已经以儒学和经学统一的面目来出现了。

经学里面又分齐学和鲁学,但是那里面的齐学和鲁学是指传播五经时候的不同的教学流派,不是说齐国还继承它原来的那个传统。齐学和鲁学的差别我们以后可能还要专门讲。我这里简单说一下:齐学主要是咱们今天说能够通权达变或者说是与时俱进,按照汉代人的思维来解释经学,皇帝喜欢什么,就给你讲什么。鲁国人相对来讲比较遵守原来孔子怎么讲的,原来孟子怎么讲的,你不能随便改,咱们现在说鲁国人比较"固守师说"。西汉的相当一段时间,朝里高官基本上都是齐鲁之人,主要是齐人,他们靠经学到了朝里,同时靠随机应变又取得了皇帝的信任。但是不管怎么说,它都属于经学里面的范围,所以齐鲁文化就形成了一种带有儒学特色的文化。

我们说儒化经历这么三个阶段,从春秋末到战国,到秦汉大统一,它就以齐鲁文化这么一个面目来出现了。当然,在齐鲁文化这么一个面目里面,应该说齐鲁还是有差别的,这就叫二元一体，于一体中有二元。这是一点，文化特色的儒化。

（二）圣地地位的形成

因为有了孔子，齐鲁之地变成了中华民族的人文圣地，这实际上经历了我们前面说的由春秋战国时期的文化中心，走向了中华民族人文圣地的这么一个变迁的过程。在这个过程当中，当然汉武帝的"罢黜百家，独尊儒术"是关键的一步，就是说儒学从诸子百家中的一派，上升为国家的官学统治思想。

这个过程，我这里简单地说一下，还是齐鲁文化的一种推动。提出"罢黜百家，独尊儒术"的是董仲舒，董仲舒是河间人，也就是咱们今天说的河北衡水地区的人，据说是景县人，景县离德州实际上只有几十公里路，我们可以说他是今天河北人。但是这个人是学公羊学的，是齐人的学生。汉武帝当太子时的老师是鲁人王臧。齐学的弟子提出了"罢黜百家"，而鲁学的弟子——汉武帝接受了"罢黜百家"。齐鲁文化的推动使儒学走向了统治之学。

当然，董仲舒对儒学的发展提升是非常重要的。我这里简单说一下，董仲舒的儒术是以孔子思想以及先秦的儒学为基础，董仲舒吸收了大量的齐学思想，形成了一种新的儒学，叫"董氏学"。所以我们说"罢黜百家，独尊儒术"，并不是单纯地恢复了孔子的学说，而是以董仲舒发展、提升、改造了的儒家学说为统治思想。这个儒学里面大量地吸收了齐学，比如说阴阳五行、黄老之学、神仙方士之学，还包括法家的思想，特别是荀子的那种道法结合的思想，等等。我们可以这样说，"罢黜百家，独尊儒术"，实际上实现了齐鲁文化从一个地域文化上升为中国主流文化的过程。那么我们是不是也可以这样说，齐鲁文化实际上是通过借助儒学这样一种思想的内涵，成为中华民族思想文化传统的主干。

我们这里也要说，董氏学不仅仅吸收了齐鲁文化，还吸收了其他的文化，但最主要的是齐鲁之学，这一点是不可否认的。所以我们在强调齐鲁文化的时候，我们不能排除其他文化的影响，但是我们必须也得看到齐鲁文化在这中间所起的主导作用。

当然，圣地的形成，实际上是一个漫长的历史过程，是随着圣人、圣迹范围的不断扩大而逐渐形成的。齐鲁作为中华民族的人文圣地，一个是它有圣人，孔子是至圣，孔子从汉代开始封公，封为"宣尼公"，到了北朝北魏时期封为圣，到了唐代封为王，"文宣王"，到了宋元时期称为"大成至圣文宣王"，一代一代加封。据不完全统计，孔子从汉代开始，先后提升封号一共十六次之多，最后成为"至圣先师万世师表"。"万世师表"的故乡在形成他的思想和形成儒家学说过程当中，起了重要的或者说主要的推动作用，齐鲁之地的地位自然得到了显著的提升。

不仅仅是孔子被称为至圣，随着一代一代的发展，颜回、曾子、子思、孟子都被称为"圣人"。比如说，颜回是"复圣"，曾子是"宗圣"，子思是"述圣"，孟子是"亚圣"，仅次于孔子。所以就形成了以孔孟颜曾为主体的这样一个圣人的群体,只有山东有,因为这是历代的皇帝加封的,而不是民间随便给的。

再一个就是圣迹。所谓"圣迹",就是为了这些圣人兴建的所有的这些建筑物,我们今天说主要是三孔、四孟,这些东西一代一代地建设,一代一代地加封扩建,以至于像孔林成为世界上最著名的家族园林的墓地,像孔庙成为和故宫处在同一个价值规格的建筑。

再一个就是圣遗。圣遗就是后代,特别是从宋代开始,孔子的嫡长子孙被封为"衍圣公",而且官品不断地提升,到了明代以后升为一品官,到了清代也给了他们很多特权,把衍圣公的待遇提升到无以复加的程度。例如,可以在御道上行走,到过孔庙的都知道,中间那个门皇帝不来是不可以开的,但是衍圣公可以从御道上行走。可以在故宫里面骑马,故宫外面有下马石,所有的文武百官到那里以后必须下马,但是衍圣公可以不下马。总的来讲,圣遗被提升到了一个非常高的地位。

(三) 提升了齐鲁文化作为中华民族精神家园的魅力

齐鲁之邦、孔孟之乡、礼仪之邦,都是对齐鲁之地的一种称谓。这里面也标志着,实际上齐鲁是中国人的一个精神家园。从汉代到清末这两千多年的中国社会的发展当中,以孔孟为主体,以三孔、四孟为标志物,以历代圣遗和山东人为代表的这种圣地文化,在推动中华文明的发展,增强民族凝聚力,维护国家统一过程当中,发挥了其他地域无法替代的文化影响力。我主要提四点。

第一，圣地成为民族认同的标志。山东这个地方成为民族文化认同的标志。也就是说，不管哪一个民族来统治中国这一片土地，都必须认同中国文化，而这一点没有任何一个地方可以替代齐鲁。

汉代以后，中国曾经经历了三次大的北方少数民族入侵中原。在南北朝时期，北方的少数民族入主黄河流域达近三百年之久，在这个漫长的过程当中，不管哪一个少数民族在马上得天下之后，为了巩固统治，往往都要来到圣地，对孔子顶礼膜拜，来认识中华主体文明的博大精深，来吸取丰富的文化营养。他们加封孔子，大修孔庙，重用孔氏的后裔，以对圣人的这种尊崇来表现对中华民族文化的认同。因为只有这样一种认同，以汉族为大多数的中华民族才承认你的统治。所以这些少数民族的统治者，为了巩固自己的统治，他就来拜孔子，圣地成了一个民族文化认同的标志。而中华文化是以儒学文化为主体的，认同了孔子，就是认同了我们中华民族文化这样一种主体的传统，认同了这种主体的传统，又把少数民族原来所占有的区域并入了中华民族大的版图里面，所以中华民族的地域不断地扩大、人数不断地增多，但是始终保持着一种统一的思想。我们之所以成为一个统一的大帝国，与孔子、与圣地，实在是关系重大。

第二，维护国家统一的精神支柱。尊孔崇儒始于大一统的汉代，汉武帝"罢黜百家，独尊儒术"，后代统一的王朝都以尊孔崇儒来作为维护统一的象征,实现对天下的教化,因为只有尊孔崇儒才能够得到广大知识分子的认同。中国历代知识分子秉承儒家的传统,都以"修身、齐家、治国、平天下"来作为自己人生价值实现的轨道。历代的统一王朝也都在尊孔上大做文章,以此来笼络团结知识分子。正因为这样,孔子地位的提升也往往随着一个盛世的到来而显得更加重要。也就是说,孔子成为维护统一的象征。

第三,齐鲁文化作为中华文化的人文圣地,是中国人的一个精神家园。孔子是"至圣先师",他是圣人和老师的一种结合,师圣结合,形成了中国两千多年来尊师重教的一种优良传统。

千百年来,上到帝王,下到普通百姓,都以朝圣的心态来到齐鲁之地,齐鲁之地成为认识和领会中华五千年文明的集中展示之地,历代中国人来到这里慎终追远,接受中华文化的洗礼,感受儒学的博大精深和民族文化的强大凝聚力。孔孟之乡成为中国人向往的精神家园和道德灵魂的安抚之地。

第四,齐鲁成为传统道德文明的示范之乡。齐鲁之地的山东成为传承发扬以儒学为核心的中华传统道德的示范之乡。历史上有"风近邹鲁"之说,说某个地方的风气和邹鲁的地方风气很相似,以这个来标榜文化之乡,是一种文明的社会风气的代称。

去年,在邹城开了一个以邹鲁文化为特色的城市联盟会议,报名的 50 多个,都说我们这个城市的文化特色就是"邹鲁之风"。最近,这个邹鲁文化联盟城市又在邹城这儿集中,邹鲁之风成了当地文化的一种标志了。所以,孔孟之乡的人,特别是以孔子后裔和圣遗为代表的这些圣遗之家,他们大多数人都遵奉祖训,成为一个道德模范之家是他们的奋斗目标。所以孔府上那个对联,"与国咸休安富尊荣公府第,同天并老文章道德圣人家",应该说它对社会是有影响的。

身处孔子故乡的山东人长期受儒家思想的影响,形成了齐鲁之地一种特殊的道德风气。这种道德风气大致上来讲就是咱们说的,尊孔、崇儒、崇尚道德、重视教化、尊老,由此形成了山东人一种比较特殊的以儒学为主体的道德传统,这是有别于其他地方的一种特殊的人格素养。

所以著名的国学大师钱穆先生曾经有一段话,他说中国各地区的文化中心也时时在转动,此起彼伏,这个文化中心不是光在山东,但是最能长期稳定的应首推山东省,他说若推中国正统文化的代表,比如说西方的希腊人,则在中国首推山东人。所以,说齐鲁是模范道德示范之乡是有道理的。

习近平总书记在纪念孔子诞辰 2565 周年的讲话中说:"研究孔子、研究儒学,是认识中国人的民族特性、认识当今中国人精神世界历史来由的一个重要途径。"习总书记这番话认为,只有通过研究孔子和儒学,才能真正认识中国人的民族特性,认识中国人的精神世界是从哪里来的,也就是说从孔子和儒学来的,是一个重要途径。我们今天是不是也可以这样说,我们要认识孔子,认识儒学,应该从齐鲁文化和孔子的这种关系当中,才能更好地来了解孔子、认识孔子、学习孔子。我们是不是也可以说,研究齐鲁文化是研究孔子、研究儒学的一个重要途径。儒学成为中国历代的统治思想,是融合了齐鲁文化的精髓,齐鲁文化与孔子、与儒学,是无法分割的一个整体,要理解深入研究齐鲁文化,是研究孔子和研究儒学,研究中国传统文化的一个途径、一个基础、一把钥匙。

2013年,习近平总书记在8月19日发表要搞好《四个讲清楚》的讲话之后,时隔三个月,11月26日又亲自来到山东视察了孔庙,并在孔子研究院发表了重要的讲话,强调要结合研究孔子、研究儒学,搞好《四个讲清楚》。后来,习近平总书记又在批示中强调,要用好齐鲁文化资源丰富的优势,深入挖掘阐发中国优秀传统文化。这反映出在孔子、儒学和齐鲁文化关系上,习近平总书记有非常深邃的文化洞察力,有对齐鲁文化与儒学、与传统文化关系的深刻的认识,可以说是语重心长。

我们山东人,我们山东的学术界,应该深刻地领会习近平总书记对山东寄予的这一种厚望,我们应该发扬历史上齐鲁之人的那种文化精神,树立起齐鲁文化在传承弘扬中华文化当中的文化自信、文化自觉,以当仁不让的历史使命感、责任感,担负起弘扬孔子儒学以及中华优秀传统文化排头兵的历史重任,为实现中华民族的伟大复兴,为实现中国梦,做出我们山东人应该做出的特殊的历史贡献。

第五讲　为政以德：孔子的德治思想

彭　林

大家知道，现在我们世界上有两大文明，一个是西方文明，一个是东方文明。西方文明说到根上，是一个宗教文化，我们到欧洲去，无论到那个城市，最好的建筑都是教堂。在西方人的文化里面，有一个无处不在、无所不能的上帝，上帝主宰人类的命运。在西方文化里，灵魂跟肉体是分离的。人的灵魂要交给上帝来管理，因为《圣经》里面说了，亚当跟夏娃在伊甸园里偷吃了禁果，上帝非常生气，把他们从伊甸园里面赶走，赶走后觉得还不解气，就跟亚当签订了一个契约，即你们的孩子无论生到哪一代，也无论是哪一个，他一生下来，他的灵魂里面就有一种邪恶感，所以人没有一刻不想做坏事。如果你不停地做坏事，你最后要成为一个十恶不赦的恶魔，要被打入地狱，永世不得翻身。这万分可怕，那要怎么办？要把你的灵魂交给上帝来管理，要信教、要忏悔，如果还不行，要有法律。西方文化是这样一个系统，在这个文化里面，人性是恶的，人的那种邪恶是不学就有、不教而能的。所以人生下来，就是一个坏东西，人性是恶的。

中国跟西方相反，中国文化里面没有救世主。在我们中国人看来，人性是善的，人的灵魂要自己来管，我们能把它管好，这就是东西方文化最大的差别。一个是以神为中心的文化，另一个是以人为中心的文化。中国人拿什么东西来管理自己的灵魂呢？是拿道德。"为政以德，譬如北辰，居其所而众星共之。"（《论语·为政》）为政以德就是以德来为政。通过道德来管理国家事务，管理民众，是周代以来中国文化的主旋律。好比空中有满天的星斗，它们之中，只有一颗星居于核心地位，始终不动，而其他的星都围绕它来旋转。这颗星老百姓管它叫北斗星，古书上称它为"北辰"。

我今天要跟大家一起探讨两个问题：第一，为什么我们中国没有走上宗教治国的道路，而走上了以德治国的道路？第二，怎么去做才叫"以德治国"？

一、 殷周变革的缘起

和世界上许许多多的人类一样，我们的民族在最早的阶段也曾经迷信鬼神。从迷信鬼神到不迷信鬼神，这一步是由于怎样的机遇、在什么地方跨出去的？是在殷周之际。在殷朝灭亡与西周兴起、朝代转换的时候，我们中国的历史出现了一次大的飞跃。所以，我们两千多年的文明史，绝大部分时间是量变,质变不是随时都有的。王国维先生说,"中国政治与文化之变革,莫剧于殷周之际",最剧烈的变革,没有超过殷周之际的。这一变革,使得我们社会的性质、历史发展的方向都发生了重大的变化。

殷跟周有什么不同呢?殷朝,也叫商朝,或者是叫殷商,商朝最大的特点就是人们迷信鬼神,把鬼神放在最优先的地位,叫作"先鬼而后礼"。

根据考古发掘和文献记载来看,商朝灭亡后,它的都城就变成了废墟。1899年,王懿荣最早发现了甲骨文,大家就追寻这些甲骨是哪里来的,一直追到了今天河南安阳的小屯村。经过非常曲折的过程,我们考古学家发现了殷代的遗址。考古学家在这里发现了很多东西,包括王的陵墓。在商王或贵族的周围还有许许多多的小坑,就是祭祀坑,商王去世时要有大量的奴隶或战俘为他陪葬。现在考古学家发掘的结果表明,商王死亡后,为他殉葬的人有的多达两三百。这说明在当时,人的价值是不被尊重的。像这些殉葬者,他们被迫成为贵族的牺牲品,此时的社会还处在非常野蛮的阶段。

《尚书》里有一段话说,祖甲之后的商王,荒淫、无耻、腐败,都不务正业,吃喝玩乐。他们从来没听说过小民的生活有多辛苦。在这个政府里,没有人用心去打理政务,不少人都成了短命的君王,有七八年的,也有五六年、四三年的,都是短命的君王。其实,这个国家不是没有能人,有的人还相当有能力，但是国家就败在他手里，比如说商纣王。我们看《史记·殷本纪》中司马迁对他的描述，"帝纣资辨捷疾，闻见甚敏"，这人聪明的不得了，反应非常快；而且"材力过人，手格猛兽"，可以徒手跟猛兽格斗，身体特别棒。不仅如此，这个人的脑袋还非常灵活，他"知足以距谏，言足以饰非"，他犯了过错，你去劝谏他，他三言两语就把你说得哑口无言。我们经常讲"文过饰非"，就是从这里来的。"矜人臣以能，高天下以声"，他在所有人面前，都显摆他的能力有多强，认为自己的声望高于天下人，其他人都"出己之下"。这人可谓是全面发展，遗憾的是，他"好酒淫乐"。"好酒淫乐"要耗费财富，怎么办呢？他就"厚赋税"，通过增加赋税，"以实鹿台之钱""盈钜桥之粟"，他还"益收狗马奇物，充牣宫室，益广沙丘苑台，多取野兽飞鸟置其中"。久而久之，他就忘乎所以，不想做正事了，连祭祀祖宗的心思都没有了。"大冣乐戏于沙丘"，在沙丘聚集各种乐戏，酒池肉林，"使男女倮（裸）相逐其间"，很刺激。"为长夜之饮"，商朝末期的都城叫朝歌，夜夜朝歌，从晚上到天亮。"百姓怨望而诸侯有畔（叛）者"，他"重刑辟"，用重刑来压制舆论，自己肆无忌惮地腐败，天下的老百姓都希望他早点灭亡。

这个时候，有一个有心人就是周文王，那个时候还没有做王，是叫西伯，伯是诸侯之长的意思，他是在商的西面。商纣王腐败的时候，周文王一直在悄悄地做准备，准备到了时机差不多了，他就想试探一下，就去灭了一个叫"黎"的小国。黎国离商的国都很近，先把它灭了，看纣王如何反应。纣王的大臣祖伊觉得事态严重,马上去劝谏他,让他改变荒淫无度的作风,不然就会遭到上天的遗弃。在这样大难临头的情况下,纣王不仅不听,反而说了一句很经典的话:"呜呼!我生不有命在天?"他认为他的命运是上天给的,言外之意就是,谁能奈何得了他?他的政权是无论怎么腐败都不会垮台的。这里有一个历史教训,谁腐败谁完蛋,谁腐败谁垮台。

商朝是一个物质文化高度发达的朝代。大家知道,我们人类文明最早的文明是农业文明。农业是人类文明之母,世界上最早的文明国家都是最早进入农业时代的。巴比伦最早成功培育了小麦和大麦,我们中国最早成功培育了小米和大米,印第安人最早成功培育了玉米。印第安跟巴比伦的范围都非常狭小,我们中国非常辽阔,而且我们实际上是两大农业文明区,北方的小米是汉族农业文明区,南方的大米是水田农业文明区。这两大农业文明区经过几千年的交流融汇,最后产生了夏商的青铜文明。我们的青铜文明在全世界都是名列前茅的。诸位到巴黎的卢浮宫去看看,到美国纽约的大都会博物馆去看看,到英国的大英博物馆去看看,你看看人家同期和我们同期是不是一个数量级的?我们灿烂得不得了。商代的青铜文明是当时的最高文明,实力非常强大。但是,一个国家如果只有强大的经济力量,而缺乏人文精神,或者说经济失去了人文的引领,就要出大问题。历史告诉我们,一个社会如果太贫穷,那是要出问题的,要有农民起义的;一个社会如果非常富裕,而缺失了人文精神,这个社会同样会出大问题。

　　司马迁写《史记》的时候，他又举到另外一个民族，这个民族有一个崇尚道德的传统，这就是周。周人非常崇尚道德，这也成为他们民族的传统。大家知道，周人的先祖叫稷，这个人从小就喜欢种东西，种得特别好。这其实给我们一个信息，稷那个时候已经进入了农业文明时代，而且很有经验。相传，尧让他做农师，但后来非常不幸，到夏朝太康年间，社会动乱，就把官位丢了，一直跑到戎狄民族去了。到了那里之后，又把先进的农业带过去了，在那里经营农业，干得非常好。到后来，他们又迁到"豳"，《诗经》十五国风里有一个《豳风》，就是记载周人在这里的生活。再过八世到了古公亶父，这个人在周的历史上有重要贡献。《诗经》里专门有赞颂他的篇章。与周人杂处的戎狄都是农牧民族，他们逐水草为生，水草吃完了或者遇到天灾了，就四处抢劫。一开始，他们向周人要财要物，古公亶父说你们也不容易，我就给你吧。可是他们不仅一而再、再而三地索取，而且变本加厉，索要周人的土地。百姓都愤怒了，说跟他打吧。古公亶父说，打仗会死人，对百姓不好，就把土地让给他们吧，咱们到别的地方去发展。于是，周人就迁到了岐山。当地的老百姓都扶老携幼地跟着古公亶父去了。周人就在这个地方开始建立自己的国家以及宫室制度等，国号就叫"周"。

　　到这里，我们一定要说到后来的文王姬昌。这个文王在历史上被我们称为帝王的典范。司马迁说这个人是什么特点？他行的是德政。德政的特点是什么？——笃仁。"笃"就是诚,就是实实在在地下功夫,持久坚持的状态。仁者爱人,文王之仁,不是作秀。他将笃仁作为自己立身的基点。由于有了爱心,他就能敬老,就能慈幼、慈少。由于他跟纣王成了一个鲜明的对比,天下的贤士全都跑到他那里去了。商纣王认为这不得了,这个人可能成为我的对手,就把他关在"羑里",就是今天河南的汤阴这个地方。周人就用美女、宝物贿赂纣王,纣王不仅把他释放了,而且任命他做一方的诸侯之长——西伯。

当时,纣王用酷刑镇压对他心怀不满的诸侯、民众,其中有一种叫"炮烙之刑",就是把铜做成柱子,里面放上炭火,把铜柱烤烫了,再把人绑缚在柱子上,把你烤得皮焦肉烂。也有人说,所谓"炮烙之刑",是用铜做成一个很大的格子,架在炭上烧,然后强迫罪人在上面来回走,使之皮焦肉烂而死。这个酷刑让文王非常不安,他用洛西之地跟纣王交换,让他取消"炮烙之刑"。这传出去后,文王赢得了天下人的爱戴,"三分天下有其二""得人心者得天下,失人心者失天下",这些话不是平白无故地讲,是从历史的经验教训里总结出来的。文王以德治国,民众德行滋长,民风淳厚,口碑传天下。下面我举个例子。

我们知道有个词叫"观光",什么叫"观光"?很多人肯定一提到观光就想到游山玩水、观光客、观光团,对不对?不对。我们这里讲一个故事,大家就明白了。

当时周文王还没取得天下,我们是拿后来的称呼来称呼他，其实到周武王才取得天下。周文王当时以道德治国，名气非常大。在周的旁边有两个小国，一个叫虞，一个叫芮。有一块土地归属未定，两个国家绝不相让，争夺了好几年。有一次突然想到找人评理，要找个最公正、最有道德的人，想到旁边有个周文王，就找他评理。两位国君一进到周的国境，看到的气象是"耕者让畔，行者让路"。在朝廷里面，"卿大夫不争名利，唯才是举"。朝廷里面假如有一个部长的职位空缺，张三说李四，我看你比较合适。李四说，我的修为很不够，让我去坐这个位置，恐怕对国家会有损失，我们还是让王二去吧。王二说，你们都不行，我更不行。大家不是买官，不是贿赂，而是能够以天下、以国家为重，把最有道德的人推举上去。这让他们很惭愧，他们说，我们所争夺的是周人感到耻辱的。我们这种小人哪里还配登君子之庭，还有脸去找文王？他们回去以后，不再争夺那块土地，人们把这块没人要的土地叫作"间原"。你看看文王没有出面，就把这个争论了好几年的东西给搞定了。虞芮之讼，显示了道德的魅力，震动了天下，很快，又有四十多个诸侯国归附了文王。

所以我们现在看，周人回顾自己的历史不是从武王开始，周朝的开始，他们认为在文王。近几十年出土的青铜器中，有些铭文是周人追溯开国的历史，确实是从文王开始的。因为文王道德高尚，深得人心，尽管他有生之年没有推翻商王朝，但在实际上已经尽得天下民心。虞芮二君在周所观、所闻，正是"观光"一词的本义，这才叫"观光"。

《周易》里面一个卦就叫《观》，观什么？观国之光。实际上讲的是一个国家经过长期的人文精神的浸染，在每个老百姓身上所呈现出来的光彩，这叫光。我们要看的是这个光，不是看山水之光。

我有一年到浙江某一个城市去讲课，市委组织的同志很热情，让我去看他们当地一个名人馆，我看完以后吓坏了，两百多个，说出来都是如雷贯耳的。他很得意，怎么样彭教授？我微微一笑，说了一句，我说你们的前辈很了不起，但是你们前辈所创立出来的文化并没有被你们很好地继承。为什么这么说呢？我现在在你们街上一走，你们民众的样子跟别的省没什么两样。换言之，我在你们这里看不到你这个"市之光"。所以城市建设，归根到底，是要提升民众的人文精神。我们进入某国、某城，首先要观察的是这种人文之光，而不是湖光山色。假如我们走到山东的每一个地方，人人都谦恭有礼，能令人信服地感慨："这里真是孔孟故乡、邹鲁之邦！"那才是达到了治平的境界。很可惜，我们现在没有一个城市能达到这样的层次。

人文教化主要是通过礼乐教化，这个东西我们基本上是空白。所以我们在《周易》里面有一个卦叫作《贲》卦，"人文"一词跟"天文"一词都是从这里面出来的。"观乎天文，以察时变。观乎人文，以化成天下。"执政者要观乎天文，我国古代是个农业国，农业国是靠天吃饭的，这样我们农业的丰收就有了保障。但仅仅这样不够，政府和知识精英还要时时刻刻去引领老百姓,提升他们,这样才能达到天下大化。

一个是有德之周,一个是无道腐败的商纣王。终于有一天,武王举兵伐纣。古书上讲,由于周得民心,所以八百诸侯不期而会,纣王调动了 70 万军队,周的军队大概不到 10 万人。通常人的观点,这是一个不对等的战争,似乎战争还没有打,胜负已经知道了。因为在军力的对比上,严重不对等。但是我们中国人在这个里面,引出了一个理念,就是决定战争胜负的,归根到底是民心。所以战争还没正式开打,纣王的 70 万军队就全部倒戈,商纣王仓皇逃到鹿台,把搜刮来的美玉摆在身体周围,然后自焚。商王朝这样一个物质文明高度发达的青铜王国,居然像一个纸糊的巨人,说倒就倒了。

二、 周公新政以道德为灵魂

武王克商以后,就和周公苦苦思索商亡的原因。这个王朝,就好比一辆非常漂亮的车子,一直在前面跑,跑着跑着翻了。这个时候,我们后面的驾驶员要下去看看,看看它是怎么翻车的。最终他们得出一个结论,殷代的亡在于没有德。《尚书》里周人称商为"大邦殷",称自己是"小邦周"。我们这个小邦周能够战胜大邦殷是因为我们有德,有德我们就赢得了民心。

中国近代史上有一个伟大的史学家叫王国维。郭沫若称赞他说"我们至今不敢望其项背"。王国维有一篇非常有名的论文叫《殷周制度论》。殷跟周不同在哪里？他说殷周之兴和亡，乃是有德与无德之兴亡，"乃是旧制度废而新制度兴"，周公他们的谋虑"乃是出于万世治安之大计"。国家要想安定、和谐、可持续发展，这个愿望我们今天也有。但是你不讲德，怎么可能实现呢？所以周公的心胸，"迥非后世帝王所能梦见也"。唐太宗也罢，宋太祖也罢，跟周公根本不能比，他是把一个迷信鬼神的时代给推翻了。

周公在商朝灭亡以后，他并没有以暴易暴，用一个新的暴政替代旧的暴政，而是使整个社会从鬼神的阴影下走出来，进入了民本主义的时代。什么东西都要以民为本，要考虑到老百姓的感受，要有德才能得民心。王先生说，周代的制度、典礼，"实皆为道德而设"，周公制礼作乐就是要把道德具体地体现到我们社会生活当中去，目的就是要"纳上下于道德"。天子、诸侯、卿大夫、士一直到庶民，整个社会要结成一个道德之团体，靠道德凝聚在一起，靠道德推动社会的发展，所以周公制礼作乐是要建设一个道德的社会。

三、 孔子论"为政以德"

周公是历史上的圣人，他是历史上最杰出的一位辅相，对我们中国文化有杰出贡献。孔子非常崇拜周公，他一生的理想就是恢复周公所建立的那些制度。这里面，最重要的就是他相信道德的力量。我们现在社会很多人不相信道德，认为讲道德会吃亏。孔子生在乱世，他还是相信道德的力量。一个社会只有全面提升人的德行，执政者以身作则、礼贤下士、取信于民、举直错枉、宽柔施惠，天下才能大治。法只能作为一个保护社会安定的底线。有好多问题，法是解决不了的。

改革开放之初，我看到媒体上报道，说一个孩子掉河里去了，在水里挣扎，这个生命可能在一个瞬间就没有了。孩子的妈妈跪在地上，求大家去救他，河两岸跟桥上站满了看热闹的人。有人问，"让我救，你给多少钱？"这人犯法吗？法院能判他吗？法能管得到这个层面上吗？不能。但是这样的社会是我们理想的社会吗？人缺少了道德就如同禽兽一般，这样的世界是没有温情、没有幸福可言的。

（一）君子以德为立国枢纽

我们前面已经说到，东方跟西方最大的一个差别，是以神为中心还是以人为中心。如果以神为中心，他的灵魂就要交给神来管；以人为中心，这个人的灵魂要自己管。有一年，我去日本，去看了东京的一个圣堂孔庙。我就问一个日本教授，我说为什么你们喜欢孔子，尊敬孔子？他说了一句话——他是道德的创立者。西方人叫神来管住你，来吓唬你，你不好好干，要下地狱。孔子不信这一套，创立了"德"，用德来管理人生，管理社会。子曰："为政以德，譬如北辰，居其所而众星共之。"（《论语·为政》）他相信这个道德就跟北斗星一样，你把道德做好了，所有人都会围绕着你，服从于你，如众星拱月。

其实我们这个年龄的人对周恩来总理有一种特殊的感情。我们认为周恩来他是一个道德的化身,周恩来总理要我们怎么样,我们都会心悦诚服地去做,我们都会围绕在他的周围。这是由于他身上的德行,而行乎于外的强大的气场,是道德的力量。

历史上的司马光做宰相做到什么程度?他道德特别好,洛阳的民众都特别喜欢他。如果有一个人做错了一件事情,他最害怕的是什么?不是被抓起来,而是被司马光知道了。哎呀,他要知道了,他会看不起我,我敬爱他,我被他所看不起,我还怎么活呢?这种道德的威慑力,比那些刑具还要强大。所以司马光死了以后,洛阳的市民罢市,不做生意了,家家都挂着他的像,在家里朝他磕头。那灵车过的地方,所有的巷道一片哭声,老百姓比死了自己的父母还要难过。那个时候,宋朝的周边并不太平。辽、夏时时制造麻烦,但是他们都很明白,现在中国是司马光在主事,军队千万不能去惹事,惹事必输。因为民心都被他高尚的德行牢牢地凝聚住了,他没有做不成的事情。河南有一个焦裕禄,他也是有德的。在这种榜样的感召下,许许多多的领导都把道德作为自己立身的一个根基。

(二)以德引领民众

孔子主张用道德来引领大众向上,不要总是引领大众去消费,去娱乐,去腐败,去不劳而获。那样,这个社会注定要灭亡。子曰："道之以政，齐之以刑，民免而无耻；道之以德，齐之以礼，有耻且格。"（《论语·为政》）这个道路的"道"要读成引导的"导"，古代是一个字。"道之以政"，就是单纯地以行政命令来管理民众，这样人们可能一时避免了坏习惯，但是没有羞耻心。现在我们把老外说得很文明，我最近刚从纽约回来，去年我也去了巴黎，我注意到红灯的时候，他们闯红灯的多得很。你只要不罚我，我看看没有人，我就过去。法国巴黎有一个蒙马特高地，很多画家都愿意到那里画画。你走到那里老远就闻到尿的臊臭，就是没有人的时候，好多人都在那里方便。因为那个地方没有摄像头，没有警察。孔子主张要"道之以德"，用德来教育和引导大家：我们都是人，是万物的灵长，不是禽兽。人是要有文化自觉、懂得自律的，害人的事情，你把刀架到我脖子上，我都不会做的。

　　现在为什么贪官多？因为他没有廉耻心，他总觉得我这么弄，你根本发现不了，他们心里没有"德"这个字。要用道德来引领大家，要有序、要排队、要尊老，让老人家先走。老百姓有做得到的，有做不到的，这个事怎么办？孔子说："齐之以礼。"不整齐，我们怎么让他整齐，用礼仪来整齐我们的社会风气。学了礼，以后汽车来了，我们不会抢了。不学礼，只有两个人，我们都要挤一下，我们才会上车。这样老百姓他懂道德了，他身上有礼了，他就有了一个羞耻之心。有了羞耻之心，他就知道人要爱惜自己的羽毛，被人家在背后戳着脊梁骨骂，那还不如死了的好。这带来的结果就是，民众"有耻且格"，

"格"的确切意思,通常认为是有上进心。人有了廉耻之心,不仅能管住自己,而且还会希望做得更好。这就是道德和礼在治国中的作用,它比单纯的依靠行政命令,效果更好。

一个人有没有耻辱感,这很重要。畜生没有耻辱感。那狗、猫成天是光着的,你觉得它感到羞耻吗? 它不羞耻。亚当和夏娃在伊甸园,原来也是光着的。他有一天吃了禁果,我们怎么光着的? 好难看,赶紧用个树叶把那里挡起来。上帝很聪明,你是个无耻的东西,你怎么今天知道耻了呢? 一追问,偷吃了禁果。无耻和有耻是人跟禽兽的极其重要的区别。现在有人写博士论文专门研究"耻文化"。

所以我觉得,我们现在依法治国,是不是还要加一句,还要以德治国,还要礼乐兴邦,对不对? 光是法,那商鞅已经试过了。光有一个底线,没有一个向上引领的措施,这个社会我觉得要彻底地治好,很难。

(三)君子身为天下先

以德治国还表现在什么方面? 身份越高、地位越高的人,越要做得比人家好。千万不能你要求大家做,你不做。凡是要求民众做到的事,首先要从自己开始。

季康子问政于孔子。孔子对曰:"政者,正也。子帅以正,孰敢不正?"(《论语·颜渊》)季康子问政于孔子,孔夫子说出来的话非常简短,但是非常深刻,他说"政者,正也","政"就是让天下人都正。"子帅以正,孰敢不正",自己做得很正,并用正来统率大家，谁敢不正？

孔子又说："其身正，不令而行。"我每天早晨 7：50 就到办公室，这就是不令而行，用不着要求大家不能迟到。"其身不正，虽令不从"，如今某些领导干部，自己大吃大喝，上班时间去打高尔夫，下面的人怎么正得起来？

（四）为政者当劳而无倦

孔子还要求我们不能作秀。现在我们这个社会是很有意思的，从上到下作秀。我在这里说一个最有意思的就是学雷锋。学雷锋从 1965 年到现在学了 50 年。为什么这个社会风气没有改变？我觉得最重要的原因，是把学雷锋作秀化了。我们每年 3 月 5 号学雷锋，3 月 4 号不学的，把扫把、抹布准备好，今天不学。明天媒体来了，我们在媒体面前学雷锋。这么学雷锋，一百年也学不好。

这次我到纽约去，有一个采访，采访我的主持人很厉害，他在网上收集了我的好多材料，让我非常吃惊。他说彭教授，听说你非常反对母亲节，为什么？我说当然，我们天天都是母亲节。你搞了一个母亲节，别的时候和我没有关系了，对吧？这是不对的。我们要一年 365 天每天都是母亲节，要不知疲倦地去行孝。

子路问政。子曰："先之，劳之。"请益。曰："无倦。"（《论语·子路》）子路问怎么从政，孔子只讲了四个字"先之，劳之"。你要比大家先做，你要比大家做得辛苦，要真做，要做得很辛劳。这个学生感到不满足,就说"请益",你能不能再多说点,孔子说了一句话"无倦",也就是说,你每天要比人家先做,都要比人家做得辛苦,从来不觉得疲倦,这才是对的。孔子说的这六个字,可谓是言简意赅,全国的领导干部如果能这么做,我们的社会气象就不一样。

这里还有一句话顺便要讲到的,现在我们考察干部都要听民意,这是好的。但是不能把下面的人,有多少人投你的票,说你的好话,作为唯一的标准。那样的话,我们的领导不敢说话,不敢坚持原则。所以《论语》里面讲,"乡愿,德之贼也"。他啥事也不做,看到谁都是点头哈腰,你说不出他的缺点,这本身就是一个大缺点。所以孔子在提倡道德的时候,坚决反对这样一种没有原则的老好人,这是我们要注意的。

讲到道德,我们还有几句话要给大家来分享。现在很多小朋友都在背《大学》《中庸》,这个现象很好。我们有些民族文化的经典,不少人不去读,后果堪忧。我们清华大学1911年建校,学校的章程上写着清华的学生应该修身敬德。每天要修身。我们人的身上不可避免的、或多或少的残余着动物的野性、贪婪、无耻、残暴、无序,这都是动物性,这隐藏在我们人的深处,一有机会它就露出来,必须要修掉它。我们要做一个有道德的人。

清华早期有三个学生宿舍楼。一个叫明斋,一个叫新斋,一个叫善斋,现在都还在,加上体育馆、图书馆、教学楼,属于国家级重点文物保护单位。以前把学生住宿的地方叫"斋",

这是很有讲究的。现在咱们大学的宿舍都跟部队番号似的，你住哪里？我住 28 楼，你呢？36 楼。这个没有什么文化信息，不附带任何文化在上面，但它叫什么斋就不一样了。

斋，不是吃斋饭的地方，而是修身养性的地方。清华的明斋、新斋、善斋，取自儒家经典《大学》"大学之道，在明明德，在亲民，在止于至善"，习称"三个纲领"。古人八岁入小学，学习做人的常识以及基本行为。到了大学阶段，学的是怎么做人的道理。按照孟子讲，人一生下来，你的内心深处就有"仁义礼智"的四颗种子在里面。你好好给它浇水、管理，它能茁壮成长，你能成为君子，甚至成为圣贤。可是我们很多人在社会上混久了，他也不学习，成天打麻将，他不知道自己还有这么好的德行。他那四个种子都被灰尘盖住了，他看不到，也想不到。我们读书的第一条就告诉你，你是人，你有光明的德行，你要让它重放光明，所以第一个"明"是动词，后面的"明德"是一个名词。你把那灰要给它扒拉开了，你要让你的德行重放光明。所以我们走进这个教室的时候，如果没有意识到这一点，一会儿我们走出这个教室的时候，一路上要想，我那光明的德行，我怎么一直不知道呢？怎么我看周围的人，有的人浑浑噩噩，也不像个人的样子，他也在走，也在穿名牌，是个行尸走肉，他没有德行的。所以我们读书第一条，要知道自己是个人，人是有道德的。这一个德行应该是光明的，如果说你以前不认识，到现在我们讲了《大学》这一课之后，我们每天要考虑，我们怎么样成为一个德行光明的大写的人。跟毛主席讲的那样,一个纯粹的人、一个高尚的人、一个有道德的人。所以,我们中国是拿道德来教育大家的,大家都有这个意识,我们的社会就不会乱哄哄、乱糟糟。我们要做一个君子,君子要有风范。

汶川大地震的时候,我们每天下班回家,第一件事就是打开电视看看汶川怎么样了。我们看到很多人在受苦受难,虽然我们不认识任何人,但还是会心痛,这是因为人是有恻隐之心的,这才叫人。

自己做到了"明德"还不够,一个社会,一枝独秀不是春,万紫千红才是春。一个知识精英,他的责任在于"以先觉觉后觉"。也就是说,自己觉悟了还要让大家觉悟,要大家听完自己的一席话而面貌焕然一新,所以,《大学》的第二条纲领叫"亲(新)民",这里的"新"当动词用。《大学》的第三条纲领叫"止于至善"。"明明德"跟"新民"不能只做一天或一时,要永不止步,要做到这两者都达到至善的境界,才能够"止"。我们有一个老前辈叫叶圣陶,他给自己的儿子起的名字叫叶至善,说明叶圣陶非常认同《大学》的理念。

清华大学从《大学》这三个纲领里面,各取了一个字,叫"明斋、新斋、善斋"。我们清华大学的同学,上课跟老师学科学技术,听老师讲救国的道理,下课夹着书本回到自己的住所,看到明斋,实际上是提示你今天"明明德"了吗?看到新斋,是提醒你今天"新民"了吗?看到善斋,是提醒你朝着至善的境地,有没有进步?这才是校园文化。

所以,懂得了这个道理,人生最后的落脚点才是找准了,"止于至善"的"止",就是人生的落脚点。我最后的落脚点,是要做君子,我是要做圣贤。知道人生的终极目标在哪里了,然后你的心就定下来了,方向就定下来了。定下来然后你就静了。随便什么情况,你开始思虑问题了,你开始有所得了,一个人一定要这样。

现在同学经常跟我讲诱惑太多了,不知道该如何选择。清代有个大学者叫阮元,他有一本文集叫《揅经室集》,里面说到,小时候妈妈跟他说,为学好比为射,你往那里一站,扭头看靶子,目标要始终如一,不能一会儿看这个,一会儿看那个,那样的话一个也射不中。你只能盯着一个目标,气要下沉,然后举弓,用力要精猛,发而不中,反求诸己。做学问也是这样,目标要始终如一。我气沉,我不心浮气躁,我中间做不成功,我总是不从外面找原因,要反求诸己。你每天要想到自己"明明德"怎么样了? 我心灵的功夫下了没有? 我每天都在朝着至善的境界前进吗? 每个人脑子里有这三句话,你的气象从此就不一样了,你不会再去打麻将了。"事有终始,知所先后,则近道矣。"

现在我们有的年轻人,大学一毕业,放狂言,非中组部、中宣部不去。你要想明明德于天下,你治得了一个国吗? 你要想治国,你齐得了家吗? 你要想齐家,你自己的身修了吗? 你要想修身,不是嘴上说说的,要诚意正心,先要把心弄正了,把你的意要弄诚了。所以从天子开始,一直到庶人,都是要以修身为本,本就是根。你不做这个功夫,你不要去从政了,做人都做不好。要从政,一定要从这个地方开始。

现在我们很多地方都在抓 GDP,在抓产值,抓这些东西。其实有一些道理。我们读过《大学》就明白了,你抓那些东西,不是说不要,但是你不要一开始就去求这些东西。一开始,你先把人做好,一定要把你的道德做好。所以《大学》里面讲,"君子先慎乎德",很慎重地对待自己作为人之所以为人的道德。"有德此有人",你有了德了,一定会有人来追随你。"德不孤,必有邻",自己有德,就会有人来追随,有人追随就会"有人此有土""有土此有财""有财此有用"。

人都喜欢有道德的人,有一些年轻人来跟我讲,老师,有道德很吃亏,我不愿意。你看看周围的人,现在甚至有的家长从小就叫孩子跟人家打架,你不打架人家要欺负你,那些孩子就被教坏了。我就反问这些人,你在一个单位里,你喜欢单位的好人还是喜欢坏人?你喜欢有德的领导,还是喜欢没有德的领导?他就笑了。是啊,我说你做好了,大家都会跟你走的。一定要相信这一点,得道多助,失道寡助。"寡助之至,亲戚畔(叛)之;多助之至,天下顺之。"所以人一定要有这种信念,而不应该只想着在世界上捞一把,这样的人生是非常失败的。

四、 如何看待德治与法治

我们现在讲德治,那法治怎么办?其实大家有一个误区,认为孔子很迂腐。孔子成天讲道德、讲礼乐,就把人管好了。

其实大家想想，孔子当过司寇，他知道法不能丢，它是一个底线。儒家治国思想是一个整体，这里面的灵魂是道德。法制是保证礼制的底线，怎么能丢呢？儒家有一部经典叫《周礼》，一共六篇，即天官、地官、春官、夏官、秋官、冬官，其中有一篇《秋官·大司寇》，大司寇就是掌管司法的。在《周礼》的治国体系当中，司法是不可分割的一部分，也属于礼，但它不是灵魂，而是作为底线存在的。德与法的用处是不一样的，司马迁说，德是用于"未然之先"，老百姓没有犯法，这个时候要用道德来教育他。但是教育不是万能的，总有一些人不接受教育，他还要以身试法，法是"已然之后"。他就把人杀了，把东西偷了，把坏事做完了，怎么办？这个时候才用法。

可见，儒家思想中是包括了法在内的。所以，对儒家而言，礼与法，不是要哪个、不要哪个的问题，而是两者谁为主谁为次、谁为先谁为后的问题。儒家主张"德主刑辅"，其逻辑是非常缜密的。而且用刑要分情况，拿捏好轻重，《周礼》说："刑新国用轻典，刑平国用中典，刑乱国用重典。"新建的国家，诸事草创，尚无经验，故用刑要轻。对已进入正常状态的国家，可以用"平典"，即常态的法典来处置。如果出现乱国了，事态紧急，就应该果断出手，使用重典，尽快平定局势。

从历史上来看，中国人为什么老是歌咏德治，歌咏礼治？我们中国人从来不歌咏法治，这有道理的。历史上但凡法律多如牛毛、用法非常苛酷的时代，大多是这个朝代出问题了。商纣王的时候有炮烙之刑，秦始皇的时候刑法众多，这都不是理想的治国境界,都不可能长治久安。理想的治国境界,是社会稳定,民众素质不断提升,法放那里,不废掉,但是用不上,老百姓不犯法。我们看《史记》记载的成康之治,刑罚40余年不用,因为没人犯法,老百姓都有自尊,有文化自觉,不管是否有人监督,他们不会去踩这个底线。到汉代的时候,文景之治也是如此。成康之治、文景之治历来被史家所赞扬,社会治理得特别好,这才是中华民族追求的境界。当然现在弘扬法治,很有必要。但如果我们也吸取一些历史上成功的治国经验,我们还应该加强德治,这样,这个社会就会更完美。

五、 如何读《论语》

最后,我跟大家分享几句话,这几句话我也是奉为圭臬。大家都在读《论语》,对于这本古书,我们为什么还要去学它?我这里引用梁启超的一段话:"《论语》为二千年来,国人思想之总源泉。"中国人的思想说一千道一万,基本上都是从孔子这里来的。从先秦两汉,到宋明时代,从王阳明,再到顾炎武,再到曾国藩,都非常重视《论语》,因为这是我们中国人思想的源头。孟子原先只是诸子之一,但宋朝人特别喜欢他。所以宋以后,《孟子》的地位可以跟《论语》相比。这两本书"是国人内里、外里生活的支配者",要想了解中国文化而不读这两本书,就是缘木求鱼。所以梁启超说,"故吾希望学者熟读成诵",最好能背诵出来。"如不能,亦须翻阅多次",起码多看几遍吧，至少要能"略举其辞"，能随口举出《论语》中的某些段落。尤其是山东人，生在孔孟之乡，更应该如此。我主张济南的出租车司机至少要能背诵 50 条《论语》，这样游客一到济南，才能感到这个地方与其他地方不同。文化立国，文化兴邦，文化兴世，这个文化要在每个人身上体现出来。"或摘记其身心践履之言以资修养"，把里面几个格言牢记于心，一生的修为得力于此，特别受用。梁启超先生的这句话特别经典。

那么，只会背《论语》行不行？时下我们民间读经典有一个倾向，就是光背，老师不讲，生活里也不践行，这很糟糕。《弟子规》里讲，"不力行，但学文，长浮华，成何人"。我特别主张小孩要学礼仪，这是儿童践行道德教化的主要形式。北宋的程颢、程颐十分重视经典学习对于涵养德行、变化气质的重要作用。程子说，"读《论语》，有读了全然无事者"，读完以后根本没有变化；"有读了后，其中得一两句，喜者"，每天念叨那两句，心生喜欢；"有读了后，知好之者"，特别喜欢它；"有读了后，直有不知手之舞之、足之蹈之者"，读了之后觉得这书怎么这么好，忍不住手舞足蹈，自己以后要照它做，由此改变了自己的人生。最后还有一句，堪称是画龙点睛，"今人不会读书。如读《论语》，未读时是此等人，读了后又只是此等人，便是不曾读"。只背出来没用，就是说你读之前，还不知道德行对于人生的、对于社会长治久安的意义，读了之后，你不仅都懂了，而且体现在身上，身上有了人文之光，你就变成另外一个人了，这样读《论语》才有意义。

第六讲　孔子的社会理想：天下有道

颜世安

　　孔子的社会理想是什么？这个问题可能现在学术界的看法未必一致。我觉得有一点我们先确定，我们现在来讨论孔子的理想、孔子追求的社会目标，主要应该依据《论语》里面保留的那些孔子的对话，依据这些话，我们来看孔子希望建立一个什么样的社会。这样说是因为战国以后有很多文献，里面提到孔子各种各样的说法。

　　我举个例子，《礼记·礼运》开头说"大道之行也，天下为公"。有些学者认为，这就是孔子的理想，可是这样看不妥。第一，大道之行这个观念，它里面其实是掺杂了道家的一些想法，和庄子的说法特别像。特别是讲这个人不自私，不要什么东西都是我的。《礼运》开篇这段文字，应该是战国以后儒者受道家思想影响所作。第二，《礼运》讲理想社会用了两个词，一个是"大同"，一个是"小康"。"大同"就是大道之行，天下为公，隐指尧、舜传贤不传子，不搞家天下，是理想的社会；小康是指夏、商、周三代，有了家天下的私心，把天下传给自己后代，但能以礼仪为纲纪，是次理想的社会。这个说法贬了一下三代，也像是受道家思想影响。从《论语》开始，儒家主流观念都是以三代为最高理想，《论语》中的孔子尤其认为西周集三代大成，代表最高理想。《礼运》把三代说成退而求其次，这绝不是儒家主流的观念，更不会是孔子本人的观念。战国以后的文献还有其他说法，《礼运》中的"大同"之说是最有名的。所以，我们现在要了解孔子的社会理想，应主要通过《论语》。

一、"天下有道"关乎德行

从《论语》看，孔子所说的"道"应该是代表他心目中的社会理想。或者说，道是人类生活的理想原则，合于这个原则的社会就是好的社会。《论语》中，孔子多次说到"道"。比如说"朝闻道，夕死可矣"（《论语·里仁》，下引《论语》仅注篇名），"志于道，据于德，依于仁，游于艺"（《述而》），"道不行，乘桴浮于海"（《公冶长》）等等，都表达了对道的向往。他终生努力，就要追求一个理想社会。你会觉得孔子很有信心，他一直希望走到一个地方，让他去执政，让他去管这个地方。他觉得如果给他这样一个机会，他会很快干出成果来，然后为天下做一个示范。当然，这是挺难的，孔子处在一个旧的贵族社会，崩溃、衰落，后来甚至消亡了，在孔子去世以后就结束了。但是他自己有这个信心。孔子可以说一生没有得到这个机会，他研究古典学问,他从古典学问里提炼道理,认为道理就是治国的依据、政治的依据,然后把道理传递给弟子。孔子的理想就反映在他跟弟子谈的那些话里,道代表孔子的理想,这是肯定的。

根据《论语》里孔子和弟子的对话,孔子毕生追求的好社会的内涵是什么?过去也有学者从不同角度谈到。有一种说法,认为"天下有道"就是和谐、有秩序。这不能说错,道肯定包含和谐、秩序的意思。但这不是孔子社会理想中最核心的东西,不是孔子毕生追求的好社会里最重要的东西。秩序与和谐就是人与人之间和平相处,人们各有名分,各安其位,没有混乱。这是否已是孔子理想中的社会?

孔子自己说过一句话:"道之以政,齐之以刑,民免而无耻;道之以德,齐之以礼,有耻且格。"(《为政》)这是孔子谈政治问题,谈政治远景的时候做的一个比较,有两种方法,一种是用政刑制度,用政治和刑法。我们看,"民免而无耻",什么意思?用这个方法,最后也有效果。"民免"一般说是免于犯罪,也可以说免于受苦。"民免"含义很大,它是一个好词,是表达一个好的状态的。我们就算从狭义理解"民免"就是免于犯罪,一个犯罪率低的社会一定是一个比较和谐的社会,一定是一个比较有秩序的社会。"民免"一定程度上,应该说意味着和谐,至少意味着秩序。和谐不就是秩序吗?可是孔子不满意,他认为社会仍有不足,那就是"无耻"。"无耻"这个词在古代汉语里的本义是没有羞耻感,相对应的状态是"有耻"。

现代汉语里基本不用"有耻"这个词，有耻就是一个人有羞耻感，做错了事自己觉得羞愧。现代汉语说"无耻"意思是很重的，一个人很坏才这样说，通常情况都不可以这样说。可是如果用"有耻"这个词，那么有多少人做了不对的事（没有到很坏的程度），会有自觉的羞愧感？如果普通人都没有这种自觉意识，就是孔子说的"无耻"。

"道之以德，齐之以礼，有耻且格。"我们不用政刑的方法，我们用道理的方法，导之以德，用礼仪规范的方法，使人民有羞耻心。我们这个地方比较的是"有耻""无耻"。"有耻""无耻"超出了和谐的范围。如果有人一定要说，我说的那个和谐，就包括了有道德，包括了"有耻"，那你这么说，我也不能说不对。问题是，我们现在谈孔子的理想，它是有侧重的。

我们现在谈孔子的理想，他心目中的远景社会，他一生的努力，他希望人类将来生活的样子，里面当然包括和谐，也包括后来孟子讲的那些东西。比如，温饱问题，孔子没怎么讲，那么孔子完全不关心这个温饱问题吗？那也不是。关键在于侧重点不同。有道的社会一定是一个人的精神状态好的社会。道德就是人的精神状态好，精神状态向上、健康、有活力。

从《论语》中可以看出，对于实现社会理想，孔子有一个努力目标，就是从政，他自己从政，以及培养弟子从政。从政的目的是治理好一个地方，为天下做示范。孔子说："齐一变至于鲁，鲁一变至于道。"（《雍也》）这就有示范的意思。以齐国为基础，努力一下可以达到鲁国的样子，鲁国努力一下可以达到道。任何一个地方，都可以作为天下示范的一个样板。那么这个示范里面最内核的东西就是人民的状态，人民是否"有耻"。这是我们先肯定的第一点。和谐不是它的重点。

好社会是个道德社会，有道德是什么样子？按照我们现在人的想象，我们理解道德的社会肯定和孔子当时想的不一样。这个不一样的东西是什么？这个不一样的东西其实就体现在孔子和学生谈各种问题，谈的那些说法，一个人，在什么情景下，他应该什么样，在另一个情景下，他应该什么样。从那些说法里，我们能够归纳出来，能够接近孔子当时想的那个好社会的样子。

我们知道，《论语》不是有意识按计划撰写的一本书，是孔子去世以后，弟子们根据孔子生平的话整理而成的。弟子记录的孔子生前说的话不是后来回忆的，而是当时记下来的。所以这本书挺靠谱的。我为什么知道呢？《论语》里面本身有记载，有一次，子张他听到什么话，觉得重要，没带竹简，他又怕忘掉，他就写在衣带上，所以很多话当场就记下来了。这些话的主题是什么呢？《论语》里面的主题，我们要这样问的话比较麻烦，因为它不是一部著作，孔子这个地方说一句，那个地方说一句。可是我们还是可以找到一个贯穿的东西，这个贯穿的是什么呢？就是孔子和学生的对话。

孔子培养了一大批学生，希望他们将来学好古典文化，修身，有品德，然后去承担政治责任，也叫做官。这个做官在孔子那有特别的含义，不仅仅是做官而已，而是去承担社会责任，承担社会责任意味着去做一群人的灵魂。你到一个小地方去，这个地方的主心骨就是你了，你有一个目标，要把这个地方搞好。你凭什么做一群人的灵魂？你要事先有所准备。《论语》里，孔子和弟子的对话就是奔着这个目标，你将来能不能承担这个责任？可是有一个有趣的现象，按理讲，培养弟子将来去做官，这讨论的是政治问题，可是《论语》里很少直接讨论政治问题，《论语》绝大多数讨论的是日常生活里面遇到的事情。这样对，还是那样对？这个怎么做？孔子希望将来弟子去承担政治责任。什么样的人承担社会责任？有德的人，用孔子的话是君子。什么是有德的人？什么是君子？这个是在日常生活里，在具体的生活细节里面，在很多小事里面可以一样一样反映出来。

二、　君子之德与理想社会

孔子心目中的好社会是道德社会。这个道德是什么？还没有抽象的界定。孔子都是在各种不同的具体语境里面，告诉弟子应该怎么做，所以我们理解孔子的理想社会，理解孔子对道德的理解，要先理解孔子与弟子对话的具体语境。

在《论语》对话里面，"君子"代表孔子的道德理想。"君子"这个词在儒学里面很重要，"君子"是儒学的核心词。儒学是什么学，你可以说就是"君子"之学，就是培养君子。君子这个词在我们现代汉语里面,实际上消失得有点过分,至少边缘化。大家想想,我们有谁在日常生活里面用"君子"来评价我们心目中觉得不错的人？我跟几个朋友一起吃饭,谈到这个人,我们说他是君子,很少这样。我特别强调日常生活,日常生活里面的东西才是真的文化。

比如说,我们单位某某人,我们觉得他是正人君子。正人君子是什么？通常我们说这是个好人,不搞邪门歪道,最多是这个意思。可是在《论语》里面,"君子"的含义非常丰富,君子在孔子心目中是优秀的人、出色的人。我们现在几乎不会用"君子"来形容优秀的人,所以"君子"的古意在现代生活中已经消亡了。

我们探讨孔子心目中的理想社会,这个理想社会很大程度上是由"君子"来代表的。由于"君子"这个词接近消亡,以至于今天理解孔子的社会理想实际上有些困难。一个可以尝试的方法,就是在《论语》的具体对话中理解"君子"。

"君子喻于义,小人喻于利。"(《里仁》)这句话从字面上理解并不难,指的是两种人。这两种人大概什么样子的？你把它生活化一下,在我们生活圈子里面会不会有这种情况？实际上是有的。一种人遇到事情首先关注的是义,义就是道义,是非对错;还有一种人遇到事情关注的是有没有好处。在孔子看来,一个优秀的人关注的应是道义、是非对错。我们可以把这个说法情境化,我们身边的人,遇事首先关注是非对错的人是什么样,这样的人多吗？如此便可以想象孔子期望的好社会是什么样。

"君子上达，小人下达。"(《宪问》)简单地讲，君子在社会的上层，小人都在下层，也不能说没有这个意思，但是这个地方讲的重心肯定是生活态度，生活态度向上和向下。首先什么是向下？向下不是堕落，向下不是变坏，向下就是无所用心、随波逐流。我们现在有一句话"跟着感觉走""跟着人群走"，没有一个自我要求，大家怎么样，我就怎么样。我觉得这就是向下，没有一个自立的东西。反过来上达是什么？有一个自立的东西，他不随波逐流，遇到什么事情有一个自我批判，遇事有一个标准。这种人并不是给你抬杠，你说什么都认为不对，肯定不是这种。真正有主见、有自立精神的人，不见得跟人抬杠，他是自己有主意，然后决定自己怎么弄。我们想象一下，假如一个有这种气质的人，一件事这样做，两件事这样做，一个月这样做，两个月这样做，时间长了以后，这个人肯定和别人不一样，肯定身上有些特异的东西。

"君子固穷，小人穷斯滥矣。"(《卫灵公》)君子在走投无路的时候不乱来，小人走投无路的时候就无所不为。"滥"指水没有堤坝约束以后，哪低就往哪流。"穷"是走投无路，不只是没钱，人因为好多情况会走投无路，走投无路的时候尤其能看出一个人的素养。君子在这时就凸显出来了，就算走投无路，君子也坚守初心，不会乱来。

"君子求诸己，小人求诸人。"(《卫灵公》)这一条在我们的现实生活中能找到不少印证。有一种人遇到事情就想自己应该做什么,应该承担什么样的责任;还有一种人遇到事情就期待别人去做,他会想张三怎么不去,李四怎么不去,凭什么找我?或者说一件事情发生了,一个错误酿成了,当事人相互指责,可是如果有一个人说这事怪自己,愿意承担责任,这人就与众不一样。在我们的经验中,好像前一种人很多,可是后一种人也有。所以,有时候君子离我们并不远。孔子所要求的优秀的人,我们往往在生活中能感觉得到。

"君子怀德,小人怀土;君子怀刑,小人怀惠。"(《里仁》)怀刑和怀惠其实就是君子于义,小人于利。怀刑的"刑"当然有各种说法了,我赞同一种说法,这个"刑"下面加一个"土",它是"模型、规范",君子的规范就是重视是非对错。怀惠,惠就是实实在在。惠就是利,刑就是义。那君子怀德,不仅关心对错,还关心内在的品行。一两年前,我看过这样一个新闻,讲西班牙的体育比赛。有一个马拉松比赛,一个运动员跑第二名,跑第一名的运动员是非洲来的,最后快到终点的时候,他犯了一个错误,把那个标志看错了,没到终点,他以为到了,他就停下来在那欢呼了,结果第二名的运动员,他上去拍拍他,提醒他说你还没到,那个第一名又接着跑。这件事本身就不简单。大家想象,假如是你,你本来跑不过他,这个机会难得对不对?我又没犯错,是你犯错。但是他提醒了。更难得的是,提醒以后,一口气松下来,他也跑不动了,跑得很慢,就跟在后面,就这样拿了第二名。当地报社采访他,他有一段话,意思是:这个赛跑,我跟非洲运动员之间的差距是很明显的,不是差一点点，所有人看得到。最后我要是趁他犯的这个错误冲上去，挺丢人的。他宁愿不要这个冠军。我觉得这就是所谓的怀德。所以，怀德和重视是非对错有点不一样，那种情况下，假如不提醒，他也没错。

"君子坦荡荡，小人长戚戚。"(《述而》)"长戚戚"就是整天为一些琐事纠结。君子和小人的境遇一样，可是有的人坦荡，有的人纠结；有的人不愁眉苦脸，有的人整天在那愁眉苦脸。一个人整天纠结和郁闷的原因往往不在外部境遇，而在自己的内心。我们每个人天性里都有一些毛病，如患得患失、忌妒、懦弱等等，各人偏重不同，"长戚戚"就是一个人始终没有能力摆脱这些毛病的纠缠；君子坦荡，不是天性豁达，而是后天的学习和修养，使他有能力从天性的不足里解脱出来。

以上选了《论语》中几条关于君子与小人对比的说法，只占《论语》全部议论的很小一部分，但是把这几条合起来看，"君子"的内涵就开始有一点丰满。一个人遇到事情，在意对错而不是好处；遇到问题，考虑自己该干什么，而不是期待别人；生活中不肯随波逐流，有精神自立的原则；即使走投无路的时候也不肯越过底线；他能因学习和反省，摆脱天性的不足，因而内心坦荡；等等。把这些特征结合起来看，就开始接近"君子"这个概念的古意。君子是孔子心目中的理想人格，理想人格背后就是孔子期待的理想社会。

孔子的理想社会是天下有道，你可以说这是一个和谐有序的社会，道肯定包含和谐有序的意思，但孔子更深的关切是在人的品德,他是期待一个有美德的社会。有一次孔子和几个弟子在一起,孔子让他们谈谈各自的抱负。冉求说,让他治理一个小国,方圆六七十里,"求也为之,比及三年,可使足民,如其礼乐,以俟君子"(《先进》)。他自信可以做到"足民",让人民生活丰足,当然不是简单的事。可是他知道这没有达到孔子最终的期待,所以说"如其礼乐,以俟君子"。礼乐是文化规范,标志人民的道德水准。这是孔子最深的关切,他培养弟子从政,最终是期待这个"礼乐"的远景,也就是人民有德的远景。冉求自思做不到,所以说要等别的"君子"。冉求曰:"非不说子之道,力不足也。"(《雍也》)我不是不喜欢老师的理想,我实在是做不到。"子曰:力不足者,中道而废。今女画。"孔子说,你不是力气不足,你是不想努力。建立一个理想社会,最终目标是人民有德性意识。

人民怎样能够有德呢?孔子有个想法,是少数优秀的人带出来的。孔子处在一个世俗贵族的社会快要瓦解的时候,这个贵族社会已经动荡不安,老精英已经不像样子了。孔子其实在为一个东西做准备,为什么做准备?将来老贵族不行了,这个贵族指的是血统,我天生就高贵,上千年的古代社会就是这样的,是有高贵血统的贵族在治理社会。

但我们看《论语》,可以看出孔子在干一件事情,他在训练一些优秀的年轻人,这些年轻人大体上都是平民子弟,没有什么贵族子弟。我们想想孔子干的这个事情。在一个讲究血统的社会,他把从古典文化里面提取出来的精髓交给平民出身的年轻人，然后期待他们将来去重振，期待将来他们去治理地方，为扭转天下局势努力。这件事情意味着什么？意味着孔子在为一个新社会做准备，在为一个贵族不能再起作用的社会做准备。孔子心目中这个社会一定得有人做主心骨。他心目中能够做主心骨的人是优秀的人，是能够修身的人，是有美德的人。这些人不是贵族，不是贵族就意味着所有人都可以。在孔子看来，任何人只要你愿意修身，你愿意努力，都可以成为君子。但这里面有贵族社会的影子，有老社会的潜在的影响，就是这个社会需要有人起骨干作用。

值得注意的是，孔子重视社会的秩序，重视上层对下层的引导，大家会理解成是孔子在顽固地维护一个旧的贵族社会。我觉得，这个批评完全不能成立。孔子肯定不是想维护旧的秩序，他训练子弟是让他们做优秀的人，承担政治责任，这件事本身就是面向新社会，这点是肯定的。但是你没有办法替孔子辩护说，他心目中的好社会是有等级的。这是肯定的，在过去批评有这个东西。我们现在说的是，我们对这个事情要有具体理解。

孔子对平民、普通人怎么看？孔子一天到晚讲君子，希望大家做君子，但是不是所有人都愿意自觉地做君子？这就是一个很大的问题。君子意味着什么？君子意味着要自愿地修身。我们不要把修身讲得很复杂。至少有一点，君子愿意改掉自身的毛病。这不是多数人都愿意的。对普通人的生活态度，孔子怎么样呢？他并没有过多的批评。儒家的态度，不光是孔子的态度,第一是不否定老百姓,不批评,或者说立场是恨铁不成钢,赶紧教育他们,让他们改,儒家没有这些东西,儒家对老百姓很宽容,不苛求他们。

前面所引《论语》中几条君子与小人的对比,里面说的小人是坏人还是就是普通人?我觉得其实就是普通人。这是我们读《论语》忽略的一点。也有一个原因,"小人"这个词在现在汉语里还用,在现代汉语里讲就是坏人的意思。可是在古汉语里面,从孔子开始,小人常常有一个意思,他指的是社会阶层,指的是社会群体,指社会阶层的时候没有贬义。如果把君子和小人对起来看,大家会觉得君子好,小人不好。我为什么讲这一点?一定要强调小人不是坏人,小人就是普通人?这是为了我们更确切地理解,孔子所说的"君子"在一个社会群体的背景里面,他是什么位置。小人不是坏人,君子也不是通常意义上的好人。小人不是道德上的堕落,君子不仅仅是道德上的模范。小人就是普通人,君子就是优秀的人。和普通人相对的是优秀的人。孔子希望建立一个好的社会。这个好的社会是不是小人就不管了?不是。我觉得孔子有个想法,而且我觉得这个想法,在某种意义上很准确,这是对人性的一个评估。他的理想社会,实际上涉及所有人的人性的改造,不是完全扭转人性,就是把人性里面好的东西发扬光大,有一些毛病要改正,人要变成不是天生的样子,逐渐变成一个比较完美的人。

三、 社会分层与君子责任

孔子有一个把社会人群分层的思想。把人分成不同的层级,最著名的说法是"惟上智与下愚不移"(《阳货》),还有一些其他的说法。熟悉儒家思想史的人都知道,这个社会分层的思想,后来始终是儒学的一个基本观念。五四运动开始批判儒学,一个重要话题就是批评儒家维护等级。这里需要说明的是,等级思想和分层思想不是一回事。等级思想是在皇权官僚制度下,把人的身份等级确定化;分层思想是把人群按品质分为不同类型层级。当然,社会分层思想是等级思想理论上的一个来源,但有不同。我们现在理解孔子思想要注意这一点。孔子的社会分层思想,例如"惟上智与下愚不移"这样的说法,现在谈儒学的人不大说,好像这说法算是"糟粕",不必提了。大家更愿意谈《论语》中"仁者爱人""有教无类"这样的说法。可是孔子的社会分层思想,是他追求理想社会的一个重要组成部分。君子的修身之学如何理解、如何落实,民众应该怎样教育、怎样引导,人类最终能否走向理想社会,这些问题都与社会分层思想有关。

孔子的社会分层思想,来自他对人类群体特征,或者说人性特征的一种基本评估。孔子的社会理想是人民"有耻",是"民德归厚",在一个好的社会里,所有人都有品性上的自我要求。可是孔子意识到,就现实而言,品行上的自我要求,多数人是没有这回事的,这是孔子社会分层思想的一个根据。"天下有道"的社会理想如何能实现,要从人类群体的实际情况出发。

"生而知之者,上也;学而知之者,次也;困而学之,又其次也;困而不学,民斯为下矣。"(《季氏》)孔子把人分四层,这就是所谓分层。第一层是生而知之,是最高的。需要注意的是,生而知之的人是非常少的,少到什么程度呢?连孔子自己都不是。不但孔子认为自己不是,后来的儒者也认为孔子不是,只有尧舜这样虚拟的古人是。第二层是"学而知之",一个人通过学来了解明白道理,提升自己。学什么?儒家"学"的对象,最初就是古典文化,所谓诗、书、礼、乐,诗、书代表古代文献,礼、乐代表古代规范,合起来就是历史文化给我们留下来的经典。

然而,《论语》中所说的"学",目标不是培养学者,也不是培养博学的人。儒家相信在诗、书、礼、乐里面包含了政治的道理,做人的道理,通过"学"可以明白道理,提升自己。这是《论语》中谈"学"的主要目的。有一次,鲁哀公问孔子"弟子孰为好学",孔子说颜回好学,"不迁怒,不贰过"(《学而》)。孔子没有说颜回有多少学问,而是说他品行有提升,所以是"好学"。所以从《论语》开始,儒家之"学"就是指向品格的提升,也就是前面说的,一个人能战胜天性的毛病,内心拓展,然后能够"君子坦荡荡"。后来孟子开辟了儒家之"学"的新思路。学是要明白道理,不见得非要通过读书,更重要的是明白自己的本心，能够"存心养性"。后来儒家思想史上一直有两种"学"的争论，但两种"学"虽然方法不同，都指向德行。总而言之，从《论语》开始，儒家说的"学"不是要培养学者，而是要培养德行君子。

学意味着通过知识来改变自己。"学而知之"就是一个人愿意学习古典文化，丰富知识，明白道理，拓展自己。这是有志向的人，其实就是一个社会里最出色的人。因为"生而知之"的圣人现实中是没有的。往下一种人是"困而后学"，他不是一开始就愿意学，可是当他遇到困境了，意识到自己有不足，于是决心改变自己，提升自己。最下一种人是"困而不学"，本来就没有学的意愿，遇到挫折还是不愿学。他不是在挫折中想到自己有问题，而是怪罪别人，或者怪运气不好。大家想想，在我们周围，困而学之这种人多吗？生而知之和困而学之，它都是一种愿意，想到一个人要改变自己，要批判自己、提升自己。有的是直接就愿意，有的是遇到障碍才愿意。我觉得孔子有一个想法，他觉得多数人不会这么做，所以他说"困而不学，民斯为下"。我现在举的《论语》这一条，好多学者讲《论语》时都回避，不大讲，孔子是说劳动人民永远在下边吗？我认为孔子本意不是这个。他觉得，多数人惰性很大，而孔子的政治理想其实就是经营政治，就是由优秀的人来创造一个好的环境。

季康子患盗，问于孔子。孔子对曰："苟子之不欲，虽赏之不窃。"（《颜渊》）有一次，季康子问孔子说，鲁国的盗贼很多怎么办？孔子说，鲁国盗贼很多是因为你太贪，你把风气搞坏了。假如不是你太贪，你让他们偷，鼓励他们偷，他们都不偷。这是对普通人品性的一个估计。普通人不愿意做坏事是肯定的，普通人愿意好。问题是他没有办法，你把风气搞成这样，他只能跟着走。孔子对人性特征有敏锐的洞察。人有向上的意愿，也有向下的惰性。这惰性是很强大的，反映在人群的分布上，就是许多人总是"困而不学"。孔子并不认为底层的人永远不能改变，所有的人只要愿意学，就能向上，但有许多人始终是不愿学的。普通人本性上不愿意坏，只是他们没有战胜环境的力量，政治不好，社会风气败坏，他只能跟着走。所以孔子对民众的看法，一方面认为他们大都没有"学"的意愿；另一方面又对民众很宽容、不苛求，认为应该改变环境，由好政治引导社会风气，民众就会向善。

孔子最受诟病的话就是"惟上智与下愚不移"，为什么会有上智和下愚？我们现在用多少话来解释，也不如王阳明说的一句话清楚。有人问王阳明："上智下愚，如何不可移？"王阳明说："不是不可移，只是不肯移。"（《传习录》上）"移"就是"困而后学"，通过学改变自己，有多少人愿意这样呢？所以"不肯"才是关键。戴震答"上智与下愚不移"，认为"由自绝于学，是以不移"（《孟子字义疏证》）。也是说不"学"才是关键。王阳明和戴震在"学"的方法上完全两路：一是反求本心，认为不必多读书；一是要求细读精研古代典籍。可是对"下愚不移"的理解完全一样，可见这是后来儒家的共识。后世儒家有时根据《汉书·古今人表》，把桀纣这样的暴君举为"下愚不移"的显例，由此可知，古人理解的"下愚"未必是下层民众，而是人群中最顽劣的部分。当然，下愚很大程度上是指下层民众，不必隐讳，但是孔子和后来儒家肯定都相信，不论哪个阶层出身，只要愿意学，一定能成为优秀的"上智"。所以区分的关键不是社会阶层，而是有没有自我改变的意愿。

这一层意思孟子后来表达得更清楚。他说："无恒产而有恒心者，惟士为能。若民，则无恒产，因无恒心。苟无恒心，放辟邪侈，无不为己。及陷于罪，然后从而刑之，是网民也。焉有仁人在位，网民而可为也？"（《孟子·梁惠王上》）恒产就是稳定的产业。一个人没有稳定产业，温饱不能保障，还能有恒心？孟子认为有人应该这样，就是士，士就是君子。但是不能要求"民"也这样。普通人没有恒产，就没恒心了，就会做坏事，等到陷于罪，国家就用刑罚处置。这样做就像张网捉兽，大兽小兽都无处可逃。需要注意的是，孟子并没有批评人民，他批评的是国家，国家没有尽到责任，保障人民生业，然后只知用刑罚捕杀人民。好的政治应该让老百姓有稳定产业，衣食温饱，这是仁政。孟子这段话主要讲仁政，他认为，民"无恒产因无恒心"这件事无可指责。

《管子·牧民》中有一句话，"仓廪实则知礼节"，我们通常认为这句话很对，治理天下，先要让人民衣食温饱，然后才能有道德。孟子讲的就是这个意思。可是孟子的说法含义更丰富，他还有另一层意思，有一种人，仓廪不实也要知礼节，没有恒产也要有恒心,就是士(君子)。这样的人是人群的灵魂,是儒学的重心所在。这种人不是天生的,是通过"学而知之""困而后学"培育出来的。这就是儒家的"君子之学"。由此我们可以了解,为什么说这种"学"不是要求所有人的。这不是说儒家在道德上放弃民众,而是儒家意识到,通过"学"自我改变的意愿不是所有人都有,在糟糕的社会环境下尤其不能这样要求民众。但人群中不论阶层如何,一定有愿意立志做君子的人,"学"就是他们的事业。

孟子还有一句话说:"待文王而后兴者,凡民也。若夫豪杰之士,虽无文王犹兴。"(《孟子·尽心上》)兴就是振作,"凡民"也会振作,对自己有要求,但前提是要等文王出现,文王就是周文王,象征好政治。有好政治,人民就会改变精神状态。豪杰则不一样,他们没有恒产也要有恒心,没有文王也要振作。没有文王自己来做文王,在各个地方改变环境,从一个邦一个邑做起,这就是儒学要训练的人。儒学希望所有人都做优秀的人,但是是以愿意自觉来学的人为对象,没有规定有一部分人不能来学,儒家是开放的。区别就在于你肯还是不肯。《论语》里所有的说法都指向训练自己,改变自己。这也是孔子理想的灵魂。我们不理解这个灵魂,把天下有道理解成秩序,就只抓住了外壳。

还有一句叫"唯女子与小人难养也",这句话现在人很多人回避,或者是曲解。其实这也是孔子思想的一部分。我个人认为,这不是轻视女性。小人是属于社会底层,大都没有接受什么教育。哪怕是贵族的妇女也都没有接触教育。也就是说，和古典文化的训练，和教养隔得远，隔得远的人有什么特点？人天生的毛病对他的纠缠就比较厉害。孔子讲，这种人比较难打交道，他始终跟你纠缠不清，他更愿意和有自我反省、自我批判能力的人交往。

孔子和孟子在君子民众分野上的看法是一样的，孟子进一步说明了孔子原来就有的意思。孔子的理想是天下有道，每个人都"有耻"，有德行要求。这是一个理想远景。在现实中，孔子看到许多人"困而不学"的事实，他对此没有多少指责，而是培养有志于"学"的弟子，希望他们去改造环境，引导民众。"学"的对象是古典文化，诗、书、礼、乐，但目的不是做学者，而是培养德性，做一个君子。孔子希望他的弟子从政，也就是希望他们去承担社会责任。到一个地方做官，例如做"邑宰"，就意味着去做一个地方的灵魂。这就要用到平时所学。孔子相信，只要有真的君子，他就能创造好的政治环境，"人能弘道"。从方圆五六十里、六七十里这样的小地方做起，改造环境，引导民众。这就是孔子的社会理想和实现理想的途径。由此我们能理解《论语》中孔子和弟子讨论的那些具体问题，都是对"君子"的要求。孔子的社会分层思想，实质上是强调君子要承担责任。

四、 君子之学不是国民教育

事实上，不能把《论语》里面的话理解为普通的国民教育，好像孔子说的每一个问题上的对错，是针对所有人的。孔子的要求是对他的弟子说，在后来的儒学发展中，这些要求是对士、君子说的。如果一个普通人不愿照着做，不能算错，更不能算坏人。这一点很重要，我们以《论语》中的对话为例详细讨论。例如前面提到，"君子喻于义，小人喻于利"，普通人"喻于利"就不能算错；"君子上达，小人下达"，普通人随波逐流，无所自立也不能算错。所以这都不能算国民教育性质的说法，只是提出君子的标准。

孔子说："古之学者为己，今之学者为人"（《宪问》），这句话在后来的儒家是老生常谈，儒者都知道"为己之学"是君子之学。什么是"为己"？就是为内心的愿望和需求学，不是为别人的期望和要求学。"为人"之学就是小人之学，是为别人的要求学。荀子说"小人之学也以为禽犊"（《荀子·劝学》），禽犊是见面的礼物，小人之学是为了与别人见面，为了社会接纳他。可见君子之学和小人之学的区分很明确。但是我们不能把这话理解为国民教育，或普泛的道德说教，任何人"为人"学习都是错的。以今天看，绝大多数人学习都是"为人"，他不是为提升自己品质学习，而是为社会需求学习，以便求得好职业。这并不能算错。

比如一个农民子弟或城市平民子弟，家里经济不富裕，父母努力工作供孩子上大学。这孩子憋足一口气，想要好好学，将来挣钱回报父母，这就是为人之学啊。我们肯定觉得这孩子想法挺好的，怎么会错呢？或者一个平民子弟没有这样想，他只是想，我从小家境不如人，我要发奋，上好大学，将来我住好房子，开名车。他想靠自己的努力去争取前途，这也没有错。所以孔子的教诲不能理解成普泛的道德教育，我们要到《论语》的语境里面去理解，为什么要求"为己"之学。孔子认为一个社会一定要有人立志，承担责任，改造环境，引领民众。这样的人就要从"为己"学习做起，不是为了求职业而学，而是为了拓展自己而学。他们是引领社会品质提升的种子。如果放到现在看，假如一个社会的所有年轻人都是"为人"之学，为了好职业、开名车学习，连最出色的年轻人也这样，没有人为内心的意愿和志向学，没有人向往知识博雅和品性高贵，那这个社会的文化前景就很黯淡，将来这个社会就是文化沙漠，大家都鼠目寸光，都是以鼠目所及的荣耀为目标。

再看一句话，子贡问"贫而无谄"如何，孔子说可以，但不如"贫而乐"（《学而》）。"贫而乐"当然是君子之德，就是孟子所说的"无恒产而有恒心"。那么能不能说"贫而乐"是普泛道德要求，做不到就是没有道德？显然不能。连孟子都认为民众"无恒产则无恒心"无可指责，放到现在，更不能把"贫而乐"视为一般道德要求。那么，为什么要求一个人"贫而乐"？这是要培养一种优秀的品质。一个人因"学"而确立一种内在自主的生活原则,他知道自己的知识在拓展,眼界在扩大,胸襟宽博非昔日可比,这样一种内在充实的快乐,岂会因贫而改变?这是孔子对弟子的要求,对一个优秀的人的要求,这样的人将来能承担社会责任,引导民众。由此可以看到孔子对未来理想社会的设想。后来宋代的二程,回忆他们年轻时曾请教前辈周敦颐,圣人之学入门的关键是什么,周敦颐说,好好体会孔子颜回因何而乐,这就是后来理学家说的"孔颜乐处"。颜回就是"贫而乐",孔子说"贤哉,回也!一箪食,一瓢饮,在陋巷。人不堪其忧,回也不改其乐"(《雍也》)。我们从二程对周敦颐教诲的追念,就能看到孔子说的"贫而乐"在儒学传统中的深远影响。这肯定不是要所有人都安贫乐道,而是要培养那种在洪水横流中能立定不动的人。

《论语》中孔子和弟子的许多对话都可作如是理解,那不是国民教育意义的道德要求,是对优秀的人的要求。不能要求所有人这样做,而是只要求君子这样做。这是儒家原初意义的社会分层思想、上下之别思想。儒学就其理想而言,可能有一个所有人都自愿"学"的目标。《礼记·大学》有一句话:"自天子以至于庶人,壹是皆以修身为本。"那就是希望所有人都修身,都能"学而知之"或"困而后学"。这显然是一个非常理想化的说法,其他儒家文献很少见到这种要庶人"修身"的说法。大多儒家文献谈"学"或修身都是指向君子。从孔子起,古代儒家实际上就很清楚,"学"这件事不能苛求民众。愿意做的,鼓励他做。暂时不愿意做的,不能强求。甚至不要用口头教育。儒家实际上不喜欢宣传教育，尤其早期儒家如此，不强调"言"强调"行"。教育也是身教不是言教。你觉得这样对，就自己去做，不应要求别人。如果做了还是不能影响别人怎么办？孟子说，那是自己做得还不够："爱人不亲反其仁，治人不治反其智，礼人不答反其敬。行有不得者，皆反求诸己，其身正而天下归之。"（《孟子·离娄上》）你只能要求自己，不能要求别人。最终是能影响别人的，但不可以强求。所以，儒家其实没有教育民众这一条。教育民众也是你把社会环境搞好，他自然会跟上。儒家对民众是不苛求的。

结语：学习与判断

我们现在谈孔子的社会理想，从《论语》的对话理解，这个理想主要是指向人的德行、人的品性状态，而不是秩序、稳定这些东西。孔子一生努力，他希望出现的那个社会，是所有人的精神状态都有一种向上的要求。怎么达到这个理想？孔子的想法是君子承担责任，改造社会，引导民众，而不是在糟糕的社会环境下教育民众。这与孔子的社会分层思想相联系，其中一些说法不容易被现在人理解，例如"困而不学，民斯为下"，还有"上智与下愚不移"。但我们现在学习古代典籍，了解古人思想，首先应该去了解古代思想是什么，它本来的道理是什么，不要轻率判断一个说法好或者不好。"取其精华，去其糟粕"这句话不要到处用，古代思想是怎么回事还没弄明白,凭什么判断何为"糟粕"?往往是这样,一个人轻易判断哪个说法是"糟粕",可能恰是因为自己知识不够,眼界狭窄。学习古典文化的过程,其实就是打开自己狭窄视界的过程。但是要达到这一目的,就先要有一个学习的态度、求知的态度。先弄明白古人思想本来的道理是什么,不要轻率判断对错。这个学习古典知识的过程对我们来说是一种教化,这就是历史学对人的教化。

当然,对古代思想也可以有对错判断,但那是在比较系统地了解以后,可以去想,哪些思想在现代仍然是好的,哪些思想已经不可取。这肯定是比较难的事,虽然看上去是最没有门槛的事,谁都可以说两句,其实这是很难的。孔子的理想社会,有些东西跟我们现在文明的目标来比照,它确实有不一样的地方。孔子有社会分层思想,希望优秀的人领导民众。我们现在的目标是建立民主社会,民主就是所有的人都有权利参与政治上的大事。相对于这个目标,孔子的思想可能有不适宜的地方。但是另一面,孔子的社会理想,也有值得深思的地方,给我们启发的地方。我们按现代文明标准追求的好社会,是一个富裕、文明、民主、公正的社会。假定到了这个社会,贪官污吏问题都解决了,政治秩序很好,所有人都富裕,社会和谐。可是这样的社会,缺了孔子讲的一个东西,那就是德行的要求,这意味着一个人要"学",在日常生活中改变自己,提升自己。按通常的理解,现代文明的目标并不包含这些东西。那我们可以问,一个社会需要这样的目标吗?物质富裕,人际和谐，社会公正，这不就很好吗？为什么一定要有品行的要求？为什么一定要人追求美德？这可能是一个引发很多争议的问题，但也是一个对我们有启发的问题。

以上讨论《论语》里所见的孔子社会理想，这个理想最终是落实到人的理想上，它与我们现在所说的社会理想有不同，我们不一定要完全接受，但有启发我们思考的地方。

第七讲　孔子的教育思想

舒大刚

关于孔子，一直以来有很多称呼，这些称呼都反映了人们当时或者历史的某一个阶段对他的评价或认可。今天我们看孔子，他是古代最主要的思想家、教育家、儒学学派的创始人，但是在很长一段时间，人们对他的认识不是那么统一，可以说，在五四之前，我们对他都是正面的一些称呼。当时，人们称他"夫子"，夫子就是先生；当时他周游列国回到鲁国之后，被称为"国老"；逝世的时候，鲁哀公的谏文称他为"尼父"，是对他的尊称；战国人称他"孔子"，就是孔先生的意思；西汉人称他"素王"或"先师"，素王就是有王者之德、王者之风，但是没有王者地位的人，"先师"指万世师表的人物；汉平帝时正式封他为"褒成宣尼公"；北魏孝文帝称他为"文圣尼公"；北周静帝封他"邹国公"；隋文帝称他为"先师尼父"；唐太宗尊他为"先圣"，后又改成"宣父"；唐高宗尊他为"太师"；武则天称他为"隆道公"；唐玄宗升孔子为"文宣王"，这是统治者正式给他的封号；宋真宗时称他为"先圣文宣王"，后来又改称"至圣文宣王"；元武宗加封孔子"大圣先师"；清顺治帝加封他为"大成至圣文宣王"，后又恢复"至圣先师"之称；民国时期沿用"大成至圣先师"这一称呼。

历代这些称呼都是褒称，而且这些褒称当中有一个共同的现象，就是称他为"圣"、为"师"。什么是"圣"？根据苏洵的《谥法》，"行道化民曰圣"，意思是说，推行自己的道德主张来教化民众，这就是"圣"；什么是"文"？苏洵认为"经天纬地曰文""修德来远曰文""道德博文曰文"，这些都是孔子所具备的。什么是"宣"？苏洵认为："善闻周达曰宣"，就是把他的美名向四面八方宣扬出来；"诚意见外曰宣"，内外表里如一。看来这些封赠都是非常有道理的。"大成"是孟子对孔子的一个赞扬，认为孔子集成了夏商周三代的文化、古今圣贤的美德，是集大成者。"至圣"是说他是最高大的一个圣人。"先师"一词也是非常有讲究的，中国人重视师道不是从孔子开始的，孔子以前就有了。《周礼》讲，当时有"师"有"儒"。"师以贤得民"，师通过自己的贤明来获得人们的敬重；"儒以道得民"，儒通过知识和道义来获得人们的崇敬。"师"和"儒"在孔子以前实际上是两种官职，这两种官职都是要表率万民，用什么表率呢？一个是用自己的德行，一个是用自己的知识和道理。

韩愈讲得更清楚，"师者，传道、授业、解惑者也。"现在人们都在说"我是师者"或者"传道、授业、解惑者也"，其实未必，因为现在好多老师自己都没解决什么是道、什么是义、什么是惑。

我认为，真正承当"先师"之任的孔子是当之无愧的，所以评价孔子最核心、最主要的就是师。从事教育、从事教学、从事人才培养，是他的终生事业，也是他影响千秋万代，甚至影响整个人类的一代伟业。

一、 至圣先师——人类最早的教育家

（一）博学多能

首先，孔子是一个博学多能者，他在回顾自己的成长历程时说："吾十有五而志于学，三十而立，四十而不惑，五十而知天命，六十而耳顺，七十而从心所欲，不逾矩。"（《论语·为政》，下文所引《论语》仅注篇名）为什么十五岁志于学？因为他三岁的时候父亲去世了，十四岁时母亲去世了，十五岁的时候他面临人生选择，是去栖栖惶惶地为了糊口而劳作呢？还是完善自己，完善自我，走向教化世人、拯救灵魂之路？他选择了"志于学"。当时没有家长监督了，又是少年血气方刚的时候，所以他选择"志于学"很不简单。

"三十而立"，三十岁的时候，孔子已经掌握了全套的知识和礼仪，可以立身于当时的社会。如果那个时候他想谋得一官半职，仅仅满足于做一个人上人，生活好一点儿，也可以了，但他没有停止，还在继续努力。

"四十而不惑"，不惑是指不要走极端。"爱之欲其生，恶之欲其死，既欲其生，又欲其死，是惑也。"（《颜渊》）如果没有掌握恰当的分寸，没有达到中庸的境界，必有偏颇，这就是"惑"。"四十而不惑"代表着孔子掌握了不偏不倚、恰到好处的方法。

"五十而知天命"，"天命"是什么？后来我们把它理解成迷信的、宿命论的。实际上，孔子的"天命"指的是自然规律。《孟子》中的两句话做了很好的解释，就是"莫之为而为者，天也；莫之致而至者，命也"，也就是自然性和必然性，这就是自然规律。

"六十而耳顺"，六十岁的时候判断力非常娴熟，一听就知道真伪对错。

"七十而从心所欲，不逾矩"，这个时候，他的个人修养、个人道德、个人行为，都达到了一种纯任自然而不犯规的境界，能够做到《周易》所说的"与天地合其德，与日月合其明，与四时合其序，与鬼神合其吉凶，先天而天弗违，后天而顺天时"了。

孔子的其他知识也相当丰富，《孟子》记载他曾经为"委吏"，就是管仓库。孔子曾说"会计当而已矣"，意思是他当会计记账收支做得准确无误。"尝为乘田矣"，"乘田"就是管畜牧业的一个官员，孔子说"牛羊茁壮长而已矣"。也就是说，孔子无论是从事会计，还是从事畜牧业工作，他都可以做得很好，可见孔子的知识确实相当丰富。他自己也曾说，"吾少也贱,故能多鄙事",因为父亲去世得早,他帮母亲做事,很多常规的事他都能做。

他十九岁的时候娶妻亓官氏,二十岁时生了一个儿子,当时他已引起鲁昭公的重视,送了他两条鲤鱼,孔子就给他的儿子取名为"鲤",字"伯鱼"。一个二十岁的青年能够引起国君的重视,得到赏赐,这是不容易的,他不是什么贵族,也没有什么背景,完全是靠个人的努力、个人的知识、个人的修为来赢得人们的尊重。

(二)教育生涯

孔子有了知识之后,还不是仅仅独善其身,还要让更多的人来获得知识。当时中国的等级制度不是像西方中世纪或者印度的等级制度那样不可改变,是可以改变的,通过学习知识、掌握礼乐,平民的子弟也可以步入上流社会,所以孔子希望更多的平民子弟能够获得知识,改善自己的人生,甚至有助于社会的建设。

自他三十岁左右开始办私学,一直到三十七八岁到齐国之前,这七八年间,是他第一阶段的教育生涯。在这个阶段,弟子不多,有些只比他小几岁,有的甚至年龄跟他相当。

第二个阶段是自三十七岁(鲁昭公二十七年,前515年)从齐国返回鲁国到五十五岁(鲁定公十三年,前497年)周游列国之前,共计十八年。这十八年中,孔子虽然有四年多在做官从政,但并没有停止授徒。这一阶段是孔子教育事业大发展的阶段。他的一些有名的弟子，如颜回、子贡、冉求、仲弓等，大都是这一时期进入孔门的。这些弟子都比他小十多岁、二十岁、三十岁。

第三个阶段是自六十八岁（鲁哀公十一年，前484年）周游列国结束回到鲁国，到他去世，共五年。这段时间，他把精力都集中到办教育与整理古代文献典籍上了。这一时期他的学生也很多，并培养出了子夏、子游、子张、曾参等才华出众的弟子，这几个人后来大都从事了教育事业，对儒家学派的形成与发展，对孔子思想的传播起到了重要作用。

孔子比较专门的办学带徒大致是这样三个阶段。这三个阶段给他带来的教育方面的收获、成就、效果非常令人羡慕，也令人钦佩。当然，孔子在周游列国的十四年中，也没有停止过教育活动。他在卫国、陈国先后住了数年的时间，期间并没有从政，弟子就在身边，师生之间不可能不进行学术研讨。

（三）弟子众多

孔门"委质为弟子者三千人，达徒七十人"（《吕氏春秋·遇合》）。有人曾质疑，当时孔子那么小的一个人物，能有三千弟子吗？其实，孔子一生都在从事教育，并且有三十多年时间专门带弟子，因此三千弟子不算多。而且，《吕氏春秋》是秦国的宰相吕不韦所编。当时，他的门下召集了很多门客，把各家的重要文献典籍加以收集整理，编成了《吕氏春秋》。书成之后，为了取信于人，他把书悬在秦国的城门之上，说谁能够提出一个疑问或者改一个字,就赏金千两。这足以说明书中的记载是能够经得起推敲的。

其实,孔子办学的时候,每收一个学生都要登记造册,做成一个"弟子籍",这个弟子籍一直传下来,司马迁修《史记》时还能见到。"孔子以《诗》《书》《礼》《乐》教,弟子盖三千焉,身通六艺者,七十有二人。"(《史记·孔子世家》)这都是有依据的。

《淮南子·要略》也有记载:"孔子弟子七十,养徒三千人,皆入孝出悌,言为文章,形为仪表,教之所成也。"《淮南子》是淮南王刘安聚集众多名士写成,它关于神仙方面的记载不一定真实,但是所记历史应该是真的。

"以德服人者,中心悦而诚服也,如七十子之服孔子也。"(《孟子·公孙丑上》)这个"七十子"是指学得最好的优秀的弟子,相当于今天三千弟子是本科生,七十子至少是获得了硕士学位,孔子的弟子后来就成了儒家学派的重要传人。

(四)至圣先师

孔子这样大规模的教学活动,尤其是有固定场所、固定职业、固定教材、固定办学方向,这在人类历史上是第一次。这比西方教育事业的开创者柏拉图还早,因为柏拉图是在孔子死后五十二年才出生,而柏拉图又是在他自己四十岁的时候才开始办"学园",孔子就算从他三十岁开始办学,也比柏拉图办"学园"早一百三十五年。所以,我们说孔子是人类历史上的第一位专职老师是有依据的,说他是"至圣先师",也一点儿不夸张。

(五)体制创新——学在民间

孔子使教育由官府下放到民间。孔子之前是学在官府,平民子弟没有机会接受教育。《礼记·学记》中说:"古之教者,家有塾,党有庠,术(州)有序,国有学。""家"指大夫之家,是有封爵之人,平民只能称"室"不能称"家","党"是指乡党,"术"是州的意思。可见,教育都控制在贵族手里,平民子弟没有机会接受教育。孔子第一次实行有教无类,将教育下放到了民间,使平民弟子也能有机会学习。

在孔子之前,是哪些人去接受教化呢?《礼记·王制》:"春秋教以《礼》《乐》,冬夏教以《诗》《书》。王大子、王子、群后之大子,卿大夫、元士之嫡子,国之俊选,皆造焉。""王大子"就是嫡生的长子,"王子"就是庶子,"群后之大子",就是其他封君的儿子,"卿大夫、元士之嫡子,国之俊选",就是诸侯国中那些最优秀的人选。

孔子以前没有专职老师,当时所谓的"老师"是官吏,"以吏为师"是李斯提出的,他是荀子的弟子,传承了儒家的典籍制度。"以吏为师"就是早期"学在官府"的状态。

《周礼》中记载了"乡师"这一官职,当时的"乡"相当于现在的省、州,乡师不仅掌管民间的治理,还掌管教化。这种制度在儒家文献里记载得很清楚。孔子当时说过这样的话:"君

子有三思,而不可不思也:少而不学,长无能也;老而不教,死
无思也;有而不施,穷无与也。"(《荀子·法行》)意思是说,君
子要考虑三个问题:少年不学习,长大就没本事;老年之后要
教化,否则死后就没人记得你;有钱又不施舍,等你穷了就没
有朋友帮你。

也就是说,孔子之前,人们是追求"老而教"的,指官员退
休以后回到政府办的学校去执教,这种制度实际在尧舜时期
就有了,当时叫"养老"。"有虞氏养国老于上庠,养庶老于下
庠",指的就是教化的意思。当时,只有退休的老年官员才可
以做教师。孔子曰:"幼不能强学,老无以教之,吾耻之。"
(《荀子·宥坐》)但孔子从三十岁就开始当教师,而且是一
个专职教师。

(六)有教无类

孔子实行有教无类,不问贵贱贫富,都可以受教。他自己
说"自行束脩以上,吾未尝无诲焉"(《述而》)。有人说,"束脩"
是三束干腊肉;也有人说,"束脩"是指一个人长到六七岁,自
己能够穿衣、盥洗,能够把头发扎起来,也就是生活可以自理,
因此对他实行教化。不管哪种解释,都表示孔子收学生没有
阶级门槛,没有贫富门槛。

在孔子弟子中有很多平民,甚至还有出身不太好的人。
《尸子》中记载,"子贡,卫之贾人",子贡是个商人;"颜琢聚,盗
也",这个人是小偷小摸;"颛孙师,驵也",他是做牛马生意的

经纪人；"子路，东鄙之野人"，就是郊外的平民子弟。"孔子教之，皆为显士"，所以孔子不问这些人的出身，只要愿意学就教育他们。"子张，鲁之鄙家也；颜琢聚，梁父之大盗也，学于孔子。段干木，晋国之大驵也，学于子夏。高何、县子石，齐国之暴者也，指于乡曲，学于子墨子。索卢参，东方之钜狡也，学于禽滑黎。此六人者，刑戮死辱之人也。今非徒免于刑戮死辱也，由此为天下名士显人，以终其寿。"（《吕氏春秋·尊师》）这体现了孔子的确是有教无类。

当然，孔子的学生中也有贵族，比如孟僖子的两个儿子就是贵族。据《左传》记载，昭公七年九月，鲁昭公与楚君相会，孟僖子作为随从，但是他在外交活动中不知礼出了洋相，因此感到非常遗憾。回来后，孟僖子就提倡学礼。临死时他召见大夫说，礼是人立身的根本，不知礼就没法立身。于是派自己的两个儿子孟懿子、南宫敬叔去向孔子学习，当时孔子三十四岁。

所以，有人问孔子的弟子，你老师的门下有贵族，有君子，还有小人，甚至还有出卖老师的，为什么孔子不搞"政审"？他的弟子回答得很好，他说这个很简单，"良匠之前多弯木"，弯的木头之所以都跑到良匠门前去，是因为他的手艺好，他能把弯木弄直、修成材。"良医门前多怪病"，好的医生门前恰恰有各种各样的病人，良医门前如果都是健康者有什么用呢？所以，孔子是有教无类。

（七）传播学术，开启民智

孔子的弟子都很成才，孔子死后，他们就分散到各个诸侯国传播孔子的学术，有的当了诸侯的师傅，有的给士大夫做老师，有的做了隐君子研究学术。《史记·儒林列传》记载："自孔子卒后，七十子之徒散游诸侯，大者为师傅卿相，小者友教士大夫，或隐而不见。故子路居卫，子张居陈，澹台子羽居楚，子夏居西河，子贡终于齐。"

这些弟子在各地讲学，起到了传播"六经"、启蒙思想的作用，带来了"百家并兴，诸子争鸣"的局面。孔子以前有学术，但没有学派。形成学派要有几个因素：一是导师，二是理论，三是经典，四是纲领，此外还要有人宣传、传播，否则就不能称之为学派。孔子之前，没有学派出现。管仲、老子等虽有著作，但是没有像孔子这样作为老师来办学，并大规模地传授弟子。所以成规模的，有经典、有理论、有学徒，甚至还有长时间的教学，是从孔子开始的。

后来的诸子百家也是受孔子的弟子到处讲学的启发而出现的。虽然儒学成为诸子百家之一，但是它是诸子中的显学，而且是诸子百家中最早的学派。孔子不仅是儒家的创始人，也是其他诸子的先师，其他的或继承他，或批驳他，或与他分庭抗礼，都是在他的启发下产生的。

如果说中国在先秦时期，尤其是春秋战国时期，出现了一个智慧大开发、思想大解放的潮流，那么孔子有启迪之功。如果在公元前 800 年到公元前 200 年,有一个所谓思想启蒙的文化的轴心时代的话,中国也是存在的,而这个轴心时代滚动的第一推动力就是孔子。如果说中国有五千年文明史,那么孔子恰恰居于这个 5000 年中间,上传 2500 年古代历史,下开 2500 年的文明史,孔子的作用是非常大的。他通过他的教育活动,建立了划时代的、里程碑式的功业。

（八）教学艺术

从孔子这一专职教师开始,才形成了有系统的教学艺术,比如"学而不厌,诲人不倦"(《述而》),"因材施教""中人以上,可以语上也;中人以下,不可以语上也"(《雍也》),"不愤不启,不悱不发"(《述而》)等。而且孔子最得意的弟子颜渊曾感叹:"夫子循循然善诱人,博我以文,约我以礼,欲罢不能。"(《子罕》)意思是说孔子非常善于循序渐进地引导学生,从一个阶段走向另一个阶段,再向更高的阶段跟进,很多弟子都在他的引导中一辈子致力于儒学的研究和儒家的教化,这都是先师孔子诱发出来的。

二、　六艺——全能教育

孔子的教学与今天不同,他重视全能教育,全方位训练,就是所谓的"六艺":礼、乐、射、御、书、数。《周礼·地官·保氏》:"养国子以道,乃教之六艺:一曰五礼,二曰六乐,三曰五射，四曰五驭，五曰六书，六曰九数。""礼"不仅是今天所说的有礼貌、有秩序，古代的礼包容非常广，有吉、凶、军、宾、嘉等五礼，还有若干小类，有所谓的"经礼三百，曲礼三千"之说，所有的制度典章、行为规范都在礼的规范当中。"乐"有"六乐"，指音乐、诗歌、舞蹈等，是从尧舜一直到周代的音乐，包括《云门》《大咸》《大韶》《大夏》《大濩》《大武》等古乐。"射"也不是简单的射箭，有"五射"：白矢、参连、剡注、襄尺、井仪，即五种射箭的技巧、理论和机能。"御"的讲究也非常多，有文车、武车之分，武车是打仗坐的战车，文车是出门外交坐的车。"书"是"六书"，包括书法、"六书"的原理、文字的含义等。"数"是"九数"，包括各种计算，如工程计算、面积计算等。

当时，这些技能都属于一个士人服务社会的必备技巧。孔子认为"君子不器"，"不器"不是不成器的意思，是不要成为一个具体的、简单的用具，君子应该是全能的。孔子又跟子夏说，"汝为君子儒，勿为小人儒。"君子儒也是全面的意思。《史记》也说，弟子"身通六艺者，七十有二人"，也就是说，能够全面掌握这些技巧的有七十二位。

简单来看，礼、乐就是当时的文明制度，主于教世；射、御是当时的武艺和技能，是战备制度和技能，用于救世；书、数是文化知识，用于治理社会。这几种知识都具备，可以说是能文能武，知今知古，精文精理，通艺通技，无施不宜，无往不利。

儒家经典《周礼》中记载了教化万民的"乡三物"："（乡大夫）以乡三物教万民而宾兴之"，"宾兴之"就是把他作为珍贵的人才举荐，"一曰六德：知、仁、圣、义、忠、和；二曰六行：孝、友、睦、姻、任、恤；三曰六艺：礼、乐、射、御、书、数"（《地官·大司徒》），孔子讲的"六艺"就是从这里来的。"六德"属于内在的品质，也包括政治的；"六行"属于伦理的品行；"六艺"属于知识技能。这是孔子对历史的继承。乡大夫既以这三种品德和知识教训万民，又以此三种品德为标准来推荐优秀人才。

　　总之，孔子早期的教学，也就是"六艺"教学，是非常全面的，是对历史的继承。孔子在教学方面又有所扩展。《礼记·王制》曰："诗书礼乐以造士。"孔子将诗书礼乐分成四科：一是德行，颜渊、闵子骞、冉伯牛、仲弓在德行这一科是非常优秀的；二是"语言"，相当于今天的外交辞令，比较突出的有宰我、子贡等；三是"政事"，主要有冉有和子路；四是"文学"，指古代文献，也就是当时的经学，有子游、子夏。这个"四科"，我们看是不是他的分科跟我们今天的非常接近，既有技能上的全面教育，又有这种主题的专门进修、专门研究。所以在孔子的弟子当中，有不少人都干出了一番成就，对于当时政治，尤其是对于孔子思想的传播，对于儒家的形成和发展，起到了重要作用，所以他的教育是非常成功的。

三、　六经——全智教育

　　孔子以前是"四经"。《礼记·王制》曰："乐正崇四术，立四教，顺先王《诗》《书》《礼》《乐》以造士。春秋教以《礼》《乐》，冬夏教以《诗》《书》。"为什么这样教呢？因为《礼》《乐》是需要身体力行去操练的，春秋两季气候比较好，所以演练起来不会太热；《诗》《书》需要静下来慢慢地思考、玩味、体会，就适合冬天和夏天在屋子里面来体验。

但是这个教育只能造就前面我们说的礼、乐、射、御、书、数这样具体的操作比较强的人才，它缺乏什么呢？缺乏信仰、缺乏哲学。在孔子晚年，他就对这一点做了补充、做了改造，尤其是他周游列国回来之后，回来之后他就修订了《易》和《春秋》，形成了"六经"。

所以《庄子·天运篇》讲：孔子继"世法旧传之史"，"治《诗》《书》《易》《礼》《乐》《春秋》六经以为文"。用"六经"来教授学生，尤其是对"六经"进行了新的阐释，加入了很多仁义、道德、民本、秩序等方面的思想，形成了系统的儒家经典。

《庄子·天道篇》说孔子"翻'十二经'以说"。"十二经"是什么呢？有人说是"六经"加"六纬"，也有人说是大"六经"小"六经"。大"六经"就是《诗》《书》《易》《礼》《乐》《春秋》，小"六经"就是具体教授礼、乐、射、御、书、数那样的教材，在这个时候已经固定化了，而形成了固定的"六经"。所以《孔子家语·本姓解》也讲，"(孔子)删《诗》述《书》，定《礼》理《乐》，制作《春秋》，赞明《易》道"，然后就形成了"六经"。

有人说，这"六经"讲的都是历史，不是孔子自己创作的，孔子以前已经有了"六经"，如章学诚《校雠通义·原道》"六艺非孔氏之书，乃周官之旧典。《易》掌大卜，《书》藏外史，《礼》

在宗伯,《乐》隶司乐,《诗》领于太师,《春秋》存乎国史"。值得注意的是,虽然"六经"的内容在孔子以前有了,但是"六经"作为经典文献,是孔子把它定下来的。"六经"以前只是记载历史事件,没有思想灵魂,没有从历史事件当中总结规律、道理,这些规律和道理是孔子把它总结出来的。就像《孟子》所载:"晋之乘,楚之梼杌,鲁之春秋,一也。"内容都是一样的,都是历史书籍,但是"其义则丘窃取之矣",里面贯穿的义理是孔子把它灌输进去的。

也有人说,"六经"在孔子那个时候不存在,是汉代的人整理出来的,这也是不对的。郭店战国竹简《六德》记载:"观诸《诗》《书》则亦在矣,观诸《礼》《乐》则亦在矣,观诸《易》《春秋》则亦在矣。"这说明至迟在战国时期这"六经"已经形成,而且成为一个体系,它不是短时间能够实现的。

"六经"不是简单的历史故事,它是有思想内容的。《庄子·天下篇》记载,孔子说"《诗》以道志,《书》以道事,《礼》以道行,《乐》以道和,《易》以道阴阳,《春秋》以道名分"。《诗》是用来道志的,不完全是言情的;《书》是讲历史事件的;《礼》是讲行为规范的;《乐》是讲怎样和谐、融洽相处,怎么妥善地表达自己的感情;《易》以道阴阳,阴阳就是哲学;《春秋》是讲秩序的,在哪一个等级就要做符合那个等级、那个身份的事,也就是孔子所说的"君君、臣臣、父父、子子",君要像个君,臣要像个臣,父要像个父,子要像个子。

《荀子·儒效》也是这样说:"《诗》言是,其志也;《书》言是，其事也；《礼》言是，其行也；《乐》言是，其和也；《春秋》言是，其微也。"《史记·滑稽列传序》引孔子的话也这样说："'六艺'于治一也"，"六经"也称"六艺"。"《礼》以节人"，《礼》是用来节制每一个人言行的。"《乐》以发和"，《乐》是表达和谐感情的。"《书》以道事，《诗》以达意，《易》以神化"，神化就是把神秘的变化展示出来。"《春秋》以道义"，义就是原则，就是规范。这跟"六经"是一致的。

另外，"六经"还是载道的，孔子把他的主张、把他的理念要贯穿进去。《汉书·翼奉传》说："臣闻之于师曰：天地设位，悬日月，布星辰，分阴阳，定四时，列五行，以视（示）圣人，名之曰'道'。"日月星辰的运转、四季的更替等，普通人只能见到，而圣人能够从这些现象中总结出规律，这就是道。所以，"道"就很简单，"道"就是解释天地为什么这样形成，解释日月为什么这样运转，星辰为什么这样分布，它的运行表达一个什么意思，阴阳的原理是怎样消长的，四时是如何形成的，五行之间又是怎样的关系……这就是"道"。"圣人见道，然后知王治之象"，圣人从自然界看到这些东西，然后从中体会我们人该怎样去做。"故画州土"，就是把行政区划划为九州或者划为十二州。"建君臣"，把君臣这种关系确立出来。"立律历"，古代的帝王一个非常重要的工作是制定历法。"陈成败"，把历史的经验要总结出来。"以视贤者"，圣人就把这些规律写出来给贤者，让他们来看，"名之曰'经'"，"六经"里面就包含这些东西。

《尚书》里面《禹贡》就是划九州，《洪范》就是讲五行，《周易》就是讲阴阳，《春秋》讲等级、讲成败……也就是说，"六经"里既是天道，又是人道，还是地道，甚至还探讨阴阳和鬼神。"贤者见'经'，然后知人道之务"，贤哲见到这些"经"就知道我们当下该怎样去做了。《诗》《书》《易》《春秋》《礼》《乐》是有非常丰富的思想内涵、主张的。孔子用这些来教学生，教出来的学生都非常优秀。

"经"不是随意选出来的，每一经它有自己的功能，每一经之间又有联系，形成一个自我完善的体系。《汉书·艺文志序》记载："六艺之文，《乐》以和神，仁之表也；《诗》以正言，义之用也；《礼》以明体，明者著见，故无训也；《书》以广听，知之术也；《春秋》以断事，信之符也。五者盖五常之道，相须而备，而《易》为之原。""五经"不是随意选出来的，它们之间相互独立又相互联系，从而形成一个与五常相对应的、完善的体系。《乐》是让人们精神快乐的，代表着仁的情怀；《诗》是正言的，古代外交辞令要引用《诗经》来表达自己的主题和想法，否则没有说服力和感染力；《礼》是讲行为规范的，告诉人们怎样身体力行；《书》记载了尧舜至西周时期重要的文诰和事件，让人们总结历史的经验，这样会增加人的智慧；《春秋》下笔很有考究，它将褒贬寓于措辞之中。"五经"里包含了"仁、义、礼、智、信"五常，五常之间相互配合、相辅相成。

但是只有这五者还不够，还缺乏一种哲学思考、形而上原理。"而《易》为之原"，《易经》讲的是阴阳，是万事万物变化的源头,所以"五经"里都涉及阴阳问题;而阴阳又代表仁义,"五经"里也都涉及仁义问题。因此,"六经"的选择是有科学依据的,是相互制衡、互为支撑、互为配合的。

简单来说,《诗》是抒情文学,故长于真情实感;《书》是历史记录,故长于明事纪功;《礼》是行为规范,故长于制度文明;《乐》是音乐作品,故长于和乐盛美;《易》讲天地阴阳,故长于运数变化;《春秋》讲是非名分,故长于社会治理。"六经"各司其职,各行其是,共同塑造具有仁义情怀的士人君子,共同促进天下文明与和平。

所以,古代"六经"分别代表文学、美育、历史、政治、哲学、社会学、行为学,甚至语言学等各个方面。近代有一位大儒马一浮先生,他被梁漱溟先生称为"千年国粹,一代儒宗"。他是怎么评价"六经"的呢?他认为"六经"可以统天下一切学术。如果把"六经"掌握了,你再去读后来这些各家各门各派的学术,都可以像犀角分水一样迎刃而解。

由于"六经"很全面,它的教化功能也就非常明显,所以《礼记·经解》就说:"入其国,其教可知也",就是到一个地方,你就可以看到那个地方的教化。"其为人也,温柔敦厚,《诗》教也",如果那个地方的人能说会唱、温文尔雅,待人敦厚,那一定是《诗经》的教化在起作用。"疏通知远,《书》教也",如果这个地方的人上知五百年、下知五百年,对历史事件、历史掌故很熟悉,那肯定是《书》教,就是《尚书》的教化盛行。"广博易良",就是那些人都非常豁达、潇洒,则是"《乐》教也",是受了《乐经》的教化。"絜静精微，《易》教也"，那个地方人的思想非常缜密，考虑问题非常深刻，那一定是受了《易经》的教化。"恭俭庄敬，《礼》教也"，如果那个地方的人恭俭庄敬，那就是受了《礼》的教化。"属辞比事"，就是说话咬文嚼字，非常注重自己的语言，那一定是"《春秋》教也"。

"六经"既是历史的记载，又是道理的记载；既是教化的经典，又是益智的教科书。六经兼德育、智育、美育、情感、信仰。可见，孔子作为一个教育家，他是全方位的。

我们把孔子的这个"六经"跟当时楚国王室的教育相比，它也有它的优势。在楚庄王的时候，他的太子需要教化，就请了一位太子师傅，这个太子师傅请教申叔时教什么，申叔时就告诉他："教之《春秋》，而为之耸善而抑恶焉，以戒劝其心；教之《世》，而为之昭明德而废幽昏焉，以休惧其动；教之《诗》，而为之道广显德，以耀明其志；教之《礼》，使知上下之则；教之《乐》，以疏其秽而镇其浮；教之《令》，使访物官；教之《语》，使明其德，而知先王之务用明德于民也；教之《故志》，使知废兴者而戒惧焉；教之《训典》，使知族类行比义焉。"

这里面《春秋》《诗》《礼》《乐》都是孔子也提倡的，而《令》《语》《故志》《训典》等可能是孔子所讲的《尚书》里面的内容。但是它这个很不全，缺什么？缺《易》，没有上升到哲学的层面，没有讲阴阳变化，缺乏终极关怀。也就说是，楚国的宫廷教育还没有孔子的教育完善。

四、 君子——全德教育

孔子有非常明确的教育目标,他的教育目标是什么呢?就是要培养"君子"。君子在当时来说是一种全德教育,高尚人格的完全德行的教育。孔子把一个人的成才分成很多类型,作为一个教育家来说,他必须要形成自己的明确的教育目标。

不仅孔子有,世界各地都有,像西方古希腊有"智者"教育,重视智慧、重视知识;欧洲中世纪的"骑士"教育,重视勇敢、重视道义;英国有"绅士"教育,重视礼貌;日本的"武士"教育,重视勇敢,重视战绩;美国现代重视"精英"教育,要有领袖气质,要有大众情怀。作为一个教育家一定要有自己的目标,然后才能完成好自己的教学任务。

中国古代诸子百家也都提出了自己的教育目标,比如:道家提倡的是"无为"的隐士;墨家提倡的是敢于牺牲的义士;名家提倡能言善辩的诡辩家;兵家提倡能够出奇制胜的智谋者;农家提倡亲自耕作,做耕而食、织而衣的劳动者;法家提倡不避亲属、不分贵贱、依断于法的铁面法官;阴阳家提倡善于推算历法的、神秘的方士;儒家推崇的则是文质彬彬的君子。

孔子把人格分成很多类型,包括匹夫、士、成人、君子和圣人,而君子是最理想的人格形象。

首先,匹夫。匹夫就是有志气的、能够坚持操守的自由人。孔子说"三军可夺帅也，匹夫不可夺志也"（《子罕》），就是说匹夫也有自己的操守以及是非观。但是这种匹夫只知道小义小节，而不知大义、大节、大道，所以孔子与他的学生讨论管仲是不是君子的时候，把匹夫与君子区分出来了。管仲跟随公子纠到鲁国时，公子纠被齐桓公杀死，后来齐桓公听取鲍叔牙的建议，要重用管仲。孔子的弟子子贡问，齐桓公把公子纠杀死，而管仲没有死，反而做了他的相，还帮助他"九合诸侯、一匡天下"，这样的人能算君子吗？孔子回答他说："管仲相桓公霸诸侯，一匡天下，民到于今受其赐，微管仲，吾其被发左衽矣！"（《宪问》）当时北方少数民族山戎南下，齐桓公靠管仲的辅佐，将山戎打败，从而保持了华夏民族文化不被中断，要是没有管仲，大家都得披散头发，穿戎狄的衣服了，是管仲捍卫了华夏文化。如果管仲当时像匹夫一样，主子死了，自己也去殉难，践行"君辱臣死"的气节，后来这些建功立业的事情就没了，华夏文化也将变了颜色，如果是那样有什么好呢？所以孔子说管仲的"义"要比匹夫高，管仲守的是大节大义，这是君子与匹夫的区别。

其次，士。士最早是一种等级，士的上面是公、卿、大夫、诸侯，下面是庶人、工商、皂隶，在后来逐渐成了一种追求文化或理想的一种人格，包括文士和武士。《国语·齐语》载，管仲对桓公曰："昔圣王之处士也，使就闲燕"。管仲治理齐国的时候，把士农工商分开，士处于"闲燕"之地，即让他们在较好的氛围中传习文化。

士是有知识的。孔子就说"推十合一曰士"(《说文解字》),"十"是十种以上的知识,古代"十"表示多,能把多方面的知识合为一个,然后提炼出普遍性来的人,就叫"推十合一曰士",学了很多知识,又会分析归纳,这就是士。

士是有担当的。《白虎通·爵篇》:"士者,事也,任事之称也。故传曰:'通古今,辩然否谓之士。'"这个"事"就是能够任事的意思,具有担当,敢于做事。同时,士还要弘毅,要能够坚持,有恒心。"曾子曰:'士不可不弘毅,任重而道远,仁以为己任,不亦重乎? 死而后已,不亦远乎?'"(《泰伯》)"子曰:'士志于道,而耻恶衣恶食者,未足与议也。'"(《里仁》)"子曰:'士而怀居,不足以为士矣。'"(《宪问》)士不能只想着安稳地居住,要善于去追求。

士还是善于学习、努力学习的人。士还能够办事情,办事有原则,处世有底线,"行己有耻,使于四方,不辱君命,可谓士矣"(《子路》),这就是士。

但是士有一个缺点,就是还未脱离功利,没有达到超然的人格,所以士是"见危致命,见得思义"(《子张》),就是士会想着去求利牟利,只是会先义后利。"子曰:'夫(士之)达也者,质直而好义,察言而观色,虑以下人。在邦必达,在家必达。'"(《颜渊》)意思是说,士还处于谋求成功、谋求回报、谋求利益的阶段。

第三,成人。子路问成人,子曰:"若臧武仲之智,公绰之不欲,卞庄子之勇,冉求之艺,文之以礼乐,亦可以为成人矣。"

曰:"今之成人者何必然? 见利思义,见危授命,久要不忘平生之言,亦可以为成人矣。"(《宪问》)子路向孔子请教什么是成人时,孔子说,一个人有一定的知识、才能,或者很勇敢,但是外在表现方面还受礼乐的约束,这就叫"成人"。但是这种人为什么不叫君子呢? 因为他缺乏信仰。

圣人的境界就比较高了,什么是圣人? 圣人并不是那种上知天文下知地理,前知五百年后知五百年,甚至还可以预测未来,有神秘的特异功能的人。孔子理解的"圣人"实际上很简单,能做到"修己以安百姓"就是圣人,内在修成君子,外在能够让百姓受益,这就是圣人,就是有德、有才、有能、有识,还要有位、有功,君子如果能够建功立业,这就是圣人的境界。实际上君子成功了就是圣人,所以孔子说:"圣人,吾不得而见之矣,得见君子者斯可矣。"(《述而》)也就是说,圣人退回一步就是君子,君子进一步就成圣人。

下面我们回到主题,什么是君子? 可以说,君子兼有士、成人所拥有的优点,同时又有更多的修为。

最早,君子就是"封君之子"的意思,凡是接受了封赠,就叫"君",君的长子就是"君子"。古代的君子,也就相当于官二代、富二代,他们实际上是很有修养的,他们从小接受诗书礼乐的教化,同时要接受礼、乐、射、御、书、数的培养,此外还要担当维护国家、家族及天下安稳,表率社会风气、澄清天下潮流的责任。

当时的"封君之子"是有教化的,所以"君子"一词逐渐就成了具有修养的一种人格的代名词,甚至还成了很多女孩追求的理想情人、梦中情人。《诗经》里面有好多篇章,像《小戎》:"言念君子,温其如玉。在其板屋,乱我心曲。"《汝坟》:"遵彼汝坟,伐其条枚。未见君子,惄如调(音周,早晨)饥。遵彼汝坟,伐其条肄。既见君子,不我遐弃。鲂鱼赪尾,王室如毁。虽则如毁,父母孔迩。"这都是把君子当成自己理想的伴侣。

"君子"应该成为我们大家共同的理想追求。孔子眼中的君子具备一些基本的特征,大致有以下几点。

"君子道者三,我无能焉:仁者不忧,知者不惑,勇者不惧。"子贡曰:"夫子自道也。"(《宪问》)孔子认为君子首先有仁德,仁者爱人,没有忧惧;其次是君子很有智慧,没有看不懂的事情;君子还应该具有勇敢的精神,无所畏惧。美国思想家威尔·杜兰就说:"孔子心目中的完人是一个哲圣兼备的圣人,孔子心目中的这个超人,是兼备苏格拉底的'智'、尼采的'勇'以及耶稣的'仁'这三达德的完人。"可见,仁、智、勇三者的结合是中西方最美的人格,但是儒家的君子还有更多的修养和追求。

"不知命,无以为君子。"(《尧曰》)孔子认为君子应具备高尚的信仰,他所说的"命"是天命、使命、命运。"君子有三畏:畏天命,畏大人,畏圣人之言"(《季氏》),这里的"畏天命"就是敬畏天命、敬畏命运的意思。天是莫之为而为者,命是莫之致而至者,也就是客观性和必然性。

君子"内省不疚"(《颜渊》),"乐天知命故不忧"(《周易·系辞上》),他知道天命、自然及规律,所以不忧,在做事的时候就会掌握好分寸,所以"君子之中庸,君子而时中"(《礼记·中庸》),"时"就是在恰当的时机来掌握中庸。

君子具有仁义情怀。"君子去仁,恶乎成名?君子无终食之间违仁,造次必于是,颠沛必于是。"(《里仁》)"造次"就是如意,"颠沛"就是不如意,无论是事业成功,风吹斗转的得意的时候,还是落魄潦倒的时候,君子都不会忘记仁义。又"君子之于天下也,无适也,无莫也,义之与比"(《里仁》),"适"就是绝对的服从,"莫"就是绝对的否定。君子做事时不是绝对的服从,也不是绝对的否定,要看它有没有义,合不合乎原则。"君子义以为质,礼以行之"(《卫灵公》),意思是说君子心中坚持的是正义,表达出来就是要遵守礼教。

君子具有高尚的志趣,君子重义轻利,如"君子喻于义,小人喻于利"(《里仁》),又如"君子固穷,小人穷斯滥矣"(《卫灵公》),君子穷,但是穷得有骨气,穷得有底线,小人没底线、没规矩,无所不为,所以"君子坦荡荡,小人长戚戚"(《述而》)。

君子还有优良的处事态度,"君子周而不比"(《为政》),"君子和而不同"(《子路》),"君子求诸己"(《卫灵公》),"君子成人之美"(《颜渊》),"君子泰而不骄"(《子路》)等。

君子是怎么养成的?第一,君子要有远大的理想。"君子谋道不谋食。耕也,馁在其中矣;学也,禄在其中也。君子忧道不忧贫。"(《卫灵公》)做君子不能天天想着挣钱发家,不要当君子又做小人做的事情。

第二,君子要勤奋学习。"子夏曰:'君子学以致其道。'"(《子张》)"子曰:'君子博学于文。'""子谓子夏:'汝为君子儒,无为小人儒。'"(《雍也》)

第三,君子闻道知命,探究真理。君子要探究真理,追求天道。所以孔子说"君子上达,小人下达"(《宪问》),"上"是形而上者谓之道,"下"是形而下者谓之器。君子要追求道,没有悟到道就不能称君子,而只能称士人、成人。所以三教实际上是相通的,佛教也要追求那一刹那的顿悟,要去谋道。道教也是,当然他们是希望师父给他传授。儒家是要不断地学习,加以体悟,然后上达通天道。另外,君子还要用礼和文来装点自己,所以"质胜文则野,文胜质则史。文质彬彬,然后君子"。"质"就是内在的修养,"文"就是外在的表达,言谈举止要合乎规范,要优雅,只有做到内外兼达才是君子。

第四,君子要言行一致。如"君子食无求饱,居无求安,敏于事而慎于言"(《学而》),"君子欲讷于言而敏于行"(《里仁》),"先行其言而后从之"(《为政》),"君子耻其言而过其行"(《宪问》)等,这些都是对君子言行一致的规定。

第五,君子还要谨慎择友。"君子求诸己,小人求诸人"(《卫灵公》),"君子病无能焉,不病人之不己知"(《卫灵公》),"人不知而不愠,不亦君子乎"(《学而》),君子"主忠信,无友不如己者"(《学而》),"益者三友,损者三友。友直,友谅,友多闻,益矣;友便辟,友善柔,友便佞,损矣"(《季氏》),这些都是君子择友方面的要求。

第六,君子要三戒九思。儒家也有戒律,"君子有三戒:少之时,血气未定,戒之在色;及其壮也,血气方刚,戒之在斗;及其老也,血气既衰,戒之在得"(《季氏》)。同时,君子有九思,"视思明,听思聪,色思温,貌思恭,言思忠,事思敬,疑思问,忿思难,见得思义"(《季氏》),这都是非常重要的金玉良言。

第七,君子要三省改过。"曾子曰:'吾日三省吾身,为人谋而不忠乎? 与朋友交而不信乎? 传不习乎?'"(《学而》)"进思尽忠,退思补过。"(《孝经》)君子要经常反省自己的言行。还有"君子过则勿惮改""小人之过也必文"(《学而》),小人犯了一个错误,总是要用很多其他理由来掩盖它。子贡说"君子之过也,如日月之食焉,过也,人皆见之;更也,人皆仰之"(《子张》),要善于改过,像这样才能把君子品德修好。

总的来说,孔子心目中的君子形象应该同时具有古希腊"智者"的智慧和技能,欧洲"骑士"、日本"武士"的勇敢和正义,美国"精英"的担当和亲和力,以及耶稣的仁慈、释迦的悲悯,再加上英国"绅士"的礼貌与温和。这就是孔子心目中真正的理想人格。这样一种人格,我们有什么理由要抛弃它、糟蹋它、丑化它呢? 孔子的教育非常成功,就在于他对教育目标的定位非常准确,对教育目标的描述非常全面、合理。

五、 经济——安邦教育

孔子的教育是非常有目的的,他不是把人塑造成君子后就供起来,或者是躲到深山里修道,而是要进入社会,要安邦定国。所以孔子进行的是安邦教育,要实现人格完善、社会和谐、国家稳定。通过教育从上从下两个方面来共同实现社会的秩序、安定与和谐。他说:"君子学道则爱人,小人学道则易使也。"(《阳货》)意思是:君子学了道就可以有仁者情怀,能够爱人;小人就是被统治者,学了道之后就能守规矩。子夏也说"学而优则仕,仕而优则学"(《子张》),也就是学习好了要进入官场,要治理社会、治理天下。

《大学》里有更全面的表述:"正心、诚意、格物、致知、修身、齐家、治国、平天下。"因此可以说,儒家教育是积极入世、内修外现的教育。同时还要博施济众,修己以安百姓,修己的目的是要安百姓。"子路问君子,子曰:'修己以敬。'子路又曰:'如斯而已乎?'孔子曰:'修己以安人。'子路曰:'如斯而已乎?'曰:'修己以安百姓。修己以安百姓,尧舜其犹病诸。'"(《宪问》)

六、 三统——安魂教育

君子的目标确定下来后,就要确定力量源泉和精神归宿,那就是信仰,孔子深通古代文化,他从古代文化中总结出了"三统"理论。"三统"是以夏商周为代表的中华传统信仰体系。据《礼记·表记》载,孔子说,夏代在价值观上"尚忠",重视天道;殷人在价值观上"尚质",重视祖先;周人在价值观上"尚文",注重仁义礼乐。"天命"和"天道","鬼神"和"孝悌","礼乐"和"仁义",构成了中华民族的精神信仰和价值追求,从而形成中国"天人相与""鬼神无欺""敬天法祖"的信仰系统,"仁民爱物""诗书礼乐""文明秩序"的文化系统,"孝悌忠信""礼义廉耻""博施济众""民本""法治"的政治系统,加以提炼即道、仁、孝,分别代表尊重自然、尊重祖宗、尊重民意的价值取向。天命解决我们是从哪里来,鬼神解决我们将到哪里去,礼乐解决我们现在怎么办。过去、未来、现在的疑问都解决了,还有什么犹豫不安的?

　　信仰是非常重要的,所以孔子说"君子有三畏:畏天命,畏大人,畏圣人之言。小人不知天命而不畏也,狎大人,侮圣人之言"(《季氏》),"不知命,无以为君子"(《尧曰》)。在我们今天也是一样的,没有信仰是不行的。根据社会学家的调查,人均GDP达到一千美元时,人们处于温饱状态,要树立的是信心问题;到了人均GDP达到三千美元的时候,需要信任,因为那个时候已经造成了贫富分化,要确立民众对政府会调解好两极分化问题的信任;等人均GDP达到六千美元时,需要的是信仰,没有信仰人们就会乱信。我们不是没有信仰,早在四百年前,罗马教廷就认为中国人没信仰,派教士来传教。结果,那些传教士看到中国人文化比他们高。所以,这些传教士在中国当时传教是不成功的,他们就把中国的典籍往西方翻译,才启发了他们近代的启蒙运动。所以对西方的近代文明、现代文明,中国文化是有贡献的。

从人的追求来说,人有四种境界:一是动物境界,要追求生存;二是功利境界,要追求成功;三是道德境界,要追求好的名声;最后是天人境界,知道自己在宇宙当中的位置,生命从何而来,生命又将往哪里去,也就是所谓的终极关怀、临终关怀。我们现在需要找回信仰。对历史文化,要注重发掘和利用,溯到源,找到根,寻到魂,找准历史和现实的结合点。深入挖掘历史文化中的价值理念、道德规范、治国智慧。

有人说,"中国人没有信仰,而没有信仰的民族是可怕的"。说这种话的人,不是不了解中国的传统文化,就是用西方的宗教信仰来衡量一切。孔子"三统"理论,为中华民族构建了"终极关怀""临终关怀""现实关怀",是自足的、完整的,也是现实可行的。

结　　语

孔子作为人类历史上第一位专职教师,开创了私人办学的先河,注重"全能""全智""全德"教育,培养了一大批"身通六艺",在"德行、政事、言语、文学"等方面卓有造诣的弟子;还删修"六经",传承文明,启迪智慧,成为诸子百家的先驱,开启了人类历史上东方的轴心时代。他在教学实践中,总结出系统的教育理论,包括教育目的、教育方针、教育规律、教学方法等,使教育成为立德树人的重要手段,也成为文化传承和文明再造的重要途径。特别是他确立的"君子"人格和"三统"信仰,更是培养完美人格和合格公民的重要指标,如果加以创造性转化和创新性发展,对当今教育事业和文化建设都不无借鉴价值。

第八讲　仁者爱人：孔子的伦理道德思想

郭齐勇

　　孔子思想是我们中国文化的核心，其思想可以说继承了他生前的中国文化的所有资源，也开发了他身后的中国文化的各个面向，所以说孔子是中国文化之圣，孔子思想是中国文化精神的灵魂。儒家不是一般的诸子百家的一家，儒家也没有跟谁去争这个地位，它要做什么样的哪一派哪一家，是自然形成的，因为中国社会是一个儒家型的社会，中国社会需要这样一个家国天下和谐的合理治理的文化。

　　只有通过与世界文化的比较，我们才能够知道孔子思想、儒家思想的伟大。大家知道，四百多年以前，利玛窦等传教士把中国思想、东方思想，特别是孔子文化传到西方以后，整个西方把中国、孔子、道德这样几个词连缀在一起，西方人对中国的认识的核心，就是孔子、道德、中国。从伏尔泰到孟德斯鸠的整个法国启蒙学派，还有重农学派的魁奈等人，德国从莱布尼茨到沃尔弗，再到康德的哲学系统，整个西方的思想，总体上都认为中国是合理化的理性之国，中国和平主义的文化、文官制度被借鉴到他们的国家。西方的《人权宣言》实际上也吸收了孔子的仁爱思想，这是我们文化的瑰宝，也是世界文化的瑰宝，它不只属于中国，也属于世界。

孔子之前的思想家谈得比较多的是礼，而孔子特别彰显、弘扬的是仁爱的"仁"、仁德的"仁"。《论语》中有一百多处出现了"仁"字，有一百零几处是在表达仁德仁爱的道德思想。"仁"字，许慎和郑玄都把它解释为"二人"，单人旁加两横，就是"二人"，就是人与人的关系。从文化史、思想史上来讲，孔子思想并不那么简单。从字源学角度来看，在湖北荆门出土的楚简里的"仁"字，上面是身体的"身"，下面是心灵的"心"，后来这一上下结构的字变成左右结构的字，身体的"身"草写时像个"千"字，也就像个单人旁，"心"字就写成"二"，上下结构变成左右结构。

仁德的"仁"，根据我们前辈思想家的义理方面的解释，它其实就是人心，我们每个人内在的爱心、恻隐之心，一种怵惕恻隐，即是一种非常紧迫紧张，同时又很关爱怜悯他人的心态。按照孔子的讲法，它其实是天赋予人的关爱他人的一种心理状态。

所以我们看儒家孔子的思想，特别强调仁义、仁德，成为后来汉代流行的"五常"（仁、义、礼、智、信）之首。按照朱子的解释，"仁"是核心，是中国文化的中心观念，也是中国哲学的中心范畴。"五常"是对中华民族基本的道德观念、道德准则的总结,源自于春秋,确定于汉代,是中华民族最普遍、最重要的核心价值观,而这一核心的核心就是仁爱的"仁"。

一、 仁者爱人

(一)仁者爱人是博爱、泛爱

孔夫子把仁爱的"仁"解释为爱人。樊迟向孔子请教仁德,孔子的回答是"爱人"。《论语》里很少能找到孔子下定义式地回答学生,他一般都是让学生去体验,针对不同人的问仁问政,孔子有不同的解释,这里是明确地讲到"爱人"。"仁者爱人"爱的是什么人?孔子讲"泛爱众而亲仁",就是广泛地爱老百姓而亲近有仁德的人。所以唐代韩愈讲"博爱之为仁",因为我们的仁爱也是一种博爱。但是它和西方基督教的博爱不一样,它不是对所有的人施加同样的爱,那个不近人情,不是我们平时老百姓生活中那个爱的释放,不是那样一个过程。仁爱是通过我们的生活体验出来的。我们都爱我们的父母,我们的父母照顾我们,特别是我们刚生下来的那三年,没有父母的关爱我们就不能成长,家庭是人生最早的学校。我们爱人怎么爱?父母对我们的爱最无私,夫子让他的弟子体验这个孝道、孝德。他说,"父母唯其疾之忧",父母对你疾病的那种忧患,你从中所体验到就是一种爱心,你当然要孝顺父母、敬重父母、爱父母。所以儒家的仁爱,它是从爱亲人、爱父母开始。但是它绝不只把这个爱字局限在亲人之内,它要"老吾老以及人之老，幼吾幼以及人之幼"，这是后来孟子对孔子仁爱的应用和推广。其实，孔夫子就讲到"推己及人"，这个爱是推爱，就是把我对父母、对兄弟姊妹的爱推广出去，推广到邻人、路人、陌生人，推广到今天我们讲的公民社会的公共的爱。

孔子生活在春秋时期，他对当时以人的形状做木偶或陶偶来殉葬的现象，提出了严肃的批评。他说"始作俑者，其无后乎"。无后是很严重的话，孔子一般不说这类的话。但他为什么这么说呢？孔子认为，东方各诸侯国虽然不再用人来殉葬了，而改用人形做的陶偶或木偶来殉葬，这仍是对人的不尊重，人不能任意地被殉葬、陪葬。

有一次，孔子家里的马厩失火了，他听说以后，首先问"伤人乎"，而不是问马。大家知道，当时一匹马相当于四个劳动力的价值，但是他问的是人，不是问的马，可见他对人的重视。因此说我们的人文主义的觉醒是在孔子时代。所以，雅斯贝尔斯把孔子作为世界文化的第一伟人，老子是中国十大哲学家的代表，但孔子是世界文化的四大伟人之一，而且位列首位。因为他是人类的最早觉醒者，他把人当人看。仁爱的"仁"其实就是爱人，就是对人的一种尊重，包含对于养马者等普通百姓的爱。这样一种爱、同情、关切下层老百姓的仁，是仁德的宗旨。

子贡是孔子门下最会经商的弟子，他有经商之才，孔子晚年的生活主要靠子贡接济。子贡有一次问老师说，"如有博施于民而能济众，何如？"如果广博地对人民施加爱，把财产散去做慈善,接济老百姓,这样的人怎么评价呢?"可谓仁乎?"能够评得上"仁"吗?孔子说:"何事于仁,必也圣乎!尧舜其犹病诸!"何止是仁德的境界呢?广泛地施加恩泽给老百姓的话,那哪只是仁德的境界呢?那应该达到圣的境界了。

我们讲曲阜是我们的圣城,孔子是我们的圣人,这个"圣"本来就是我们的,基督教来传教以后,把我们的天、天道、圣人这些概念都借过去了,其实我们的"圣经"就是《论语》,我们的"圣城"就是曲阜,我们的"圣人"就是孔子。

(二)仁的内涵是忠与恕

孔子所说的"仁爱"有两个内涵。首先,"爱"所表现出来的推己及人、尽己之心,也就是忠诚的"忠"。孔子说:"夫仁者,己欲立而立人,己欲达而达人。"仁是自己想要站立起来,也要使其他的人能站立起来。自己想通达于世,被社会所用,也要使其他人为社会所用,这就是所谓的推己及人。

我们看耶路撒冷同源的三大宗教,今天在世界上争来争去。如果那种原教旨主义促使的是冤冤相报的话,那么中国思想、孔子思想、孔子文明的世界意义就在于它是一种博爱,这种爱是不排他的,相反是从自己体会到别人,设身处地地为别人着想。"能近取譬,可谓仁之方也已",从最切近的生活实际出发来打比方,也就是说从我做起、从自己做起,这是实践仁的最好方法。

"己欲立而立人,己欲达而达人"这一思想反过来表述,就叫作"己所不欲,勿施于人"。在座的各位,我们最不想要的东西是什么呢？我们最不想要的可能是别人对我们的不尊重、别人对我们的羞辱。人都有自尊,不管是什么人。我把我最不想要的东西,不把它强加给别人,这叫"己所不欲,勿施于人",这是仁德、仁爱的第二个内涵,叫"恕道",即包容、宽容、理解别人,与别人交往时将心比心。

子贡有一次向孔子请教,说老师你能送我一句话吗？请送我一句话让我终生奉行。老师随口就说出来了,"其恕乎？"然后补充了两句话,叫"己所不欲,勿施于人"。在孔夫子看来,自己所不想要的东西,绝不要强加给别人。假如我不想别人羞辱我自己,那我就不要去羞辱别人,羞辱别人是自己受到羞辱的前提。反过来说,尊重别人是别人尊重自己的前提。这里强调的是一种宽容的精神、包容的精神、沟通的精神,设身处地为别人着想。

弟子们都认为孔夫子博学多才,孔夫子很会因材施教。有一次,他看见曾参和一些同学站在一起聊天,他走了过去,说"吾道一以贯之",只有曾参对孔子说"唯",孔子马上走了。孔子很有教育的智慧、教育的经验,他知道让同学帮助同学,比老师教育学生的效果更好。然后同学们就围着曾参,"何谓也？"同学们问曾参,你们打什么哑谜？曾参就解释道："夫子之道,忠恕而已矣。"孔子一以贯之的道,就是"忠"和"恕",它其实是孔子的中心思想"仁德"的一体两面。仁德积极的含义是"忠",消极的含义是"恕"。"忠"就是"己欲立而立人,己欲达而达人",“恕”就是“己所不欲,勿施于人”。

其实,孔子讲的忠心的“忠”就是“中”,是人的中央、人的内心。他讲内在的“直”,就是内不自欺、外不欺人,他反对巧言令色,“忠”就是尽己之心。“己欲立而立人,己欲达而达人”是内心真诚的自然发挥;“恕”是推己之心,是“己所不欲,勿施于人”,合起来就是“忠恕之道”,也叫“絜矩之道”,这就是孔子的思想核心。

当然,忠中有恕,恕中有忠,尽自和推己很难分开。中国文化核心的思想是孔子思想。孔子总结了他生前2500多年的中国文化,又开启了他身后2500多年的中国文化,还在继续地开发。但是核心的东西、中心的东西,我们不是以宗教形态出现的,我们的伦理、我们的道德是从人文教育这个方面来出现的,这是我们和西方基督教、印度的佛教或者印度教、阿拉伯世界的伊斯兰教等等不一样的。大家看耶稣、穆罕默德、释迦牟尼佛,他们是以宗教形态出现的。中国文化是以切近生活的人文生活来出现的,它是以家庭生活、社会生活、朝野生活出现的。这就是中国文化和西方文化的不同。

中华民族没有侵略性格,中国古代的海上丝绸之路比西方航海要早得多,却没有任何殖民地,郑和下西洋也没有掳掠任何一个人。而古代的罗马与中国相反,他们实行种族灭绝式的侵略,贩卖奴隶,军事出征,掳掠财产和人口。中国人之所以没有这样做,是因为中华民族思想的核心是仁爱,是由爱父母进而推及陌生人的一种伟大的爱。其实爱有差等,爱人总是有一个过程，总是把我对亲人的爱推广出去，爱邻人、爱路人、爱陌生人，这样的爱才合情合理。墨子倡导"兼爱"，但是墨家后来为什么没有在中国传承下来呢？就是因为它不近人情，少数人可以做到克己奉公，完全为了大家，为了别人，但是一般老百姓做不到。对于中国广大的社会生活来说，儒家思想最合情合理。

二、　仁德的生命境界

孔子说："里仁为美，择不处仁，焉得知？""里仁"是什么意思呢？《论语》有一篇叫《里仁》，里仁是处在仁德的境界中，我们居住在哪里？我们居住在仁德的境界中。如果我们不选择仁德作为自己生命的意境，那能叫智慧的选择吗？"择不处仁，焉得知？"仁德的"仁"，是我们安身立命的一个体现、根据。不管我们是穷困还是安乐，我们都以仁德作为人生最高的目标去追求，儒家把仁德作为人生的目的。没有仁德的人，经不起困顿、贫贱考验的人，也会经不起安逸富贵考验的。不仅逆境是考验，顺境也是考验，一生中，我们会遇到很多坎坷，也有安乐的时候，这都是锻炼我们的心智、培养我们仁德的机会。

所以孟子后来讲，"富贵不能淫，贫贱不能移，威武不能屈，此之为大丈夫"。文天祥说："人生自古谁无死，留取丹心照汗青。"我们中华民族的志士仁人"生于忧患，死于安乐"，它根据的都是仁德所包含的这样一个境界。

　　谁不想发大财当大官呢？孔夫子说，"富与贵，是人之所欲也，不以其道得之，不处也"。富和贵谁不想呢？但是不由其路、不以其道，不正当取得富和贵，我是不会处在这样一种状况中的。"贫与贱，是人之所恶也，不以其道得之，不去也"。谁喜欢贫和贱呢？谁不喜欢富与贵呢？但是富与贵，"不以其道得之，不处也"，贫与贱，"不以其道得之，不去也"，这里还是用的"得之"，这个"得之"在第二句就是"去之"，什么意思呢？就是发大财当大官，只要是合理合情的，合乎法律、合乎规矩的，没有问题。但是如果不用正当的手段去发大财当大官，如果不以正当的手段摆脱贫和贱，君子是不接受的，所谓取之以道、得之以理，不能违背规矩。

　　所以孔夫子讲，"君子去仁，恶乎成名？"君子离开了仁德，怎么成就君子的名声呢？"君子无终食之间违仁，造次必于是，颠沛必于是。"君子在吃完一顿饭这样短短的时间里也不能离开仁德，仓促匆忙的时候是这样的，流离失所的时候也是这样。

　　孔子一生就昭示了这样一种仁德的境界。他曾经做过一些小官，从贫贱的生活开始，然后做到代行相事的大司寇，后来因齐人离间，不得已而流离失所，带着众徒飘零了十四年之久，周游列国。当司马桓魋要杀他时，他说："天生德于予，桓魋其如予何？"匡人误会了，以为他是阳虎，把他抓起来关了七天。他说"天之未丧斯文也，匡人其如予何？"他周游列国，到处宣传他的社会理想、人生理想，不兼容于诸侯，他知不可而为之，这是他的伟大，这是他的仁德境界的一种呈现。"吾十有五而志于学，三十而立，四十而不惑，五十而知天命，六十而耳顺，七十而从心所欲，不逾矩。"他的生命过程就是仁德思想不断地学习和固化的一个过程。

所以我们读《论语》，很多人说这个书有多少意思？好像孔子讲的都是一些俗世伦理，黑格尔就这样认为。其实他不晓得孔子的生命和他的语言是结合在一起的，而且孔子是很忌讳言论的，他很反感巧言令色。孔子推崇的颜回是寡言的，他说很多人喜欢说，但做的不如说的。所以司马牛问仁，孔子说："仁者，其言也切。"很少说话体现的是仁德的一种境界。

仁德的境界并不是一个高不可攀的境界，达到仁德的境界是有过程、有途径的。有一次，颜回请教仁德，孔子讲："克己复礼为仁。一日克己复礼，天下归仁焉。为仁由己，而由人乎哉？"颜回说："请问其目。"我愿意这样做，所以请老师讲细一点儿。孔子就回答他说："非礼勿视，非礼勿听，非礼勿言，非礼勿动。"仁德有途径可循，就是从守礼开始。

什么叫礼？礼就是社会生活的规范次序，进门有进门的礼，开门有开门的礼。"将上堂，声必扬。"到人家家里去，首先要问一下家里有人吗。有人应声，你才能进来。《礼记》里说："户开亦开，户阖亦阖。有后入者，阖而勿遂。"我们到人家家里去，进去时门是打开的，你离开时门也应是开的；进去时门是关的，你离开时门也应是关的。你进门时，要看看后面有没有人跟着进来。如果后面有人也要进来，你就不要猛地把门关上。

礼仪的重要性在哪里？礼就是社会生活的次序规范。哪个社会没有等级呢？人类的社会都有等级，不仅人类的社会，蚂蚁的社会也有等级，羚羊的社会也有等级。现在有人一说起儒家就说儒家讲等级，其实恰好儒家是最促进等级流动的。我们的文官制度、我们的教育制度，通过教育公平达到政治公平，恰好是孔子首倡的"有教无类"。我们的文官制度就是这样来的，西方的文官制度就是这样学过去的。我们有科举，为什么今天高考还不能废止？因为高考还是相对公平的，农家子弟、平民子弟可以借此流动到上层社会。

其实，对君子的培养来说，礼非常重要。站要有站相、坐要有坐相、吃要有吃相。《礼记》里面写到，喝汤不要喝出声来，这跟西方的礼是一样的。啃骨头不要啃得到处都是，不要啃出声音来，《礼记》里面都有写。这不是说儒家要教育顺民，不是这个意思，而是要从小懂规矩，和你是不是顺民没有关系。

孟子说："说大人则藐之，勿视其巍巍然。"儒家最讲人格的独立。但是讲人格的独立和守礼并不矛盾，你讲人格的独立，不是说只有你一个人没有社群，没有别人，既然在社群里生活，你就要守礼懂规矩。我们今天开车有开车的礼，交规就是今天开车的礼。你说我不遵守交规，那么就要罚你。

在古代，女孩子15岁行笄礼，行笄礼就是盘头发了，这个女孩子可以出嫁了，家里就给她取字了，什么叫"待字闺中"？

待字闺中是说这个女孩子到了 15 岁，行了笄礼，女孩子的成年礼，家里给她取字了，她就可以出嫁了，也是向社会昭示：这个女孩子已经许人了，或者准备出嫁了。男孩子 20 岁行冠礼，行冠礼就是三次加冠，就是介绍给这个社会说，这个男孩子要出去做事了，要奉献社会了。

为什么孔夫子跟颜子讲"克己复礼为仁"呢？古代的礼是包含今天我们的宗教、伦理、法律、道德等等东西的一个综合，如果不守规矩、不守礼的话，仁德的心态怎么培养起来呢？我们讲爱别人不是乱爱，爱别人也是在宗教、社会、伦理、法律的规矩之下，在礼的规矩之下。所以杜维明先生说，我们是在守礼的过程中慢慢成就仁德的，仁和礼之间是有创造性的张力的。礼有时候有束缚性，但不守礼是不行的。

有人说，你这都是讲的古代的东西，现代还有吗？其实，仁爱是人的内在本性，是会代代流传下去的。我们以仁德来界定你是不是人。

儒家特别讲人情之别、君子小人之别、义利之辨，就是要辨清楚人不是禽兽，人要做君子儒，不做小人儒，人要讲义，不能只讲利，这都是仁德的一些具体内涵。有人说，郭先生你讲的都是古代的，那接下来我们举几个现代的例子。

清代中后期到民国初年，有一个王善人——王凤仪，他是个长工，他发现女孩子读书有困难，他就在华北办了四百多所义学，让女孩子读书。这样的人在民间有很多，其实儒家思想就是具有草根性，具有民间性的。

　　从古到今，我们有很多老百姓，也许他并不识字或者识字不多，但是他们有爱心，这是中国文化的精神、孔子的精神，这就是仁的精神。

　　我们再举一个例子，最美女教师——张丽莉，她是黑龙江省佳木斯第十九中学的教师。有一天，她带着一队学生过马路，突然一辆客车失灵撞到另一辆客车上，另一辆客车就冲向她这一队学生，她为了保护学生，她本来可以逃生的，她奋不顾身地去救学生，自己被卷入车轮之下了，双腿粉碎性骨折。她自己常说，亲情、友情、师生情都需要我们用无私付出来维系，用真诚的心去沟通、去经营，只要我们用心关爱每一个人，我们的世界就永远充满着阳光。

　　我们再讲一个现代的例子，武汉大学有一个教授叫桂希恩，他很有爱心，是传染病学专家。作为一个专家来说，他有他的敏感，1999 年左右，他深入到河南省上蔡县的文楼村去调查当地出现的不明原因的传染病，后来发现这就是所谓的艾滋病，当时还没有大面积发现。文楼村的村民因为卖血和输血，没有干净的器具，就感染上了艾滋病。后来他发现这不得了，卖血引起的艾滋病很严重。他以他的敏感，把这几个病人接到武汉大学的附属医院去看病。他有一个闲置的房子，他想把这几个病人安置在那里住，当时没有严防艾滋病传染的病院，周围人都反对，没有办法，旅馆又不能住，他就把这几位艾滋病病人接到他自己家里去住，他给他们做吃的做喝的。1999 年，他立即向中央政治局汇报这个情况，要把这个地方艾滋病的问题查清楚。

我们看这个桂希恩教授，把五位艾滋病病人接到自己家里，和他们同吃同住了五天。由此可见，即使在现代社会，我们的仁爱、仁德，仍然是今天中国草根老百姓、底层老百姓内心的一种美德。我们今天讲为什么要读一点儿《三字经》《百家姓》《千字文》《千家诗》《弟子规》呢？它有很多东西是好东西，你读一下就会知道，这都是把儒家四书的内涵转化为启蒙、开蒙的一些蒙学的读物，是宋明清几代人慢慢做的一些蒙学的读物。

朱子讲家礼，朱子也有一些家训，还有朱柏庐的《治家格言》。我的母亲只有初小的文化程度，我的父亲只有高小的文化程度。我们兄弟姊妹七个，他教育我们怎么做人，一般是以行动，他口里讲的那些话也就是蒙学的这些话。我妈妈一生活到九十多岁，邻居都很喜欢她。尽管自己很穷，但是只要人家有难，她就帮助。她对我说得最多的话就是将心比心，我一辈子都记得。过去烧灶，我们小孩把柴猛地往里面塞，塞得烟都出来了。她就因材施教，她说这个柴要架起来烧，所谓火要空心、人要"忠"心，这都是民间老百姓的讲法。

我下乡了几年，当工人当了八年，在农村基层有十多年的生活经历，我体会到，中国老百姓其实是最讲道理，也最讲爱的。我们下乡的时候拼命地干，老乡们总是让我们爱惜自己，老乡们那种爱是非常朴素的，这就是我们讲的仁德的"仁"。

三、 孔子的伦理道德思想

什么叫伦理呢？伦者,类也。伦理的伦是类的意思,一类人的意思,一类物的意思,如仁这一类的人,这就是儒家思想讲君臣、父子、夫妇、兄弟、朋友,所谓五伦。伦理思想和道德思想是不一样的,道德是内在的,道德是自己给自己下命令,道德不是人家去规范的。伦理呢？我们讲伦理是一种伦理次序、伦理规范,伦是内,理当然是道理,是人的内在的一种道理。今天,我们讲我们有同事关系,今天的伦理关系和古代不一样了,今天可能有六伦、七伦,而过去只有五伦,只有君臣、父子、夫妇、兄弟、朋友这五伦关系。

首先讲君臣关系,孔子对齐景公的回答里说到了"君君、臣臣、父父、子子"。如果君不像个君,臣就可以不像个臣,父亲不像个父亲,子女就不像做子女的,一个道理。孔子讲君仁臣忠、君惠臣忠,意思是君不施恩惠于民,臣就不会献忠心;君不讲仁爱,臣也可以不忠,那时的君臣关系不是一边倒的。汉代以后,出现君为臣纲,就成了一边倒的单向度关系了。孔子强调的并不是单向度的关系,而是双向互动,强调管理的层级性,同时强调君要像君的样子。

所以齐景公说,当然是这样的,如果不是这样的,国库里有粮食,我能吃得到吗？假如伦理次序失序,那这个社会秩序就会坍塌,到那时,哪怕是国库里有粮食,国君也吃不到了。

一般情况下，父子关系更甚于君臣关系。先秦儒家，比如说在丧礼的时候，当逢父丧又逢君丧时，可以为父亲服丧不为君主服丧，可见父子关系、亲情关系、父母子女关系重于君臣关系。

今天我们没有君臣关系了，我们有上下级关系。但是孔夫子讲"政者，正也"，政治的"政"就是正当的"正"，上司不正，上梁不正下梁歪，那做下级的当然就可以不正。所以在君臣关系上，孔夫子并不讲单向度的绝对的服从，在父子关系也是这样，强调父慈子孝、兄友弟恭。孔夫子当大司寇的时候，有一对父子之间有诉讼，他没有处理，让他们自己调解，最后没有对簿公堂。亲情关系非常重要，假如对簿公堂的话很难修复。

过去蔡元培先生民国初年留德的时候，他作为一个前清的翰林喝过洋墨水，他还为中学生编写修身教材，这个修身教材用了十几版，一直用到1927年统编教材。他还为到法国去打工的打工仔写夜校讲义的教材。蔡元培是大学者，民国第一任教育总长。他写的中学的修身教材和打工者的夜校教材，都强调孝，把孝道孝德转化为近代社会的公德，儒学思想可以作为一些公德的基础，所以蔡元培先生他讲孝。

其实，孝就是三点意思：一个就是尊亲，尊重亲人、尊重父母；第二个是不辱，不使父母受到羞辱，你如果违法犯罪的话，我们就使我们父母的名声受辱，那就是不孝；第三个就是能养，光赡养父母不够，孔夫子讲犬马皆有所养，何况是人呢？所以对于人来说，不只是赡养父母就够了，我们要常回家看看，孝敬父母，要跟父母沟通。

今天我们面临孝亲的一些大的问题，我们的住房结构方式都变了。新加坡有新加坡的经验，新加坡当然是个弹丸之地，是个小国，治理得很好，那里有马来人、华人、印度人。它按所有人口的比例，每一个楼盘、每一个社区都是按那个比例来居住，绝不想形成黑人的一条街、黑人的一个城，怕发生一些种族的乱子。新加坡有一个规定，对于现代化的孝亲有作用，就是如果两代人住一个楼盘，它给予更高的补贴，这就是一碗汤的距离。

孝的内容是尊重父母、赡养父母，是一个基础，但是赡养父母现在不能够完全地由家庭承担了，因为我们知道独生子女政策以后，我们两夫妇可能要赡养六个老人甚至八个老人，这个承担不起，所以当赡养老人变成社会行为的时候，当社会和国家要投入一部分人力和资源来赡养老人的时候，作为子女自己怎么样来面对赡养老人的问题呢？高龄化社会又对我们的孝道提出挑战，有的是 70 岁的老人还要扶持 90 岁的老人，他也是不堪重负。因此，怎么样在现代社会使得孝道更加畅达，使得父母子女的关系更加和谐，这当然有很多工作要做。我们刚才讲到孝的三原则，一个是尊重父母，一个是不辱，不辱没父母的名声，第三个是能养，我们能做到多少就做多少，完全丢给社会，完全丢给政府也是不对的。我们知道，现代的亲子关系是现代的一个关系，但尊重父母仍然是做子女的本分。

所以孔子的五伦思想，在现代社会还有一定的意义和价值。贺麟先生曾经写过《五伦观念的新检讨》，他说五伦的观念几千年来支配我们中国人的生活，是最有力量的传统观念之一，它也是我们礼教的核心，是维系我们中华民族群体的纲纪。我们要检讨这些旧的观念，发现其中新的、近代的精神。俗话讲"国之良民即是家之孝子"，忠臣必出于孝子之门，蔡元培先生给中学生写的教材里面就写了这样的话。为什么忠臣必出于孝子之门呢？我们让你做孝子，不是说压抑你做什么事情，而是培养你的一种心性情怀，培养你有这种孝心，培养你对父母的爱，是你对陌生人的爱的基础。一个人连父母都不爱，他能爱陌生人吗？他能爱路人吗？一个人连父母都不爱，他能做好他的工作吗？我们很难想象。

我们刚才讲到孔子的仁爱思想，孟子发挥为"老吾老以及人之老，幼吾幼以及人之幼""亲亲而仁民，仁民而爱物"，儒家不仅讲仁民，不仅讲仁爱老百姓，还要爱草木山水，还要爱护公物，还要爱护生态，还要爱护山河大地，所以我们儒家的生态观念也是非常有意义的。

当下，父母子女的伦常关系面临极大的现代挑战，为一点儿房产，兄弟之间反目，很不值。今天你看打官司，我们过去很害怕在对簿公堂的时候丧失掉亲情，所以孔子做大司寇，人家有父子的纠纷，他把它放一放，然后调解，不要什么事情都对簿公堂。老人的生老病死的经济负担过重，高龄化社会使得高龄老人的赡养成为很大的难题。对农村的留守老人又缺乏关爱，另外社会的养老机制、法律、保障还不够，政府和社会如何做到儒家孟子讲的"养生丧死而无憾"的问题？我们还是要提倡以子女为主，子女、社会和政府共同赡养老人的方式。政府和社会要平抑老人重病、临终和丧葬的高费用，解决病不起、死不起的问题，收费要合理化，全社会都要支持、提倡孝养父母，为之提供一定的条件。这是父子这一伦。

夫妇这一伦也很重要，大家庭解体以后，核心家庭普遍化了，夫妇一伦尤为重要。有人说夫妻是朋友，父子也可以作为朋友，但夫妻、父子的角色定位，它的相互关系有特别的内涵，不是朋友这一伦可以替代的。

在男性中心主义逐渐被抛弃的时代，妇女在家庭、在社会中的贡献，她相应的地位，已经和传统社会不可同日而语，夫妻之间的相互理解、敬爱和忠诚仍然是最重要的，今天中国的离婚率已经过高，离婚率过低固然是社会不文明的一个标志，但是离婚率过高使得我们非常担心，特别是孩子，离婚不仅伤害了夫妇双方，最受伤害的是孩子。离婚率过高影响社会的稳定，也不利于孩子的身心健康。还有留守妇女的问题，留守妇女面临极大的问题。离开土地到城市打工的农民工夫妇的生活问题，他们家庭的完整性问题，应当得到政府和社会的高度关注，全社会都应该积极维护家庭的和谐稳定。

还有兄弟一伦，其实就是指的兄弟姊妹的伦常关系。我有四个哥哥，一个姐姐，一个妹妹。过去家里生活非常艰难，全部是靠父母、哥哥姐姐们谦让团结，渡过了很多的难关。生活很困难，穷也要穷得有志气，过去家庭生活就是这样的。所以兄弟这一伦非常重要，可以从兄弟姊妹在家庭中的相处中学习到、体验到社会上人与人相处的道理，学会体谅、关爱和谦让。

我们过去在家里学习什么？学习的就是怎么样跟人打交道，后来到社会上去了，就是这样来打交道。过去我们很多东西都是哥哥姐姐教的。

朋友这一伦，孔夫子讲"朋友有信""信近于义，言可复也"，朋友之间讲究信用，但必须是合于道义的事情，才能够守诺，才能够实行。不是订攻守同盟，不是那些小流氓互相之间怎么样，所以"信近于义，言可复也"。《论语》里面有很多讲交友的问题，先儒有丰富的交友之道，与什么人交朋友，不与什么人交朋友，怎么样交朋友，经典、蒙学读物、民间谚语、格言中都有阐述，朋友之间要讲究信用。

刚才我们讲君臣这一伦已经消减了，但现代社会还有上下级关系，君臣关系它可以改造为上下级关系。当然，上下级关系可以服从大的同事关系，这一伦也应该建立起来，同事关系这一伦我们也应该建立起新的伦理关系，除了五伦以外，我们可以建立第六伦——同事关系这一伦。这一伦有助于职业伦理和乡村、社区、机关、企业、学校、军营伦理的文化建设，我们可以创造性地转化五伦，促进现代新型的伦常关系。

过去讲伦理关系，不只是讲君臣、父子、夫妇、兄弟的和谐善处这种次序关系，尤其是讲伦理关系中的价值。《礼记》里面讲，"为人君止于仁，为人臣止于敬，为人子止于孝，为人父止于慈,与国人交止于信"。君德是仁德,君仁臣忠。子德是孝德,父德为慈。所以君德为仁、臣德为敬、子德为孝、父德为慈。"国人"是指古代城邦的人,它交往的原则为信。所以张岱年先生讲,这里强调的国人的关系、国人的范围还大于朋友一伦的关系,他说这是《大学》的新观点,国人比朋友的范围更大,其中有一些陌生人的关系。总之,五伦关系,我们可以拓展为新时代的六伦关系、七伦关系,我们提出来可以建立新的一伦同事关系或者公民的关系,它还是一个信用的关系,它的价值还是信。

哲学家张申府先生、张岱年先生兄弟的父亲张濂,是清朝最后一科的进士,辛亥革命以后成为众议院的议员。张濂晚年认为,应在五伦关系之外建立一种陌生人之间的伦理叫第六伦。台湾地区的一些学者要建立的第六伦是群和己的关系,群体和个体的关系。群体关系维护社会的稳固,使国民的人格有一个新的伦理,不只是私德的五伦关系,当然五伦有很多不只是私德,虽然它主要是私德,即个人道德。君臣现在没有了,我们是讲上下级关系或者同事关系,除了同事关系之外,我们还有群体和个体的关系,还有社会和个体的关系,我们可以建立一些新的伦理关系。儒家讲"修己安人""修己以安百姓",个人与社会、国家的交往上,还是要提倡忠德,还是要提倡信用,忠就是"己欲立而立人,己欲达而达人",尽己之心,讲究奉献。在个人和陌生人、和他者的交往关系上,在不同国家、不同民族、不同宗教、不同文化的对话关系上,在人与自然的关系上，我们提倡恕道，就是"己所不欲，勿施于人"，将心比心，推己及人，宽容厚道，这也是群己关系新一伦的伦理关系。

所以，我们从五伦讲到六伦和七伦，它应该是父母子女有仁亲，夫妇有爱敬，兄弟姊妹有情义，朋友有诚信，同事有礼智，群己有忠有恕，应该是一个新的伦理的关系、伦理的次序。

四、儒家道德的现代化问题

台北有四条道路分别被命名为忠孝路、仁爱路、信义路、和平路，这四个词是孙中山先生在总结中国文化的核心要义时提出的，这几个词都来源于儒家孔子的思想。既然中国文化之为中国文化、中国人之为中国人，如果中国文化的这个属性、中国人的这个属性，这个道德性的东西没有的话，那就枉为一个中国人，就不是中国文化。

刚才讲到雅斯贝尔斯讲轴心文明的时代，在公元前 800 年到公元前 200 年这个时段，你看有很多很多的圣贤出现了，有很多很多的先知出现了，犹太人的先知在巴勒斯坦地区出现了，古希腊的哲人苏格拉底、柏拉图出现了，印度的佛祖释迦牟尼佛出现了，中国出现了孔子、老子等等。同时，孔子代表的是世界文化的一个重要的方面，是中国和东亚文化的核心的文明。其他文明后来的发展都是宗教形态，它们的道德是在宗教伦理中出现的。中国孔子儒家这个文化是基底，诸子百家也好、儒释道也好，都建基在这个家国天下的儒家文化、儒家社群的基础之上，它是一个底色。儒家文化讲教育，《论语》的第一篇是什么？是《学而》，第一个字是"学"，"学而时习之，不亦乐乎？有朋自远方来，不亦乐乎？人不知而不愠，不亦君子乎？"儒家文化、中国文化强调学习的重要性。学什么？学做人。所以中国文化、儒家文化是和教育联系在一起的，中国的教育是人文的教育，中国的儒家最重教育。儒学不是附加在宗教上面的道德伦理，而是以文化形态、人文教化的形态出现的道德。

亚里士多德说"人是政治的动物"。孔子没有说过这样的话，但是我们可以推论儒家会这样说，"人是道德的动物"。也就是说，人的本质是人有道德。孟子强调"人之所以异于禽兽者几希"，人和禽兽的差别就那么一点点儿，小人抹杀了这个差别，君子保存了这个差别。人禽之别、君子小人之别是什么意思？义利之别是什么意思？它是讲君子作为君子、人作为人，他不是畜生，他要有仁爱之心，要有爱心，要有仁、义、礼、智、信这些五常之德。

五伦和五常是有区别的，五伦就是我们刚才讲到君臣、父子、夫妇、兄弟、朋友这些基本的伦常观，但是这个里面也有价值，"为人君止于仁，为人臣止于敬……"五常讲的是仁、义、礼、智、信。礼的重要性我们刚刚讲到了，它就是我们生活的状态。我们一说起来这个礼，好像礼教就是吃人的、杀人的。为什么一定要讲礼教是吃人杀人呢？礼教有更多的正面价值。我认为五四那一代人，他们算错了账，把中国落后挨打的账全算到儒家身上、孔子身上，是犯了范畴错置这样一个错误。

徐复观先生讲得很清楚，中国挨打受气是帝国主义列强侵略的一个结果，又处在一个清末的异族入主中原之后的政治的末世，它出现的这些状况不能够简单地说就是孔伦孟义出了问题，就是墨子的兼爱出了问题，就是文化出了问题，这是一种文化决定论的观点，不能说什么事情都是文化决定的。

甲午以后中国的社会、中国的文化受到灭顶之灾，它的账不应该都算到孔子身上、儒家文化身上。仁、义、礼、智、信仍然是我们这个族群民族复兴、文化复兴的基础。当然，仁、义、礼、智、信的内涵可以创造性转化、创新性发展，但基本精神是恒在的。

孔子是中国文化的灵魂和代表。孔子以前的文化赖孔子而得到传承，我们才能够知道，才能够学习、弘扬，孔子之后的文化也赖孔子去拓展，我们是孔子文化、儒家文化的继承人，我们不能轻易地侮辱我们的先圣先贤。

所以我们觉得整个五四以来乃至"文革"以来，中国文化所面临的极大的危机，不在于其他的危机，而在于我们内部在外来文化的影响之下，把自己的根儿给丢掉了。西方文化是一个散状的文化，你看欧洲一个一个堡垒、一个一个封国，它不像我们这样是一个大一统的大气魄的文化。钱宾四先生讲，我们的文化就像一棵根深叶茂的大树，但是我们的干和根仍然是儒家的，孔孟的仁义就是我们中国文化灵魂的灵魂、核心的核心。如果不坚持这样一个灵魂的灵魂、核心的核心，那就不是中国文化，那也就不是中国人。

我们和西方文化对话，不要丢掉自我。现在的宗教传播不得了，虽然它也是正教，也在法律的约束之下，但是我们中国人如果有几亿人去信教，所带来的文化的安全问题那是令人忧虑的。

台湾在日据时代结束以后，推行四书的教育，推行中国文化的教育，推行得非常好。所有的中学生必须接受四书的教育，完整地读过一遍。当然在日本"忠"的思想产生了很多畸变，对亚洲人民、对中国人民造成很多灾难性的后果。忠不能是愚忠，孝也不能是愚孝，在现代化的体态之下，我们的忠不再是愚忠，孝不再是愚孝，今天我们还是要通过四书的教育，使国民特别是我们的青少年接受系统的四书教育。

陈水扁时代"去中国化"，把必修的中国文化基本教材变成了一个选修课，到现在没有恢复。现在，中国文化在中国的本土遇到了一个春天，习总书记高度重视中国文化，特别是视察山东到了孔府，这是一个象征，这释放了一个重要的信号，即尊重中国文化、尊重孔子、尊重儒家文化，是中国文化、中华民族复兴的基础。孔子文化、儒家文化里有很多精华，过去我们误以为是糟粕，但实际上没有理解孔子的思想在传统社会所起的巨大作用，它就相当于基督教在西方的作用，就是整合社群的作用，它就是不经意中在整个草根当中维系起来的，通过村子、通过祠堂、通过农业社会组成的这样一个文化。

有人说，在当代社会，我们还要坚守农业时代的文明吗？其实文明有超越时空的意义和价值，世界的古典文明都是在农业或者前农业时代奠定的。雅斯贝尔斯说，我们今天还要反哺回到轴心文明的时代，回到公元前800年到公元前200年的轴心文明时代，不断地汲取新的内容、新的滋养。所以不要以为农业文明的时代结束了，农业文明的一些价值也都完全解体了，我们可以创造性地转化、创新性地发展。孔伦孟义这些东西是好东西，现代社会也需要它。

关于现代的精神文明的建构，在十八大以后，习总书记指出了一个新的方向，他引用的主要语录基本上还是儒家的，因为儒家是我们这个传统社会最基底的文化。"五常""四维""八德"仍然是我们做人应遵守的规则和社会的核心道德价值。虽然有些具体的行为规范会随着时代发展而自然代谢，但是它的精神内核仍然是我们要尊崇的，这就是孔子的一以贯之之道，其中重中之重是仁爱爱人的思想，这也是我们今天的源头活水。

第九讲　孔子与儒学演变

徐洪兴

大家都知道,孔子生在乱世,生不逢时,但是他又是一个富有忧患意识的人,一心想拨乱反正,政治上很不得意,西汉人称他为"素王",就是有王之德而无王之位。所以孔子走了另外一条路,不能"制礼作乐"就退而办私学,述而不作,以诗书礼乐教育培养了大批学生,后来就渐渐地形成了儒家这样一个学术群体。

一、孔子与"儒"的渊源

(一)"儒"的起源及含义

"儒"并不是从孔子开始的。根据班固《汉书·艺文志》记载,"儒家者流,盖出于司徒之官,助人君顺阴阳、明教化者也。游文于六经之中,留意于仁义之际,祖述尧舜,宪章文武,宗师仲尼,以重其言,于道最为高"。"司徒"是上古时代的官名,尧、舜时期就已设置。因此，这段话透露出一个重要信息，儒在中国历史上早就有了，就目前所掌握的资料，至少在殷商时期就有儒。

在甲骨文中，"儒"字有两种写法，这是由甲骨文大家徐中舒先生在1973年识读出来的。第一种写法，"儒"字的形象是一个人、四点水，通过洗澡的人这一象形字的表现方式，说明了此人的身份——这是殷商时期一个负责国家祭祀活动的官员，他负责祭祀天地神灵、山川河流、祖先等等。在古代，国家祭祀是非常庄重的活动，因此在祭祀之前，祭祀官员要提前几天沐浴净身。第二种写法，在"需"后加个单人旁，变成"儒"字。实际上，"需"在上古时代是一个非常重要的职务，《周易》六十四卦里面就有一卦叫需卦，足以说明"需"的重要性。许慎《说文解字》告诉我们，"儒，柔也，术士之称。从人，需声"。也就是说术士是有技能的人，也就是"助人君顺阴阳"，祭祀就是打通阴阳，所以儒很早就出现了。

西周建立以后，"儒"这个官职继续保存，然而其职能发生了一些变化。增加了"明教化"工作，也就是从事教育活动。因此，西周时期的"儒"可在前面加个"师"字，叫"师儒"，因为当时有地方和中央各种各样的教育，这些教育主要是为贵族服务的，只有贵族子弟能够享受。当时的教育主要分为小学和大学。小学包括地方上的校、庠、序，学的课程是礼、乐、射、御、书、数"六艺"；大学一般设在天子或诸侯的所在地，如《礼记》所讲，"大学在郊，天子曰辟雍，诸侯曰泮宫"，所学的是

《诗》《书》《礼》《乐》《易》《春秋》,也是"六艺",就是后来的六经系统,但是这里的"六艺"和孔子改编过的"六艺"有很大不同。

从前面这一简单的介绍中我们就知道,在孔子之前早就有了儒。儒在殷商时期主要负责祭祀活动,到西周时期除了负责祭祀活动之外,还有一个就是从事教育。

(二)孔子创立儒家学派

从儒到儒家学派这样一个历史性的转变是由孔子完成的。由《汉书·艺文志》所载的"游文于六经之中,留意于仁义之际,祖述尧舜,宪章文武,宗师仲尼"可知,从孔子开始,儒发生了重大变化,即由原来的职官名称变成了一种思想体系——儒学,而信奉这种思想体系的学术群体,后来就称作儒家。因此说,孔子完成了从儒到儒家学派的历史性转变,而儒家这个学派和儒学思想成为一个体系,也是从孔子开始的。

孔子创立儒学学派,可以说是中国文化史上的一个划时代的大事件,实际上在孔子以前已经出现了私人教学,但是完全意义上打破贵族垄断教育的是孔子,孔子从三十而立以后,从事教育实践长达四十余年,培养了大批学生。司马迁在《史记·孔子世家》中说:"孔子以诗书礼乐教,弟子盖三千焉,身通六艺者,七十有二人。如颜浊邹之徒,颇受业者甚众。"这里面的"三千"不一定是实数,是形容很多的意思,但"七十有二"是实数。所谓"身通六艺",也就是我们今天所说的学有成就,非常有名的像颜渊、子路、子贡、曾点、伯牛、宰予等等，"颇受业者"指旁听的、没有正规的拜过师门的。总之，孔子培养了大批的学生，而儒学学派的形成和孔子长期重视从事教育实践是有密切关系的。

学派之所以能成为学派，并不只是因为人多。学派实际上是一种学术流派的简称。一般说来，有一套独特的理论主张或者方法技艺而形成的比较固定的群体，这样才能被叫作流派。从学派构成角度来说，至少要有三个基本的要素：第一，要有自己的宗师，就是创始人、开山祖师；第二，它要有自己的一套独立的思想理论体系，而且这套体系是被群体的成员所共同认同、遵奉的；第三点，也是非常重要的一点，就是要有明确的师承关系。

对照以上三点，我们再来分析儒家学派的成因。首先，孔子就是这个学派的开山祖师，尽管孔子当时在政治上很不得意，但是他的学生对他非常尊重，《论语》《孟子》里有大量学生对孔子的赞叹，如颜渊赞孔子："仰之弥高，钻之弥坚。"再如子贡所说："仲尼，日月也，无得而逾焉。"宗师地位非常明确。其次，孔子所创的儒学，已经形成了一套非常完整的理论体系，涉及天命观、哲学、伦理、政治、经济、教育、史学、法律等方方面面。第三点，孔子和他的学生都有明确的师承关系，这方面的资料在《论语》、《史记·孔子世家》《仲尼弟子列传》中记载很多。

由此，我们可以认定儒家学派于春秋末期已经形成，这是我们目前所知的中国历史上第一个学术群体。

（三）儒家学派名号由来

儒家学派确实是孔子创立的，但必须指出，孔子和他的弟子并没有自称是儒家，实际上，孔子最初也没打算成立这样一个学派，没有那种主动的、主观的愿望，而所谓的"儒家学派"，是后人对孔子及其弟子这一固定人群的追认。

孔子和儒家并不时时处处以"儒"相标榜，在《论语》这本书中，"儒"字只出现在一个地方，就是孔子对他的学生说"女为君子儒，无为小人儒"，教导学生要做一个君子的儒，不能做一个小人的儒。儒有君子、小人之分，这说明从殷周时期传下来的儒者，在当时还是个行业，地位不高，学问好一点的可以去做私人教师，差一点的则去帮人办丧事、搞祭祀活动。从现有的史料来考证，儒家学派大概到战国时期才渐渐被社会公认，而最早把孔子学派称为儒学、儒者的，可能是来自于他的一个反对派——墨家墨子。《墨子》里面有一篇《非儒》，上篇已经缺失，在下篇里概括了很多儒家的言论，然后一句一句地批驳。

从现有的文献来看，在《墨子》之后，从《庄子·天下篇》到《荀子·非十二子》，再到《韩非子》，虽然讲到了"百家之学""百家之说""世之显学"，儒当中又分成大儒、雅儒、贱儒、俗儒等，但"儒家"一词未出现过。到了西汉时期，司马谈写《论六家要旨》，讲到了法家、名家、道家，但是没有儒家，只称"儒者"，这实际上是司马谈沿袭了春秋战国时期诸子的说法。所以，根据我的考证，儒家这个名称最早出现就是"儒家者流"，这一说法原本出自刘歆的《七略》，后来班固在写《汉书》时，把它全文移到了《汉书·艺文志》中。所以，"儒学"和"儒家"的名号是很晚才出现的，今天学术界约定俗成地把孔子创立的这样一个学术团体称之为儒家，它的思想体系称之为儒学，这个从中国古代的名实关系来说，"名者，实之宾也"，也是可以的。

后人之所以把孔子这个学派称之为"儒"，我想大概有两个原因。一方面，在孔子的经历当中，与儒有一定程度的关系。孔子之前的儒，大多是主持祭祀、办理婚丧嫁娶等各种事宜的，这其中许许多多的烦琐礼节，不是人人都很明白的，它有一套专业的知识。孔子实际上是春秋晚期的士，也精通各种礼仪流程和典章制度，因为这是周礼的一部分，而孔子对周礼十分向往。当时中原地区周礼保存最好的是鲁国，所以孔子感叹"周礼尽在鲁"。孔子熟悉鲁国沿袭自西周王朝的典章制度，这和儒者讲究的那套礼仪典章制度一样。而且孔子年轻贫困时，还曾帮人按典章制度办过丧事，所以，人们认为孔子跟儒很相似。这是孔子学派被称为儒家学派的一个原因。

另一方面，儒的第二个身份是老师，而孔子是中国古代最伟大的教育家。西周时期，有师儒出现，以"六艺"教民，而孔子后来办私学，亦以"六艺"为内容进行教学。直至晚年，孔子仍然坚持编写教材，也就是后人所说的"五经"，也有人称之为"六经"。正因为孔子多年从教,授业解惑传道,与儒者为师很相似,所以这是后人把孔子学派称为儒家学派的另一个原因。

总之,在多年的教学生涯当中,孔子把他的学说传播给学生,渐渐在社会上形成了一个有影响的学术团体,与此同时,"儒"的含义也随之发生了重大变化,成为一个学派的专有名词,也就是中国历史上的第一个思想的学术群体——儒家学派。

孔子去世后,儒学在孔门弟子中迅速传播发展,从一个地方性的学术群体向社会辐射,从鲁地向全国辐射,渐渐地铺开。到战国时期成为显学,成为影响很大的一个学派。

二、 儒学的演变

(一)先秦儒学

1. 儒学八派之分

孔子思想的内涵非常的丰富,涉及的面非常广,所以每个人对孔子思想的理解都会有所不同。因此到了战国中期,儒家学派成为显学的同时,内部出现了八个不同的小派别,最早对这八派进行描述的是韩非子。大家知道,韩非子实际上是出身儒家,他的老师是荀子,他对儒学也很了解。他告诉我们,"自孔子之死也,有子张之儒,有子思之儒,有颜氏之儒,有孟氏之儒,有漆雕氏之儒,有仲良氏之儒,有孙氏之儒,有乐正氏之儒"，共八派。关于战国之间儒家八派具体情况如何，可以依据解释的文献不多，我们只能非常模糊地了解一点。大致而言，他们是当时"百家争鸣"中儒家内部出现的不同的小派别，对内他们争论不断，有时甚至互相批判、互相攻击，但对外都号称儒家。这八派的共同之处可以概括为三点：第一，他们都自认为是孔子的学生，他们真正代表了孔子的思想；第二，他们所遵奉的经典主要就是孔子所编的教材，即《诗》《书》《礼》《乐》《易》《春秋》六经；第三，他们尽管意见多有不同，但都认同于孔子提出的礼乐、仁义和中庸之道，都重视道德教育和心性修养，都强调以仁政为基础的德治的"王道"政治，都维护君臣、父子、夫妇等社会的伦理关系、伦常关系。老实说，这些思想也是后来两千年当中，儒家所遵奉的最基本的价值主张。

从对后世儒学进程的影响来看，这八派当中对后世产生影响较大的，就是孟子一派和荀子一派，其他六派的影响后来渐渐消失或融入孟、荀两派之中了。

2. 孟子及孟子学派

孟子，战国中期的邹国人，靠近曲阜，据说他是鲁国贵族孟孙氏的后代，后来家道中落，从曲阜迁往郊县的附庸国邹城。孟子的母亲是中国母仪的典范，教子有方。

孟子的师承关系不是很清晰。唐朝文学家韩愈认为，孟子是子思的学生，而子思是孔子的孙子，受业于曾参，曾参的老师就是孔子。这个说法流传很广，但缺乏历史证据，许多学者并不认同这种说法。

孟子自己也说:"予未得为孔子之徒,予私淑诸人也。"私淑,就是敬仰某个人的学问,但没有正式地登堂入室拜他做老师。所以,孟子的老师是谁,无法断定。但是不论怎么说,有两点毋庸置疑,一是孟子是儒学学派中很重要的一个人,他对孔子非常崇拜,从《孟子》中"自生民以来,未有盛于孔子也""乃所愿学孔子"等话语中便可知晓。二是关于孟子与子思、曾参的关系,韩愈之说虽被质疑,但也未必就是谬论。据统计,《孟子》一书引用了大量前儒言论,而引用最多的就是子思和曾子,这说明孟子与子思、曾参之间存在着某种关联。此外,荀子在评论当时诸子百家的时候,明确把子思和孟子作为一派来讲。《荀子·非十二子》载:"子思唱之,孟轲和之。"荀子所处的时代与孟子非常接近,仅比孟子就晚了二三十年左右。因此,荀子对子思和孟子之间的学术联系应该比较清楚,他的说法不会是空穴来风。现在,学术界又有了一些更有力的证明,那就是长沙马王堆出土的汉墓帛书和湖北荆门出土的郭店楚简,其中都有相关记载,可以说明子思和孟子的关系密切,那就是著名的《五行篇》,而《非十二子》所说的"案往旧造说,谓之五行"与之契合。这里的"五行"不是平常所说的"金、木、水、火、土",而是后来儒家所讲的"五常":仁、义、礼、智、信。

孟子的思想非常丰富,但是他的思想要点,主要有三点:一是人性本善,二是强调理想人格,三是强调王道仁政。

一是人性本善。所谓人性本善，就是孟子确认人有一种与生俱来的善性，这种善性是不学而能、不虑而知的，因此是一种良能、良知。而人之所以会有不善，一是受外界的影响，被干扰了，二是这个人没有向善的愿望。所以孟子为了使人把自己本有的那种善性能够保存、扩充，又提出了一套完备的修身养性理论，后来儒家把这套理论叫作"工夫"。

二是理想人格。理想人格就是做人最高的一种理想标准，孟子特别强调，每个人都应该提高自己的精神境界，要讲求修身养性，要培养自己的气节，要锻炼自己的意志，要重视品德操守，要发奋立志，要以天下国家为己任。所以《孟子》里有许多催人振奋的言论，如舍生取义，富贵不能淫，贫贱不能移，威武不能屈的"大丈夫"精神，"生于忧患，死于安乐"等，这些实际上都是孟子提出来的一些理想人格。

三是强调以德治国。孟子特别强调以德行作为一个国家统治的基础，他把它叫作"王"道，也就是先王之道。孟子认为尧舜禹汤文武周公都是以王道治国，所以他提出了王道，这与孔子的主张相一致。在王道政治里面，孟子首先肯定物质生产活动和物质生活条件对人的思想意识、道德行为的关键作用，所以要制民之产，给老百姓固定的生活资料。此外，他在王道政治当中还提出，民的地位比国家政权重要，国家政权比天子、王重要，也就是所谓的"民为贵，社稷次之，君为轻"。

3. 荀子及荀子学派

荀子也是战国时期的大师级人物，他是战国时的赵国人，生卒年存在争议。荀子长期在山东一带游学,三次成为齐国稷下学宫的"祭酒",所以在历史上被称为"最为老师",也就是学问最好。他曾经也应秦昭王之聘,西游入秦,晚年居于兰陵,以讲学为主。

荀子的师承关系尚不清楚。从《荀子》一书来看,荀子最推崇的除了孔子之外,还有一个人叫子弓。荀子在此书中多次提到孔子和子弓,如《荀子·非十二子》里说:"上则法舜禹之制,下则法仲尼、子弓之义,以务息十二子之说。"荀子对子思、子夏、子游等人都有许多批评,说他们是俗儒、贱儒,但是对子弓很佩服。对于子弓是谁,学术界有许多争论。一种说法,子弓就是孔子学生当中"通则一天下,穷则独立贵名,天不能死,地不能埋,桀跖之世不能污,非大儒莫之能立"的冉雍,字仲弓。另一种说法,子弓是战国时期《易》学传入楚国的一个关键人物,名叫馯臂子弓。郭沫若在他的《十批判书》里有较多考证,但这些都是学术界的争论,并无定论。荀子的师承关系谱系究竟怎样,我们不能确定,但是肯定和孟子不是一个谱系。

荀子的思想也很丰富,他对各家各派的学问都有研究,所以他的思想更庞大。我们可以举三个要点:人性本恶、天人相分、以礼治国。

一是强调人性本恶。荀子和孟子不同,认为人性本恶,认为人性就是一种与生俱来的一个动物属性、自然属性,它的特点就是趋利避害,而人之所以后来能变善,主要是后天的环境,通过学习、通过改造,渐渐变化过来的。

二是强调天人相分。荀子认为天就是一种可能存在的自然界,是不以人的意志为转移的,但是人能够以其行为参与到自然的过程当中去,可以"知天命而用之",这是一种非常现实主义的主张。孟子偏向于理想主义,荀子偏向于现实主义。

三是突出强调以礼治国。荀子认为人类社会必须要有社会分工,要有等级区分。礼是什么呢?礼就是一种度量分界,这种度量分界可以调节人的欲望,避免战乱、动乱的出现。

荀子也有不少学生,其中最值得注意的是两个法家人物,一个是法家的理论家韩非子,一个是法家的实践家、秦朝著名宰相李斯。这两个人虽是法家,但都是荀子的学生,属于荀子一派。

(二)汉唐经学视野中的孔子儒学

要讲汉唐经学视野中的儒学发展,绕不开一个短暂而辉煌的王朝——秦朝。公元前 221 年,秦王嬴政终于完成了"吞二周而亡诸侯,履至尊而制六合"的统一大业,在东方大地上第一次建立了一个政治上大一统的帝国——秦王朝。秦能够统一中国主要是因为秦用了法家思想,变得越来越强大。

法家理论的特点是严肃、残酷,甚至可以说是恐怖。但是在战国中后期特定的历史条件下,法家是一剂猛药,针对乱世收效迅速。秦王嬴政用法家理论统一了中国,这说明孔子的思想和儒家学派尽管在社会层面上影响很大,但是最高统治者不用它,认为它不管用,解决不了问题。法家思想帮助秦始皇统一了中国,但是法家思想有很大的副作用。法家思想打天下可以用,守天下却不能用,它就好比一把双刃的剑,在砍向对方的时候同时也伤到了自己,伤痕同样深。所以秦王嬴政用三十年时间辛苦建立的秦王朝,二十几年就灭亡了,其中原因很多,但用一句话简单概括就是太残忍。历史上不仅有著名的"焚书坑儒",更主要的是秦朝的恐怖统治把老百姓逼上绝路,因此陈胜吴广大泽乡起义后,星星之火很快成燎原之势,秦王朝很快就被推翻了。

秦王朝被推翻后,经过一番混乱的厮杀,最后刘邦打败项羽,建立起西汉王朝。从历史上来看,汉高祖刘邦认为法家不行,秦王朝二十几年就灭亡了,不能再用法家,但他也没有选择儒家作为指导国家治理的思想,他没看上儒家。后来有两个人改变了汉高祖对儒家的看法,一个是陆贾,一个是叔孙通。

陆贾是秦末汉初的一个学者,偏向于儒家,通诗书,天下大乱以后,他投奔刘邦,他口才很好,有个外号叫"有口辩士",刘邦经常派他去搞外交。司马迁说"陆生时时前说称《诗》《书》",陆贾经常在刘邦面前说《诗经》上怎么说、《书经》上怎么说。"高帝骂之曰:乃公居马上而得之,安事《诗》《书》?"就是刘邦听了很不高兴,就骂他。一般人在这个时候不敢说话了,没想到陆贾是个不怕死的读书人,就把刘邦的话顶回去了。"陆生曰:居马上得之,宁可以马上治之乎?且汤武逆取而以顺守之,文武并用,长久之术也。"陆贾不管刘邦发脾气,他反驳说你马上可以打天下,你马上可以治天下吗?"乡使秦已并天下,行仁义,法先圣,陛下安得而有之?"这话很严重,他说如果秦始皇打下天下以后,不用法家,用儒家,行仁义之道,学先王之道,施行王道政治,你还做得了皇帝吗?接下来,"高帝不怿而有惭色",刘邦听了很不高兴,但是想想他说得对,有点儿惭愧之色。"乃谓陆生曰:'试为我著秦所以失天下,吾所以得之者何,及古成败之国。'陆生乃粗述存亡之征,凡著十二篇。每奏一篇,高帝未尝不称善,左右呼万岁,号其书曰《新语》。"因此,刘邦厉害的地方就是听得进批评的意见,尽管让他很难堪,但是他觉得讲得有道理,就让陆贾回去写书,把秦为什么失天下、我为什么得天下的道理讲清楚。陆贾在书里把逆取顺守的道理讲得很清楚,强调了儒家的"六经",也讲了一些道家无为而治的政策,这对改变刘邦的偏见起到了很大的作用。

叔孙通对刘邦的影响更大。叔孙通,西汉薛县人,今天的山东滕州,生卒年不详。他在秦朝的时候就是一个儒者,做过秦朝博士,陈胜吴广起义后投奔过项羽,但没有得到项羽重用。后来叔孙通听说刘邦能用人,又转而投奔刘邦,成为刘邦的一个谋士。汉朝建立后,追随刘邦建立汉朝的结拜兄弟们不懂规矩,在皇宫里面酗酒闹事,刘邦感到很没面子,又不能说。这时叔孙通就说,现在天下已定,要制定规矩,制定法制。刘邦就命叔孙通制定了汉朝最早的仪礼法制。经过了好几个月,叔孙通制定了一整套朝廷的仪制,然后教给文武百官。国家施行新礼后,文武百官两厢排开,按照新的制度排队进皇宫,秩序井然,刘邦就说"吾乃今日知为皇帝之贵也"。刘邦封叔孙通为太常,也就是我们今天所说的礼宾司,而叔孙通在制定礼制时,便是运用了儒家所主张的礼。叔孙通还以不合礼制为由劝阻高祖废太子。

所以,陆贾和叔孙通对改变高祖对儒家的看法起到了很大的作用,在这些人的影响下,刘邦渐渐看到了儒学、儒家学者对统治是有利的,也就不限制儒学了。尤其在公元前196年,刘邦特地到了曲阜,在孔子的墓地以猪牛羊三牲齐备的太牢祭祀孔子,这是中国历史上第一次皇帝祭孔子,开了以后中国历代帝王祭孔的先例。因此刘邦就不再限制儒学发展,《史记》上说"汉兴,然后诸儒始得修其经艺,讲习大射、乡饮之礼"。这足以说明,自汉高祖时期,儒学已现复苏之兆。

但总体上来说,汉初实际上主要用道家的黄老之学来治理国家,刘邦在位时不限制儒学了,但是秦朝不允许藏书的"挟书律"没有废除,一直到汉惠帝继位四年以后才废除。《史记》里记载:"孝惠、吕后时,公卿皆武力有功之臣。孝文时颇征用(儒者),……而窦太后又好黄老之术,故诸博士具官待问,未有进者。"所以汉初儒家并没有得到很大的发展,只是慢慢在民间有所复兴。

随着国家元气的恢复和发展,出现了新的问题,无为而治的黄老之学不再适用。汉武帝刘彻继位后,"罢黜百家,独尊儒术",开始用儒家积极有为地治理国家。这个时期的代表人物就是董仲舒,他提出要重新主张孔子之术。董仲舒在回答汉武帝的策问时指出:"《春秋》大一统者,天地之常经,古今之通谊也。今师异道,人异论,百家殊方,指意不同,是以上亡以持一统,法制数变,下不知所守。臣愚以为:诸不在'六艺'之科、孔子之术者,皆绝其道,勿使并进。邪辟之说灭息,然后统纪可一而法度可明,民知所从矣。"也就说要用儒家思想取代黄老道家的思想作为治国的指导思想,也就是用孔子编订的"六艺"学说来治理国家。

所以,我们可以说汉武帝"罢黜百家,独尊儒术",实际上是中国历史上统治者的第三次选择,也就是孔子的思想、儒家的思想第三次才被选中的。第一次秦始皇选的是法家,第二次刘邦选的是道家,实际上不是正宗的道家,是稷下之学、黄老之学,是政治上的道家,不是哲学上的道家。到了第三次才选择了儒家,这次算是选对了。为什么?因为在兵荒马乱的时代,儒家尽管作用显示不出来,但是在一个国家机器正常运转,社会相对安定的情况下,儒家思想是一个非常有效的哲学体系。当代哲学家李泽厚有一番话说得特别好,我把它引用过来了,李泽厚在《中国古代思想史论》中讲:"比较其他各家,儒家与中国古老的经济社会传统有更深的联系,它不是一时崛起的纯理论主张或虚玄空想,而是以具有久远的氏族血缘的宗法制度为其根基,从而能在家庭小生产农业为经济本位的社会中始终保持现实的力量和传统的有效性。儒家一贯强调'孝悌'是立国之本,强调作为社会等级的伦常秩序的重要性,总是非常有用和有效。"

在汉代,孔子的地位渐渐提升。孔子第一次得到政府正式的赐封,是西汉平帝元始元年,时间很巧,即公元元年。这一年,孔子被汉平帝封为"褒成宣尼公",此事在《汉书·平帝纪》里面有记载,这是历代政府对孔子加封号的开始。

在汉代,儒学的主要表现形式是经学。何谓经学?现在学术界还没有一个明确统一的概念,但不可否认的是,经学带有政治性,具有教统治者如何治理国家的功用。汉代经学有今文经学和古文经学之分。所谓今文经,就是汉初儒生对经文及解说口耳相传,再用当时汉朝通行的文字隶书记录写定的儒家经典,被立为官学。而古文经是鲁恭王刘馀要扩建王邸时破坏孔子后代住宅所得,这些经书都是用籀文(即战国时六国文字)所写,与今文经不同,因此人们称之为"古文经"。

西汉年间,今文经处于统治地位,而古文经主要在民间流传,少有人问津,但是到了东汉以后,今文经开始衰败,今文经学者的学问水平越来越差,而民间儒者认真钻研,古文经学开始复兴。对古文经的发展起重要作用的有西汉末年的刘向、刘歆父子,以及东汉的马融、郑玄等人。

(三)宋明理学视野中的孔子儒学

东汉王朝灭亡以后,中国历史又进入一个乱世,即魏晋南北朝时期。这一时期,原有的思想文化格局遭到破坏,经学思潮没落，以经学思潮为代表的儒学也陷入困境，而道家、墨家、法家又开始壮大，后来日益强大的是道家，直到隋唐时期，尽管政治上的大一统建立起来了，但是在思想文化界还是一种所谓的分裂格局，出现了儒、佛、道"三教并行"的局面。在这期间，儒学失去了霸主地位，看似是不同学派之间的纷争，实则是中国历史上的一场文化危机。

魏晋南北朝时期以来，儒、佛、道并行，在三教之中，儒学和佛教的对立性最强。因为进入乱世以后，儒佛道全部兴起，儒家思想开始不占优势。儒家讲的都是很平常的内容，如孝悌忠恕、诚实守信、礼义廉耻，在家里应该怎样对父母，在外应该怎样处理和领导、同事的关系，在社会上怎样和普通人打交道，应该怎么做生意、做学问，这些都是很平实的。佛教讨论的是这个世界上看不见摸不着的东西，比如怎样面对死亡？除了看得见摸得着的世界，是不是还有一个看不见摸不着的世界？这些问题，孔子都不作答。在《论语》里，孔子的学生子路问孔子如何去侍奉鬼神？孔子非常婉转地告诉他"未能事人，焉能事鬼？"孔子没有正面回答，但子路不依不饶，"敢问死"，请问老师死亡是什么？孔子依然非常平实地回答说"未知生，焉知死？"对于那些生死之类虚无的东西，儒家的态度正如庄子的一句名言："六合之外，圣人存而不论。"

人有个特点，对平实的道理不易产生兴趣，但喜欢稀奇古怪的说法，佛教因此占据上风。北宋初年学者张方平有一句话非常简单，但是说得很准确，他说："儒门淡泊，收拾不住，皆归释氏耳!"也就是儒家对佛教、道教管不住了。

佛教有一套可以自圆其说的、非常完整严密的逻辑体系，但佛教对中国的文化价值是一个挑战。佛教理论与中国文明体系的核心价值是不一样的。佛教始终先讨论世界最根本的问题，如世界本身的真幻、动静、有无，人认识能力的可能性、必要性等。传统的儒学是从宗法血缘、伦理亲情出发的，强调的是一种齐家之术、治平之技，它面向人生，强调的是生活世界，侧重伦理政治教化，所以它主要讲的是一套规范制度，做人的行为规范，它没有去探讨这些东西背后的东西。

佛教进入中国以后，迫使儒家必须要做出回应，要对最高存在的问题加以探讨，要批判佛教的宇宙论，也就是世界观。首先要肯定这个世界是实有的，那么中国文化的价值就有意义了，因为只有肯定这个世界的客观实在性，也就可以肯定社会秩序的必要性，必须要肯定人的实在性，然后才能肯定人的修身养性的实在性。所以，中国人必须要有回应，而原有的汉代儒学已不奏效，魏晋南北朝的儒学虽然也反对佛教，但其反对也只是停留在表面，并未触及关键，这就使得儒家亟须发掘新观念来与佛教抗衡。因此，宋明理学应运而生。

宋明理学实际是孟子一派。因为佛教讲心，孟子讲仁、义、礼、智，讲恻隐之心、羞恶之心、辞让之心、是非之心，讨论的也是心的问题，因此，孟子的价值就被发掘了。宋儒借用孟子的思想，再结合孔子对中国文化的基本定位，重新调整儒学，使它成为一种新的体系去应对佛教，这个体系就是理学。

　　理学的出现,既是一个重建价值体系的过程,又是一个调整儒家内部结构的过程。理学对外是排斥异端,这是相对佛教、道教以及只追求形式的骈体文、科举考试而言的,它讲"文以载道",提倡古文运动;对内是儒家内部的调整、更新,抛弃汉唐以来儒家的章句训诂之学,否定传统经学,重新在儒家的资源中寻找新内容,从此开始了从"五经"系统向"四经"系统的转变。这个过程是先改变文本系统结构,然后提升孟子的地位,最后进行整合创新,形成新的理论。国学大师陈寅恪曾说:"中国自秦以后,迄于今日,其思想之演变历程,至繁至久。要之,只为一大事因缘,即新儒学之产生,及其传衍而已。"这里的"新儒学",就是指宋明理学。

　　宋明理学的发展过程很复杂,大致经历了萌发、雏形、高涨和演变四个阶段。萌发阶段的代表人物主要有唐代的韩愈、柳宗元、李翱等;北宋时进入雏形阶段,这个时期的代表人物有北宋五子周敦颐、张载、邵雍、二程等;南宋理学高涨,出现了以朱熹为首的理学派和以陆象山为首的心学派;元朝是个过渡阶段,理学由北向南传,到了明朝,开始把朱熹理学演变为正统学问,而民间王阳明的学问亦逐渐兴起。到了明清之际,基本上宋明理学基本形成了一个成熟的学术体系。因此可以说,宋明理学的发展非常复杂,基本上经历了从气学到象数学,再到理学、心学的漫长历史过程,这是一个非常复杂的逻辑递进过程。

　　总体上看,从宋朝以后,佛教在中国的影响开始大大下降,儒家孔子的思想重新夺回了指导中国人日常生活的精神阵地。

三、 继往开来：儒学的流变与发展

儒学在我国的发展,从先秦到近代,几经涨落,而孟子和荀子两派,也是此起彼伏中推动着儒学的演变。

孟子重仁,荀子崇礼,各有所长。秦亡之后,汉武帝"罢黜百家,独尊儒术",儒家以经学的形态表现出来,我们称之为"汉唐儒",从汉朝到唐代,基本上沿承这个脉络。而荀子是当时经学传承非常关键的一个人物,所以"汉唐儒"从学术的脉络上说基本上走荀子这一路。而此时孟子这一派,基本上是在民间从事教育。但是从中唐开始,到了宋代,孟子一派完全爆发,尤其是在宋、元、明三朝占据主导地位。孟子一派的表现形式,就是学术史上或者哲学史上所谓的"理学",即宋明理学,其代表人物从周敦颐、二程、张载,再到朱熹、陆九渊、王阳明等,大家辈出。再往后,明灭清兴,清儒以重视文献和考据为特色。荀子一派在历经宋明低迷之后又被清儒所重视,逐渐壮大起来。从乾隆到嘉庆年间大约一百年,儒学得到了一定程度的发展,当时的学术研究侧重于考订与训诂,历史上把它叫作"乾嘉学派"。

嘉庆以后,鸦片战争爆发,清儒还未将儒学发展完整便夭折了。到了 20 世纪以后,儒学经过一段时间的被打压,又渐渐抬头,形成了 20 世纪的"新儒学",早期的代表人物有梁漱溟、熊十力、冯友兰等人。1949 年以后,我们对儒学基本的判断持否定态度的比较多,而且否定性越来越厉害,到了"文革"时期达到了一个顶峰。"新儒学"的骨干大多去了台湾地区或者移居海外,因此,后来人们在讲"新儒学"的时候,大都讲"港台新儒学"。从打倒"四人帮"、改革开放以后,国内重新开始审视儒家,重新评估孔子思想的作用,孔子以及儒家的地位又逐渐恢复,这就是我们所谓的"新儒学"。

在时代的不断前进中,儒学也有了新发展。特别是习近平同志当选中共中央总书记以来,反复强调中国人应增强文化自信。这是在中国综合国力跃升为世界第二大经济体的背景下提出的,他强调中国人要有道路自信、理论自信、制度自信和文化自信。党中央为传统文化的发展和弘扬定了基调,因此,儒家学派仍有很大的发展前景。

第十讲　孔子与诸子百家

王　博

一、孔子与诸子百家时代

读《中庸》的时候，我特别喜欢其中的几句话："万物并育而不相害，道并行而不相悖。小德川流，大德敦化，此天地之所以为大也。"天地之所以大一定是因为它包容了一些不同的东西。所以从这个意义上讲，孔子和先秦诸子的时代，就是一个大时代，是一个海纳百川、百家争鸣的时代。

1."北"的时代

孔子与诸子百家时代是一个"北"的时代，"北"是该时代的灵魂之一。

首先，"北"显出了一种张力。"北"这个字非常有特点，我们祖先在造"北"这个字的时候，取两个人向背之象。如果两个人不向背的话，一人跟随一人，这叫"从"，"从"这个字，有跟从的意思,表达"我随你"的意思。与"从"相比,"北"有很多张力,它体现出一种对话、一种辩论、一种冲突,甚至于一种矛盾。

其次,"北"还可以指称方向。在北京、山东的方言中,有一种说法是"找不着北了",找不着北的意思是找不着方向。一个人找不着方向,这是一件让人很沮丧的事情。以前有个故事,一种说法讲的是墨子,另一种说法说是杨朱,当然两人同在诸子百家之列。故事中说,他们找到一个十字路口时,发现是歧路,就在原地驻足哭泣,因为两人不知该往何处走。通常人们站在十字街头时,也会因为不知该往哪儿走而彷徨、犹豫,这就是"找不着北"。这里的"北"指的就是方向,不仅指称地理意义上的方向,也指整个人生方向,甚至于国家的前进方向。

方向在什么地方? 如何找到"北"? 我不知道,如果我们特别崇拜孔子,认为孔子给我们指的就是方向,只要跟着孔子走就可以了。可是现实是,如果我们不假思考地去跟随一个人,哪怕这个人再伟大,都会有危险。那么,这个"北"、这个方向到底在什么地方? 我个人理解,方向就在冲突和矛盾中,在我们共同的参与、共同的对话争论中。

孔子与诸子百家时代就是一个充满争议、对话的时代,就是一个彰显张力的时代,是一个"北"的时代,一个在争鸣中寻找"北"、寻找方向的时代。

2. "大"的时代

汉字中,"大"是指一个人这样一伸,从这个层面理解,"大"指的是一个舒展的人。大虽然以人为基础,但这是一个充实而舒展的人。汉字也很奇妙,"大"字上边再加一个"一"为"天"字,所以"大"介于"人"字与"天"字中间,为天和人之间的桥梁,富有包容性。司马迁讲"究天人之际,通古今之变,成一家之言",当然孔子包括先秦诸子都是"究天人之际"的大人,所以大是人,但是它又不是一般的人,它是一个更大、更充实、更舒展的人。

孔子与诸子百家时代是一个融合"大"与"小"的时代,本质上体现了"大"的超越精神。"大"和"小"是一体的,当"小"实现自我超越时,就是"大";而"大"本身又由"小"组成。《老子》曾说过"大方无隅",任何方的东西都有棱角,都有角,这叫隅,教室也是方的,只要是方的就有角落,叫作隅,可是"大方无隅",这就是小和大的区别与联系。也就是说小和大的区别在于小就是你自己,当你就是你自己的时候,你就被限制在某个地方,比如当你说我是山东人,我就是山东人,这个时候我觉得我们就是小,当你更进一步说,我不仅是山东人,我还是中国人,你就开始从一个比较小的地方到了一个比较大的地方。所以说小的话就是你自己,可是大的话,你不仅是你自己,你还超越了自己。我们也可以思考:小白是什么?小白就是白,比如一个杯子是白的。大白呢?"大白若辱",大白跟黑是一样的。小象就是形,一个象,有一个形状,可是大象呢?

"大象无形"。《老子》里面曾经说"大盈若冲",什么是盈呢？盈就是充满,而什么是冲？冲就是虚。所以金庸小说里面塑造了两个人物,一个叫令狐冲,一个叫任盈盈,冲和盈之所以互相喜欢,就是因为"大盈若冲",盈和冲是一体的。

孔子与诸子百家时代的包容性、对话性,正体现了其对自身的一种超越,它是一个"大"的时代。

3. "讲道理"的时代

讲道理,这三个字我们经常说,当一个人很意气用事的时候,当一个人强迫别人去接受一个东西的时候,我们经常会说要讲道理。古时候人们会到衙门讲道理,今天人们会到法庭讲道理,而我们在日常生活中讲话的时候,也要讲道理。"讲道理"是一件很重要的事情。作为拥有悠久历史的重要学科——哲学,就一直在研究"讲道理",只不过哲学家面对的是伟大的道理。

北宋时期,沈括曾经写过一本书叫《梦溪笔谈》。《梦溪笔谈》里面曾经讲过一个故事,故事内容主要是讲宋太祖赵匡胤和大臣赵普之间的一个对话。赵匡胤问赵普说,爱卿,天下何物最大？面对这个问题,赵普很智慧,他没有回答,因为这个问题不好回答。赵匡胤继续追问——爱卿,天下何物最大？这时赵普给了一个答案,四个字——"道理最大",这个回答就包含了一种伟大的精神,也就是对"讲道理"的推崇。

道理虽然最大,但道理不是单一的,而是多样的。有人说这个世界只有一个道理,就是真理,真理之外的所有的都是谬误,都是错误的。有人还会说,我认同的就是真理。还有一类人,自己不以道理自居,看到一个道理,会把这个道理与他人分享,并展开对话。后面这类人更像是一个哲学家,哲学家是讲道理但并不以道理自居的一类人。

回看孔子和诸子百家时代,你首先看到的是不同的人、不同的学派,最后看到的是不同的道理,孔子讲一个道理,老子讲了一个道理,墨子再讲另外一个道理,韩非子可能又说了其他一个不同的道理。其他人也是一样的。大家共同探讨究竟哪个道理更有道理。

二、 孔子与诸子百家间的对话

诸子百家里各家的影响力是不一样的,百家争鸣时声音的大小也是不一样的。在整个先秦的春秋战国时代,影响最大的是儒家和墨家两家,声音最大的是孔子和墨子,当时法家的韩非就说:"世之显学,儒墨也。儒之所至,孔丘也。墨之所至,墨翟也。"儒墨成为显学的原因,主要是他们都有一个团体,比如儒家有儒者团体,墨家有墨者这样一个团体,当然另外一点是因为他们的学说都是讲道理的。

当然,从更大的视野来看,也就是说如果我们把眼光从春秋战国往后移一千年、两千年,甚至移到未来的一千年、两千年,那时也许显学就不再是儒家和墨家,而是儒家和道家。

如果我们再换一个角度来看,比如美国有一个著名学者叫福山,他在讲中国古代政治秩序的时候,最关注的两个学派是儒家和法家。所以我们可以发现,站在不同的角度、不同的地方,会看到不同的东西、不同的风景。每一种道理本身可能都很重要,但是这种道理在什么时候能更好地发挥作用或影响力,需要看机缘,主要看时代机缘。

今天因为时间有限,我重点围绕孔子讲,讲孔子与老子之间的对话,孔子与墨子之间的不同与对话,也会讲孔子和韩非之间的对话,还有孔子与庄子之间的对话。因为诸子百家的思想都太庞大了,在讲对话时,我会找一个聚焦的地方,抓住一点或两点来进行讨论。

(一)孔子与老子的对话

孔子跟老子、孔子跟墨子之间的对话,就是关于一个字的对话,这个字就是我们谈到儒家、谈到孔子时候最看重的一个字——仁。

"仁"这个字,左边一个人,右边一个二,大有讲究,我们可以有很多种不同的解释。在《说文解字》中,"仁"就是"从人从二",属于"相人偶也"。后来讲到"仁",主要指"亲",也就是"人之亲"。我对"仁"这个字有一个最简单的认识,那就是"二人一体"。什么是一体?我们常说父子一体,这里的一体主要指儿子是父亲的一部分、父亲是儿子的一部分,比如说孩子不管在什么地方,孩子始终在父亲的心里,作为沉甸甸的部分,无法割舍,而父亲不在身边时,孩子也会思念父亲。同样,夫妇一体、兄弟一体、朋友一体或者君臣一体,也都表达了类似父子一体这样的含义。这种一体性,也从"二人一体"最后延伸到了"天地万物一体"。

所以我们看到宋儒明儒,从二程兄弟开始,经过朱子,一直到王阳明,都很喜欢讲"以天地万物为一体",这里的"一体"就是"仁",所谓"一体之仁"。程子还特别举了一个例子,他说"医书言手足麻痹为不仁",麻痹指人生病之后没有感觉,不仁是指没有感觉的部分与人已经不属于一体,所以没有感觉就是"麻痹(木)不仁"。

因此,仁很重要的一部分就是一体,孔子最希望构造的就是一个一体的世界、一个仁的世界。所以,孔子一直是在群中间来思考每一个人,认为每个人都生活在一个群里面,比如说国人经常讲的家国天下。家国天下就是不同的群,家是一个群,一个共同体,国是一个群,一个共同体,天下是更大的一个群,一个更大的共同体。

孔子一直希望用爱的态度来面对这个世界。孔子说,"老者安之,朋友信之,少者怀之",这就是孔子的志向、孔子的理想。这里的"老者"不限于孔子的父亲,而是指天下之老者,孔子之所以关心老者,是因为他认为老者与我是一体的;"朋友信之"指朋友之间彼此信任;"少者怀之"指每一个孩子都能有父母的抚养、照顾。这就是孔子爱的理想、一体的理想。因此,孔子讲政治的时候,也是指一体的政治、爱的政治。

2. 老子基于人之差异性，主张"不仁"

作为孔子的对话者、批评者，老子、庄子对孔子的理想有不同的看法。

讲老子之前，我先讲老子之后的庄子。庄子曾经讲过一个非常脍炙人口的故事。庄子说，有一天天气很好，下过雨之后，庄子跟他的朋友一起去郊游，经过一条水很清澈的小河，小河上面有一座石桥，他们在石桥上停下来，然后就看到河里的鱼，这些鱼在游泳，游得非常轻松自在，这时庄子就有感而发，他说"鯈鱼出游从容，是鱼之乐也"，他的好朋友惠施反问道"子非鱼，安知鱼之乐？"这是一个非常关键的问题，就是你不是鱼，你怎么知道鱼是快乐的？这个问题如果不能解决的话，那么"一体之仁"就不能成立。因为一体之仁是建立在人的普遍性基础之上的，人和人之间是能互相理解的。宋儒之间经常说"人同此心，心同此理"，每个人的心都是一样的，孔子也讲"推己及人""己所不欲，勿施于人""己欲立而立人，己欲达而达人"。由此看来，儒家的"一体之仁"建立在人的一种普遍性、共通性之上，认为人共同相信某些东西，有共同的价值观，有对生活共同的理解。

但是，"子非鱼，安知鱼之乐"把人和人之间相通的东西给切断了，这个故事强化了一个道理，就是人和人之间是难以甚至不能互相理解的，只要你不是另外一个人，你就不知道那个人，他们强化了这个道理。如此，问题就来了，如果人和人之间是不能互相理解的，那么一体是怎么实现的？推己及人会不会成为一件很糟糕的事情？

　　庄子曾经还讲过另外一个很著名的故事，叫"浑沌之死"。《庄子》第七篇《应帝王》里面说，"南海之帝为儵，北海之帝为忽，中央之帝为浑沌。儵与忽时相与遇于浑沌之地，浑沌待之甚善。儵与忽谋报浑沌之德，曰：'人皆有七窍以视听食息，此独无有，尝试凿之。'日凿一窍，七日而浑沌死。"意思是儵和忽分别位于浑沌的北边和南边，一天，儵和忽在浑沌之地相遇，浑沌待他们非常好，因此他们想报答浑沌。他们说："我们每个人都有七窍，可以看、听、吃、呼吸，唯独浑沌没有，太可怜了。"于是他们开始给浑沌开凿七窍，每天凿出一窍，七天后凿出了七窍，结果发现浑沌死了。庄子这个寓言可以解读为，本意明明是想报恩、想爱别人，结果却是，恰恰用爱把别人害死了。爱为什么会害死别人呢？原因在于人和人有时候是不同的，普遍性本身是存在限度的。所以这种普遍性本身限度在什么地方？这就是我们要思考的问题。这个时候我们再回过头来看老子，我们可能就会有另一番感觉。

　　与孔子不同的是，老子论"仁"时，主张"不仁"。《道德经》第五章有几个非常著名的句子，"天地不仁，以万物为刍狗；圣人不仁，以百姓为刍狗"，这与孔子讲的"老者安之，朋友信之，少者怀之"不同，与孟子讲仁政时说的"以不忍人之心，行不忍人之政"也不一样，老子讲的是"不仁"。《老子》十九章说，"绝圣弃智，民利百倍；绝仁弃义，民复孝慈"，认为把圣智、仁义都弃绝了，世界才会变得更好。这又是一种哲学、一种道理。老子在几千年的历史上有很大的影响力，靠的是他讲了一个道理，这个道理是爱人的道理，只不过爱的方式不一样。也就是说，爱一个人很重要，但是爱一个人的方式有时候比爱一个人更重要。

庄子是个寓言高手，以寓言来说明哲理。《庄子》中讲过一个寓言，这个寓言讲的就是爱的不同方式。我们打个比方，某年某月的某一天，有一只海鸟从大海飞到了济南，济南的领导很高兴，就举行盛大的欢迎仪式，21 响不能鸣，要鸣礼炮 15 响，还有一个队伍供它检阅，除此之外，还举办了一个宴会，请它喝山东最高度数的酒——琅琊台，结果这只鸟被吓死了。因为它觉得 15 发礼炮是 15 发追魂夺命弹，是来打它的，队伍则是来抓它的，而宴会上还缺道菜——清蒸海鸟。这是它所看到、所理解的事情。所以庄子说其实我们有两种爱护鸟的方式：一种以己养养鸟，意思是以自己喜欢的方式来养鸟；另一种叫以鸟养养鸟，是以鸟喜欢的方式来养鸟。

所以，当人们要求别人爱自己时，往往是要求别人以自己所喜欢的方式来爱自己；当你要爱别人时，也许会产生想控制别人的想法。几年以前，曾经媒体有过一个关于"孩子们最不喜欢父母讲的话是什么"的调查。有一句话名列前茅，这句话就是"我这还不是为你好吗？"当父母们讲这句话时，一定是孩子不愿意做某些事情，但是父母觉得，孩子做了肯定对孩子是有利。可是孩子会想，就好像用庄子提供的方式来说，就是"你不是我，你怎么知道什么对我好呢？"所以这个问题既是生活中的一个问题，又是这个世界里非常根本性的一个问题，也就是爱的方式。

3. 孔子的"刚"与老子的"柔"

孔子爱这个世界的方式是一体之仁，推己及人，是很有温度的。我经常说，读《论语》的时候，我有一种很温暖的感觉。可是当你读《老子》的时候，你有一种很清冷的感觉。因为老子提出另外一种爱的方式，就是以鸟养养鸟的那种爱。从这个意义上来讲，老子和孔子之间的对话，实际上像是柔和刚之间的对话，老子讲"道法自然"，就是顺着百姓、顺着万物的想法来做事情，而孔子首先认为自己的想法是正确的，然后将自己的想法落实到这个世界上，这体现了孔子的"刚"。因此《老子》中说"天地不仁""圣人不仁""绝仁弃义"，并不是不爱这个世界，而是告诉大家另外一种爱这个世界的方式。

孔子曾说，要为天地立心，这里的心为"仁"，"仁"就是天地之心，就是爱。同样讲到心，《老子》四十九章里说，"圣人恒无心，以百姓心为心"，意思是不给天地立心，天地本来就有心，心在老百姓，百姓的心就是天地的心，所以百姓的心就是我的心。这个思路就是"道法自然"，是一种"柔"。从这里可以看出，孔子显然较为"刚"。

所以，比较注重刚的孔子更强调"教化"，山东的礼乐教化很发达，教化不是提供一种知识，教化最重要的目的是移风易俗，是变化气质，是改过向善，这是教化最主要的一个目的。而假如人们读《老子》，《老子》则会告诉我们一个与"教化"针锋相对的词，就是"自化"。老子很喜欢一个字，这个字叫"自"，就是自在、自由的意思。从这个意义上讲，老子跟孔子对话的时候，孔子太自信了，相信自己的道理就是唯一正确的，而且要把它告诉普天下所有的人。但是老子会说，作为一个过来人，这个世界可能有不同的道理，不同的道理各有自己空间，我们怎要安顿好这些不同的道理。

所以，在孔子与老子的对话里，我们不必认为老子一定是对的，或孔子一定是对的，其实更重要的是，去发现他们所讲道理背后的根据在什么地方，这些道理跟今天的生活又是什么关系。

（二）孔子与墨子的对话

墨子年轻时曾研习儒家，学习孔子之术。后来，经过实践，发现儒家之术中存在一些问题。在墨子与孔子的对话里面，主要围绕"兼"和"别"展开。

1. 孔子主张"爱有差等"

在儒家所讲的"仁""仁爱"中，存在亲疏、里外的区别。而且这种亲疏、里外会从家庭（如我家、老王家、老李家、老张家）延伸到国家（如我国、敌国、其他国家），继而延伸到整个世界各层面。这种强烈的里外亲疏观念，与儒家所建立的社会基础密切相关。因为儒家以"家国天下"为社会基础，家是整个国的基础，国是天下的基础。可是家和家又是不一样的。

众所周知，中国人的亲属称谓非常复杂。比如在汉语里面,有堂哥,可在堂哥里面还有远近,有五服之内和五服之外的区别;还有表哥,姑姑家的、姨家的叫表哥。而在英语中,没有堂哥和表哥的区分,一个单词"cousin"可以包括很多人。汉语中,堂哥和表哥的区别是什么? 堂哥就是咱自家的。表哥是什么? 表面上的,是外人,因为姑姑嫁给了外姓,姨本来就是外姓,那些是外姓人。这就是里外之分、亲疏之别。又如,"打虎亲兄弟,上阵父子兵",以及国人认为有的人可以关起门来说话,有的人则必须在光天化日之下讲话,这些都是亲疏和里外的一个分别。之所以会出现这种区别,在于其血缘和共有财产的合理性。

所以当儒家讲爱的时候,有亲疏、远近的区别。根据这些区别,它的爱本身存在着差等,所以叫爱有差等,这个差等有时候也会称为厚薄。比如:对离自己越近的人,爱得越厚;离自己越远的人,就爱得越薄;对离自己更远的人,就爱得更薄。

但是爱有差等容易出问题,比如说我自己,要买些礼物孝敬老人,孝敬自己父母时,拿出一百块钱;然后到孝敬岳父岳母时,我想一百块钱太多,拿十块钱吧。这时候,所谓亲疏、远近、厚薄和差等就显现了出来。可是如果真这样做的话,夫妻的矛盾就出现了,这是个很现实的问题,这就是墨子看到的问题。墨子说,正因为爱有差等、厚薄、亲疏、远近的分别,才引发了冲突、矛盾。

2. 墨子主张"兼爱"

面对有等差的爱所带来的问题,墨子主张实行"兼爱",从而化解冲突、矛盾。什么叫兼爱？英文翻译的时候，最初很多人把兼爱翻译出普遍的爱，后来大家说这个翻译是不对的，为什么不对呢？因为儒家孔子讲那个爱也是普遍的爱，只不过爱的程度不一样，它也是普遍的，不仅人要爱，物也要爱，"亲亲仁民爱物"。后来"兼爱"就换了另外一种翻译，这种翻译突出无差别的爱。什么叫无差别的爱？如爱别人的父亲像爱自己的父亲一样，"视人之家若己之家，视人之国若己之国"，这是墨子提出来的。

因此，在墨子跟孔子对话里面，墨子和孔子的分别就是"兼"和"别"的区别。孔子主张"别"，就是指差别，主张进行一个区分。墨子则主张摒弃这个区分，因为所有区分都会成为混乱的根源。而且墨子进一步地看到"差别"原则进入政治世界时所产生的问题，就是亲亲政治。

3. 墨子反对亲亲政治

仁很重要的一个界定是"亲亲之为仁"。中国传统政治里，根据不同的范围可以区分出不同的类型。《论语》中有一句话："齐一变，至于鲁，鲁一变，至于道。"齐和鲁实际上是两个不同的政治典范，我们知道齐的立国者是姜太公，鲁的立国者是周公。根据古代文献的记载，太公和周公治理国家的原则是不一样的。太公治理国家的原则是尊贤，就是尊重有本事的人。周公治理国家的原则是亲亲，就是注重对宗法的维护。结果太公和周公彼此之间有个评价，太公就对周公说："鲁自此削矣"，周公亲亲的结果就是鲁国削弱；周公对太公说恐怕齐国的江山以后要易姓,太公如果老用能人的话,也许这个江山就不再姓姜,改姓别的。在战国初年,田氏代齐,果然被周公言中了;可是鲁国从大国变成小国,也被太公言中。

墨子看到了这个问题,反对亲亲政治,针对亲亲,提出尚贤是为政之本。《论语》中曾记载了一个孔子与叶公间的对话,对话主要讨论了"什么叫'直'"。叶公说:"吾党有直躬者,其父攘羊,而子证之";孔子则说,"父为子隐,子为父隐,直在其中矣",也就是"亲亲互隐"。这是两种不同的"直",一个是亲亲之直,另外一个是公共式原则里所体现的"直"。

儒家的这种"亲亲互隐"体现了它道德性的根基,也就是人有等差、远近、厚薄的根基。墨子直接针对这个问题进行了批评,墨子认为,如果政治是亲亲的,不能把最合适的人、最有本事的人放在与其能力所相匹配的位置上,从对天下之利害角度看,一定是害处多,利处少。所以,墨子本着他一贯的兴天下之利、除天下之害的立场,推崇尚贤,反对亲亲,这里的道理说明,只有选贤与能,才能天下大同。

因此,政治的根本就不是那种建立在血缘、远近、亲疏之上的差别,政治的基础是我们一视同仁的。我们现在讲这个词一视同仁,这四个字更有墨家的精神。一视同仁地在所有人中间选出最好的人来治理国家,并且放在不同的管理岗位上。

(三)孔子与韩非子的对话

韩非子与孔子的对话,主要集中在"寡恩"与"厚恩"、"法治"与"仁治"等层面。

1. "寡恩"与"厚恩"

针对以孔子为代表的儒家所主张的重恩情、"厚恩"，韩非子倡导"寡恩"的法家精神。韩非子很否定儒家和孔子，也不喜欢墨子和老子，从某种程度上说，韩非子是中国历史上后来罢黜百家的始作俑者。韩非子特别讲"明主之国，无书简之文，以法为教；无先王之语，以吏为师"，也就是完全以吏为师、以法为师，以他自己所确立的某种价值观、某种秩序作为整个生活的根本。

孔子主张"仁"、"亲亲"、父子之爱，法家则对"仁"进行了一种思考、反思。法家认为，如果此人爱彼人，则此人将立马会陷入一种被动境地。韩非子说，如果一个君主爱他的家人，就很有可能被他的家人影响。所以，在韩非子看来，"仁"所代表的爱，在政治世界里有可能会变成一种非常危险的事物。

为什么他会这样看？这跟他对人性最基本的估计是相关的。儒家对人比较乐观，所以它才会讲爱人，讲一体的精神。韩非子对人性最基本的理解是"功利"二字，就是自私自利，无法改变。

韩非子举了很多例子来说明人性的功利和自私，比如父母和子女的关系，在儒家中强调"父子之亲"，这是因为儒家本身就建立在道德人伦世界的基础之上，也就是建立在父子关系的基础之上。但韩非子认为，父母与子女间的关系是建立在功利心、算计心基础之上的。

韩非子还列举了一个传统社会中所存在的现象:人们生了男婴很高兴,生了女婴则不高兴,甚至会将女婴遗弃。为什么?因为男孩和女孩在期货市场上的价格不一样。养儿能防老,而女孩长大则会嫁给别人,成为别人家的成员,所以也就出现了重男轻女的社会现象。在韩非子看来,这是一个非常功利的现象。又如,韩非子说卖棺材的希望死人,同理,卖房子的希望人富,这就是一种功利心。

同样,君臣之间也是功利的关系。所以韩非用"功利"两个字重构了在孔子的人伦世界里父子、君臣、夫妇、兄弟、朋友之间的关系。

2."法治"与"仁治"

孔子主张"仁治",而韩非子认为如果用仁义来治国,那么国家一定会被削弱、被灭亡,所以君主要靠功利,靠利和害,靠赏和罚治理国家,并且要把利与害的内涵清楚地告诉百姓。从这个原则出发,韩非子与孔子之间所进行的对话,就表现为对仁的不同的理解,同时表示为对不同秩序的安放。

这里就涉及儒家的另外一个抓手,也就是秩序。儒家最根本的秩序就是"礼",礼乐的礼。这个礼最重要的精神就在于亲疏和贵贱,可是这种精神在韩非子那里全部都被扫荡干净,在法的世界里面是没有亲疏、贵贱可言的,王子犯法与庶民同罪。

韩非子一直被认为"刻薄寡恩",一点儿面子都不讲,一点儿亲情都不讲。但韩非子说自己之所以不讲情面,是因为我最大的目的并不是每个人的幸福,不是每个人的自由,而是国家的富强。所以站在国家富强的角度来看,韩非子说我们要的是建设一个有效率的社会,要有一群有效率的人。所以,对法家来说,他们最根本的目的是富国强兵,也正因为如此,秦才能兼并六国一统天下。但是后人也清楚地看到,庞大的秦帝国只存在了 15 年,最后土崩瓦解。正所谓"成也萧何,败也萧何",成也在效率,败也是在效率,成也在不留情面,败也在不留情面。

从韩非子和孔子对话的角度,韩非子最大的贡献在于发现了国和家之间的矛盾,父亲和君主之间的矛盾。儒家一直在回避这个问题,在君主和父亲发生冲突时,你选择君主还是选择父亲?当国和家发生冲突的时候,你选择国还是家?在《韩非子》中,韩非子说,看到士兵为君主打仗,结果打仗的时候他不勇敢杀敌,一直往后面缩,然后就问他,你为什么不为君主好好打仗?你为什么不冲上去?士兵说,家里还有老父亲要孝顺。于是韩非子就说父之孝者就是君之贰臣,对父亲的孝就是对君主的不忠,这就是君和父的矛盾、家和国的矛盾。由法家提出来的这一矛盾,对于儒家思想的完善,是非常有帮助的。所以到了汉代以后,儒家就开始在这方面进行调整,汉以后的儒家其实是孔子和诸子百家共同塑造的,而不同于孔子时期的儒家。

结　语

孔子与先秦诸子时代恰如一个大型道场,也就是辩论场,多元辩论对话在这里开展着,这种对话的价值在于让每个人、每个学派都有所收获,因此各学派也都变得更加强大。如果只有一种声音,这种声音也会变弱。所以只有对话才能让我们变得更强大,而且世界本身就需要不同的东西。

我认为,可以将整个先秦诸子比喻为不同季节,心灵的不同季节。孔子像春天,很温暖。墨子像夏天,很炎热,因为他所主张的"兼爱"。老子、庄子像秋天,因为老子、庄子看到了人世间的复杂,跟具有强烈理想主义精神的孔子相比,老子、庄子更具现实主义味道,无奈的意味在他们的思想中得到较为明显的体现。韩非子则像冬天,如冷风扑面而来。每个季节里都有其他季节所无法取代的内容,如在春天永远欣赏不了秋天,在夏天永远欣赏不了冬天,也正是因为这四季美景的和而不同,最后才构成了一年的整个生命。同理,先秦诸子间也是无法互相取代的,正是他们全体共同构筑了整个时代、整个中华文化的灵魂。

我是一个对话的坚定拥护者,独木不成林,只有多元对话,才能让自身更强大。当然在先秦诸子的对话里,孔子占据了更为重要的位置,儒家也一直是整个中国传统文化中的主流。我也相信,儒家在未来中国文化的构造过程中,仍会发挥重要作用,但是关键还在于对话,现在对话的范围就不再局限于老子、庄子、墨子、韩非子,还要面对的马克思主义以及整个西方思想。

联系当下,中国如何实现大国之梦,同样,关键还在于对话,以及能否在对话中实现对自我的超越。这种超越性体现在中国不仅要生活在自我的传统中间,还必须生活在整个世界文明的传统中间。如果在今天,中国仅仅是生活在自己的传统中间,那中国就是小国,而不是大国。我希望中国能在多元的对话中实现大国的真正崛起!

第十一讲　孔子与近现代中国

龚鹏程

　　孔子是几千年前的古人,在古代当然非常受重视,但是在现代,影响我们近代中国最大的一个人恐怕也就是孔子:赞成孔子、拥护孔子和反对孔子的人彼此交锋,构成了近代思想史的光谱。

一、　孔子思想与孔教会

　　历史上虽然读书人都重视孔子学说,却没有像西方那样形成专门团体,由一群专门的传教士来宣扬孔子学说,将其变成宗教。但近代有过无数孔教会,最早由康有为及其弟子陈焕章设立,现在中国大陆已经没有了,中国香港、东南亚各地还有传承。孔教会在香港办了许多的中学和小学,因此被人所知。东南亚地区也有类似的组织,形式多样。

　　还有一些是以宗教形式来推动的,通过类似于西方的宗教团体推动教会，由孔教会性质的组织来传播孔子学说，这是孔子思想在近代表现的一种方式。

1949 年以后，这些在地方上推动推行孔子学说的"道德劝善"一类的团体，以及带有宗教性的这一类民间组织，被定性为"反动会道门"，都被取缔了。其中很多并没有特别的政治主张，不过以宗教组织形式来劝善、讲道德、谈孔子。当然其中也有恶名昭彰的邪教，例如在缅甸、泰国、越南、马来西亚、新加坡、中国香港和中国台湾等地还有流传的一贯道。

台湾地区的一贯道又称"中华圣道"，"一贯"即取义自孔子"吾道一以贯之"，举行仪式还用编钟编磬。此教在国民政府时代就被定为邪教，教主张天然也被枪毙。他的徒弟跟他的太太到台湾分成"师母派"和"师兄派"两支。后来发展成 15 个系统，信徒几百万人。一开始也被当成邪教，后来存活是因为改变了传教和推广方式，开始在大学设国学研究会，吸引年轻人读国学。一方面吸收了很多高级知识分子，另一方面放弃了扶乩、开沙等带有迷信色彩的传教方式。现在主要讲他们所理解的孔子之道，以此融合儒、道、佛三教。

类似的团体还有很多。我在淡江大学读书时，学校旁边有个"轩辕教"筹建的"黄帝神宫"，是拜黄帝的。轩辕教有宗教形式和组织，目的是宣扬中华文化。当时的教主是王寒生先生，每周都会到学校开课，当时组建了一个社团，有时讲《老子》《易经》，讲《论语》《大学》《中庸》，也有时讲马王堆出土的"黄帝四经"等典籍。类似这样的团体在台湾也很多。

还有个团体很有意思，最初在大陆叫"天德教"，后来分支到台湾。这个天德教也是讲传统文化，也有一点儿宗教形式，有教团组织。这个教的传教方法很简单，就是静坐、打坐治病。它的打坐跟我们一般看到的佛教打坐不同，只是静坐，就是朱熹等宋明理学家所讲的"半日读书、半日静坐"，平常就这样在椅子上静坐就可以了，号称"中华正宗先天静坐"，有浓厚的宋明理学印记。它还有一个咒语，这个咒语跟佛教的六字大明咒不同，称二十字真言，即"念字真言"：忠恕廉明德孝义信仁恭……大家一听便知道讲的是忠恕、廉洁、明德等等，这一类都是儒家的道理，带有一点儿道家色彩。

这样的一种宗教，后来发展的分支较多，其中就有天地教。天地教吸收了基督教的思想，信上帝，认为教主是上帝在人间的使者，所以这个使者在人间推动上帝的道理。可是它讲的"上帝"，不是西方的上帝，而是我们《诗经》《尚书》中"上帝临汝"的"上帝"。"上帝"这个词是西方传教士翻译《圣经》的结果，这个词本来是中国的，不是外来的。

天地教宣扬一种从《诗经》《尚书》里来的这样一种中华传统文化。后来有信徒要捐钱，他们不知道该如何处理，就跑来找我。我建议他们办讲堂，名字叫"华山讲堂"，因为其教主当年在华山得道，有一点儿道家的背景。现在大陆推行的儿童读经运动，最早就是从这个华山讲堂发展出来的。这个讲堂无非讲一些《论语》《孟子》《道德经》《庄子》等，后来觉得给大人讲效果不显著，应该从小孩子开始培养，所以后来才发展儿童读经。此后 30 年左右,慢慢成了遍地开花的社会运动,在台湾成立了全球读经的学会和基金会,在全世界推广读我们中国的传统文化经典。

前面所介绍的这些,大家可能会觉得陌生,但实际上这种方式在古代也是有的。例如著名的山东肥城黄崖教案,当时被清政府认为是邪教,杀了几千人。其实就是个讲儒学的团体,但因为祭天,被官方认为有宗教背景,因此被禁。而且可能情报有误,以为他们要造反,就全部剿灭了。后来这一支在山东北部、中国北部这一带的流传就消失了,只有在南方还有保留。《老残游记》的作者刘鹗就属于这一教派的第三代。

换句话说,这样一种以宗教方式、以教团组织来宣扬儒家文化、宣扬传统文化、提倡孔子学说的方式,它是对于明朝、清朝脉络的一种延续,只是在近代逐渐扩大而已。当时的孔教会有很多,在民国时期蔚为潮流。

二、 近代反孔思潮

但是,为什么这些团体我们现在不太熟悉?因为这些团体在近代不算是思想的主流,它虽然有很多人信从,每次开讲有很多人听,但是真正形成我们这个社会近代思潮主流的,仍是以五四思潮为代表的一些人。但是,五四诸公对于读经、尊孔是有很大意见的。例如蔡元培先生在北大时强调兼容并包,但仍然有自己的主张。他在民国元年的时候就被任命为教育总长，上任后第一件事就是废除读经。后来地方想要读经尊孔，都被当成是保守的、反动的态度，遭到禁止。

清末民国以来有一大批尊孔、强调传统文化、主张读经的人，但是另一大批人是反对的，认为当时不应该继续尊孔，而是要扩充视野，引进西方学说。这也是一百年来主要思潮所在，慢慢导引出"打倒孔家店"，走向废弃传统文化这一结果。

孔子在近代思想光谱上占有非常独特的地位：支持他的和反对他的人在此交锋，构成近代思想史上的一个动态的景观。这个动态的景观有一个发展的过程，而且不能从五四运动讲起，因为五四运动其实是结果，并不是开端。废除读经早在蔡元培之时就有了。那么比蔡元培时期更早的是什么呢？更早的是在民国还没建立时，那种推动民国建立的推手和力量，这种思想的动力前面还有一个源头，这个源头是非常有意思的。

大家都清楚，太平天国初兴，势如破竹，从广西那么偏僻的地方一下子席卷整个东南半壁，打下南京。清朝政府被迫出动，八旗子弟玩惯已久，根本不敌锐锋，一路败北；最后以曾国藩为代表的地方武力支撑起整个清朝，击垮太平天国。为什么他们愿意起来对抗太平天国呢？曾国藩发表过一篇文章，认为太平天国有基督教的背景，不仅反满且反文化：在各地方打倒孔庙，破除传统文化。所以我们现在是为中国传统文化而战，为孔子而战。他用这个来作为训练湘军团练的思想基础，也用这个来号召，说我们现在不是在保护清朝，而是在保护中华。这个是当时太平天国起事之前的一次关于孔子的冲突。

现在大家讲弘扬复兴国学，总认为国学就是传统文化。但可能没注意，"国学"在古代专指国子监，即国子学。以"国学"概称中国学问，这样的词语使用及概念来自日本。留日学生引进了许多日语词汇和概念，例如"政治""经济""社会"等，"国学"也一样。

明治维新以前，黑船事件打开了日本的门户，日本看到西方船坚炮利，决定学西方，进行明治维新。相应地，中国则是"同治中兴"。日本明治维新进行到一半的时候，日本人就有一个觉悟，说我们学西方是不是应该把自己原来好的东西保留下来？于是提出了"国粹"的概念，所以有"国粹主义"，就是要保留自己的国粹。

日本认为自己的学问跟西方不一样，跟中国也不一样。虽然从中国学来很多，但仍有自己的文化：从古代的和歌总集《万叶集》的歌学到"万世一系"的天皇的神谱、神系、神话慢慢发展下来，形成了一套思想和民族精神，把它发扬起来就是日本的国学。

日本在发扬国学的时候，刚好梁启超因戊戌变法失败而亡命日本。戊戌变法又称百日维新，就是因为"同治中兴"失败，起初就是因为明治维新成功了，想像日本一样洗心革面来维新。但是梁启超到日本后大吃一惊，发现日本不只维新，还发扬国粹，有国学运动。这对当时的梁启超震动很大，他给国内友人写信特别介绍了这些内容。

无独有偶,"苏报案"后章太炎也到了日本,同样受到日本国学的启发。他通过学习对照日本,办国学讲习会讲授中国学问。鲁迅兄弟、钱玄同等人都是在日本参加了章太炎的这个国学讲习会,开始慢慢读国学。同时他们还办了《国粹学报》来发扬中国学问,力求寻找中国民族精神,认为中国亡国已久,被清朝统治几百年,应该振作。所以整个国学运动,特别是章太炎、刘师培这些革命党大师,从民族主义的立场强调发展国学,要反满、反帝制,建设一个推翻帝制的民主共和国。这也是国学运动背后的现实政治主张。

最后以国学运动为内涵的革命运动推翻了清政权及帝制,最终建立"中华民国"。"中华民国"这四个字是章太炎确定的,章太炎还写了一篇文章叫《中华民国解》,阐明中华民国的内涵是"驱除鞑虏,恢复中华",可见其浓厚的反满、反帝制特征。

秦始皇以来帝制已久,反帝制就要反思帝制长存的因由。除了政治的高压统治外,是不是有哪些思想使得帝制如此稳固和悠久?而传统中国,特别是汉武帝"罢黜百家,独尊儒术"之后,最重要的就是儒学。因此很多人认为帝制存时甚久和儒家密不可分。要不就是儒家支持了帝制,要不就是帝王利用了儒家,总之相辅相成。如果要恢复国学,不能够仅限于儒家,更重要的是要超越秦朝,回到先秦。于是先秦被描述为思想最活泼、最开放、最自由的时代,是中国传统思想的黄金时期:九流十家、诸子蜂起,各种思想交织,思想花园百花齐放。

秦始皇焚书坑儒、汉武帝罢黜百家之后，整个花园没了其他奇花异卉，就剩单一颜色。国学的基本脉络如此，带动了先秦诸子在晚清民国复兴的壮丽风景。

虽然都说诸子百家，听起来好像资源丰富，但实际流传甚少。名家盛行一时，庄子曾说"惠施多方，其书五车"，但也只剩下《庄子》中挖苦惠施的一些故事。整个名家只剩公孙龙子残缺不全的《白马篇》跟《指物篇》。阴阳家、农家更是什么都没有了。法家本来还有慎到、申不害，只剩《韩非子》和《商君书》，还都是残缺的。杨、墨情况也是这样，当时"天下之学，不归杨，则归墨"，现在杨朱一篇东西都没有，所存的《杨朱篇》是列子记录杨朱的，我们认为可能也是假的，其他再没有任何文献；墨子也一样，墨子当时墨分为三大派，但是现在只剩下一本残缺不全的《墨子》，还是不能读的，很多地方读不懂。而且书很少流传，历代也没有学者研究。比如法家，《韩非子》《商君书》虽然传下来了，但是前者旧注已佚，后者从古到今没有任何人替它做过注解。墨家也一样。直到晚清，孙诒让、王先谦等才开始注解《墨子》。《商君书》更晚，民国朱师辙才开始注《商君书》。也就说，诸子学沉寂已久，这几千年来没有什么流传的。但是到了晚清民国，因为国学思潮的推动，才引起大家的关注，这也是国学运动中了不起的贡献。

但是为什么要恢复诸子学呢？目的其实就是要稀释儒家的影响，说明儒家只不过是诸子百家之一，其他各家都有优点，值得发扬。甚至有人提倡以墨学取代儒学，以墨子取代孔子。

而且有的人一提到孔子和儒家，也不免恶意揣度。比如章太炎先生说，孔子向老子问礼，导致老子出关。又举"逢蒙杀羿之事"，认为就像逢蒙嫉妒后羿，想取而代之一样，老子出关就是害怕孔子及其徒弟会对自己不利。这种以小人之心度君子之腹的言辞是为了压低孔子，压制强势的儒学力量。可见反儒是当时整体思想的一个倾向。

五四运动其实就是延续了此思路，要打开中国文化的内部视野，所以胡适等人都研究过《道德经》。胡适的《中国哲学史》从老子讲起，孔子只是诸子之一。这样的路数发展到后来，算是最早期的民国时期废除读经，从反清、反帝制开始反儒，一步步向前，越来越激进，再后来就是反传统。

秦汉后基本上是一个儒家社会，以仁义礼智信来教人，强调建设彬彬有礼的社会，以教化使社会富而好礼。儒家主导了几千年来的中国文化。反儒就发展到反礼教，认为礼教约束人的个性，于国崇尚君权，于家崇尚父权，忠孝就是对人的控制。整个儒家礼教是对于人的、对于妇女的、对于小孩的压迫，最终形成专制体制、专制社会和专制家庭。而儒家代表着跟帝制结合的专制权威，推行礼教束缚人性，所以，我们要打破礼教才能够寻找个性的解放和自由。

五四运动提倡民主科学，要挣脱父权和皇权，并反省国民性。认为中国人浸染儒学已久，都像阿Q一样具有奴性和顺从的国民性，这样的民族没有希望。我们应该改造国民性，这样就把中国几千年来的礼教、传统文化对社会所谈的道德全部都否定了。

　　再进一步是文字。儒家是名教，孔子说了"正名"，以语言文字来表达。反对者认为中国文字是野蛮的，应该被改造。英文 26 个字母就可拼出所有的字词，中国人要认的字却又多又难，于是文盲遍地，民智未开，老百姓都落后，所以我们应该改造汉字。这一思潮很庞大，很多人提出了改造方案，也有人认为整个体系野蛮、原始、落后，应该拼音化，废除文字及其系统，走向世界通行的拼音化的道路。

　　现在很多人觉得文字改造是新中国成立后才有的，其实不然，五四时期就不断有人提倡，而且最早第一批的简化字的方案是国民政府提出来的。第一批简化字简化了很多，当时国民政府公布了很多简体字，而且得到了许多国民政府大佬的支持。如五四健将罗家伦到台湾后还在报上登文表示文字应继续改革，提倡简体字。于右任先生晚年在台湾推行标准草书，认为不需要空想和人造的简化方案，古代就有制式简单的草书系统，比如"天"字很简单，但是草书的"天"更简单。人人都写草书就好，但古代草书很不一致，所以要整理出标准草书。

　　后来台湾文字简化没有继续做下去，可能是因为被大陆当时的文字简化政策吓着了。除了一简方案，还有后来的二简方案，让人觉得要完全废除汉字。所以简化字的目的是简化，不是简体，不是一个字体一个字体简单化。比如说我们只要简化了一个偏旁，跟这个偏旁有关的字就全部都简了。当然二简方案并未施行,维持 1956 年的一简方案,实际上只简化了约 500 个字和偏旁。感觉体量很大,是因为依照偏旁类推和同音替代原则就简省了一系列的字,改造幅度达到 2000 多字,基本涵盖了常用字。

当然,现在看来废除汉字的思路完全不合理。例如英文字母是构成单词的基本部件,不能拿字母和字比较。仅以汉字部件来看,中文更简单,只有五笔,电脑五笔字型可以拼出所有字。书法都不脱永字八法,有审美要求。但是如果说只是字的构成的话,它总共只有五笔,五笔构成了所有的汉字,比英文简单多了。国外图书馆都有很大的书架专放各类英文词典,打开任何一本,收词都在 50 万字以上。而《康熙字典》不过 47000 多字,涵盖古今所有的字。武则天所造二十字左右,后来都没人用,仍收录其中。还有很多异体字、错别字、通用字,全部收录。常用字也就几千字,其他可用可不用,基本上是不会用到的。

中国文字是世界上体系和构造原理比较简单的文字,如果认为中国文字是象形文字就外行了。象形是中国文字基本的造字方法之一,但象形字最少,有人统计才 120 多个,最多的是形声字,占了 90％左右。中国文字是与声音有关却又独立的一套符号体系,有学者认为是全世界最先进的符号体系。

欧洲人想朝这个方向努力,但做不到。当年笛卡尔、莱布尼茨等人就想创造独立于语言声音的符号,作为哲学思辨沟通的工具。哲学思辨活动中彼此讨论可能受对方语言发音的影响。例如聊天时用广东话谈诗歌审美就不习惯,因为语言与平常读书时有差别,我们不可能不受这些影响而纯粹讨论某个观念。在欧洲,语言的差异更大,所以希望创造一种不受语言、不受声音干扰的独立的符号系统。

当时传教士引介了中国文字,莱布尼茨等人以为只要通过图像、符号就可以了解,把中国文字想象成聋子的语言,只要字形不需声音就行,也想创造这种语言。可惜他们的语言是声音形态的,无法造出文字型的符号。后来走向一个纯粹的符号,就是数学符号,这种是另外一种人工语言。但是这种人工语言又不能作为日常的沟通语言,所以西方这一套东西是做不出来的。

中国文字可以跨越空间和时间。现在甲骨文、金文,马王堆出土的文字还可阅读的,体系简单清楚,六书造字法也非常科学。这本是最先进的,但五四时认为最落伍,要去之而后快。甚至觉得汉语也很落伍,最好也废除。废除汉语怎么办呢?我们总不能讲英语、讲法语吧,现在英语独大,民国初年法语地位更高,签约文书都要有法语。最后提出要推行世界语,现在大陆还有世界语学会,当年巴金等人也推行过世界语。

三、 日本对近代中国的影响

近代中国慢慢从反儒、反孔,最后走向彻底的反中国文化,再引进西方的科学、民主、工业化、现代化,走这个道路。这样一种思路当然越来越激进,最后到"文革"破四旧,再批林批孔,从清末延续到 20 世纪 70 年代末期。刚好在七八十年代,国际上的新动态带动了孔子及其思想研究的命运,这里面的关键又是日本。

日本跟中国近代史的关系非常密切,讨厌日本没关系,但是要了解近代中国,必须了解日本。现在对中国文化的很多认识是从日本来的。例如废科举、立学堂,建设现代化教育并不是学西方,而是学习带有军国主义色彩的日本。后来学苏联,现在改造后还是教育国家化。当时把日本文部省的章程拿来稍加修改使用。罗振玉曾上奏清政府,说学西方旷日费时,要慢慢消化,还可能水土不服,最简单的方法是直接学日本。此为东方民族消化了西方的结果,最符合国情,可以直接使用。

不但教育结构是这样,理念也是这样。比如中文系都有一门基础课叫"中国文学史",当时教育部章程没有设置这门课,也没有相关教材,于是京师大学堂的林传甲就照日本人写的《中国文学史》编了一套。《中国经学史》《中国通史》等书也都类似。当时陈寅恪先生有一首诗说"群趋东邻受国史",意思是中国史的教育、理解和研究都学习日本,我们要到日本去求中国的国史。包括我们学的马克思主义也是从日本来的,而不是来自欧洲。郭沫若到日本后,引用马克思学说研究甲骨金文。他所读的是日本人消化了的马克思。日本人最早把马克思学说用在所谓的对东洋史的理解上。马克思的学说跟整个东洋史一点儿关系都没有。

现在教材上常见的马克思强调五阶段论：亚细亚生产方式、奴隶社会、封建社会、资本主义社会和社会主义社会。马克思本人认为亚细亚生产方式与中国无关，因为印度、中国的历史另当别论。讲欧洲历史从奴隶社会发展到封建社会，现在处于资本主义社会，将来是社会主义。而东方的印度、中国有历史而没有历史性。什么叫有历史而没有历史性呢？就是它有历史，历史很长，但是它的历史是静态的，没有发展，所以它没有阶段论。我也不清楚它的生产方式，所以只能够把它概括为"亚细亚生产方式"。

所以马克思所讲的不是普世性的世界史，讲的是欧洲史。但是日本人把马克思这一套本来只用在欧洲的办法用来讲东洋史。"东方"这个概念是日本创造的，在西方从来没有这样的东方概念。西方所谈东方是专指埃及、波斯，相对于从亚里士多德以来的西方概念。我们现在讲的东方是以中国、日本、一部分印度来代表东方，这个是日本人的概念。把一个原来用来解释欧洲历史的学术用在东洋史上，把马克思学说改造了，我们再把日本人讲马克思用在东洋史的部分内容引进来，讲我们的历史，它是这样的一种情况。

现代中国的宗教、历史、文学研究都受日本影响。例如王国维作《宋元戏曲考》，是因为日本人把小说、戏曲抬得很高，而传统中国认为这些地位远不及诗文，所以不予重视。

再如鲁迅所讲的国民性也并非他的原创,而是源于日本人对不同国家国民性的研究。日本认为中国是卑贱、颓废、没用的国家,中国人喜欢吃人,喜欢看杀人,用馒头去蘸血,没有同情心,残忍、懦弱等,鲁迅就是受这种影响。

顾颉刚先生说中国历史五千年是自吹自擂,其实中国的历史只有两千五百年。尧、舜、大禹都是后来层层累积而成的传说。孔子时代只讲到尧舜,后来才讲三皇五帝。盘古开天的故事到三国才成型。古老的事情,后来才创造,这也就是顾颉刚先生的"古史层累说"。但是在他之前更早,日本人就提出"尧舜抹杀论",认为尧舜的故事都是后来造的。早期我们反儒、反帝制、反传统的很多思路,跟当年在日本学来的这些东西是有关系的。

后来,儒家思想产生变化,也跟日本的发展有关。二战中日本经过美军大轰炸,沦为废墟。中国人自大,认为日本打中国才陷入泥沼,忘了中国只是日本世界战略的一部分:日本向北进兵苏联,向南进兵东南亚,向西进兵美国。现在看来,日本以这样一个小国打这么大的战争好像是疯了。战后日本国力消耗殆尽,不过20多年就迅速复苏,虽然有美国做保护伞,但日本经济迅速发展也是有目共睹的。

美国《日本第一》一书影响很大,说美国已是老二了,日本崛起成真正的老大,其经济之好能把美国纽约地标性大厦全部买下。日本全球移民也很强势,南美有一总统就是日本后裔。中国制造还站不稳时,日本的产品行销世界,很受尊敬。

日本迅速地崛起与其企业运作效率高有关,比欧美更胜。这个话题慢慢发酵,在80年代前后引发了一个很热的话题。这个话题是什么呢?研究表明,日本所拥有的儒家文化的因素,不但不会阻碍社会的现代化、工业化,反而使日本比老牌资本主义更好。

日本企业家做生意看重历史,其特点可概括为"《论语》+算盘",好像是边打算盘边读《论语》。这种说法来自日本大银行家涩泽荣一的著作《〈论语〉与算盘》,他将儒家思想作为企业发展的内在动力,并要求员工读《论语》。

日本的企业管理跟美国完全不同。美国强调科学管理,以科学的计量研究,安排生产工序和时间,以达到最好的结果。这种理论后来遇到挑战,因为人毕竟不是机器,还要处理员工素质、心理状态、企业文化等内容。企业要给员工加薪,而员工更想休息,就需要人性化的管理,这是西方管理学的范畴。日本式管理更强调人跟组织的关系,有类似家族式的忠诚。日本的经验说明东方的儒家文化家族伦理,不但没有阻碍,反而刺激了日本的经济发展和社会现代化,比美国式的企业活得更久,内在向心力更强,人际关系也更为融洽。

日本企业也非常强调历史观,谈到企业管理,需要读的书有《贞观政要》《十八史略》等。而西方管理学对应现代化工业体制,到现在只有100年,没有历史性,所以它的管理学也就没有历史观。日本则引进了大量阳明学的内容,含有心性论的因素,强调人内在的修为。现在大陆管理学界最流行的还是稻盛和夫的思想,将阳明学用于企业管理。这种形态让西方人大开眼界。

不只日本一个例子,刚好这时韩国、中国台湾、中国香港的经济跟社会发展迅速,在国际上也越来越重要。这就是常说的"东亚四小龙",又称"东亚锐锋",像刀锋划过,让人眼前一亮。所以这个时候就出现一个新的话题,叫"儒家伦理"。儒家伦理对于现代社会产生的是一种促进作用,它可以帮助这个社会现代化做得更好,使劳资纠纷不像西方那么严重,社会贫富差距在东方社会里反而比较轻,社会发展更快。这就扭转了过去的偏见:儒家一定是跟封建专制结合,跟自由、民主、科学不相干。这样一来云开雾散,儒家型社会在西方冲击下引进了很多东西,但内在肌理仍带有儒家深厚印记,有一定创造力。

20 世纪 80 年代,中国的改革开放刺激了此论调进一步发展,强化了儒家伦理与现代经济的讨论,形成了"儒家文化圈"理论,即"儒家文化经济圈"或"华人世界经济网络",出现了世界儒商等研究内容和相关课题。

但到了 90 年代初,这种理论遭遇挫折。首先是日本经济衰退,经济泡沫后已经 20 年没有增长。日本选民支持安倍晋三也是希望他能重振日本经济,但效果不佳。而"亚洲四小龙"也光辉暗淡。金融风暴以后,韩国一蹶不振,差点垮掉,最近稍有起色。中国台湾因为内斗,不仅工资都不如 20 年前,社会秩序也乱成一团,儒家文化没有发展。现在看来新加坡是威权社会,过去误以为它是儒家文化。其实在新加坡谈儒家文化是忌讳。过去教学只有英文,华文教育仍缺失。香港由于英国租借地的特殊历史地位,在内地未开放时,作为自由港口和金融转运站商机无限,此后,其光芒也慢慢褪色。内地虽然也是儒家文化地区,但经济还有待发展,不能划到经济圈里面。所以这种情况下,所谓的儒家文化经济圈的概念到90年代以后,慢慢令人难以信服。

四、 孔子重新受到重视

中国的经济崛起毕竟给大家带来很大的希望。虽然开始阶段,社会向"钱"看,在经济大潮中人们相信丛林法则,唯利是图。但值得庆幸的是,社会仍存有儒家文化的火种。过去反对声音占了主流,但这些火种并未消失,还在发光发热。从民间儿童读经、国学运动等,一步步推展开来,逐渐影响到中央的决策。

过去民间读经,反对教育部的体制化教育,不要小孩子去学校,认为教科书没什么可读,不如自己在家读经典。但现在体制本身开始产生变化,教育部提倡传统文化进校园,改编教科书。政府也开始行动,干部学国学,地方设立国学讲堂,重新请回孔子。

孔子也成为非常重要的新时代文化象征。2011年在天安门广场东侧、国家博物馆北边树起一座孔子青铜像。当时国家博物馆的馆长就强调孔子是中国传统文化的代表,具有国际影响力。但是推出后,网上争议一片。据人民网调查,仅有三成肯定态度,七成网友认为不妥。因为争议太大,所以铜像又撤了回去。

而在这座孔子铜像推出之前,当时孔子基金会已经在曲阜发布了一个孔子标准像,发布当天,虽然联合国组织颁布的一个国际教育奖用了这个标准像,但在国内还是有很大的争议。

2006年,孔子基金会发表标准像,2011年国博树立铜像,都是从文化角度来讲,但事实上,时至今日,社会上讲到孔子还有当年批林批孔的印记,似乎提到儒家就是封建礼教,这种思想早该过时了。

中国并没有封建,哪有封建礼教呢?一般讲的封建是马克思所说的封建社会,中国并非如此。马克思所说的是欧洲中古时期的庄园经济和骑士社会制度,中国都没有。用"封建"来指称古代社会,认为有很多的封建国家,就忘记了欧洲封建小国上面没有周天子,跟中国完全不同。这样来看的话,中国从来没有封建,哪来的封建礼教呢?

如果脱离天安门这个高度政治符号化的场域,孔子像就已经在各地重新树立起来了,比如孔教会。值得一提的是,孔教会的先驱也与儒家经济密切相关。100年前,陈焕章曾是中国在哥伦比亚大学获得经济学博士的第一个人,他的博士论文写得非常好,立即在哥大出版,引起了当时重要经济学家的重视。美国自由经济巨匠凯恩斯就专门写序，高度赞扬这本书，说通过陈的介绍才了解到孔子是世界自由经济体系的先驱，现在一些有价值的内容孔子早已经想到等。这本书中译本为《孔门理财学》，强调孔门理财的学问。过去觉得孔子是为封建礼教服务的道德劝说家，就忘了其学说是治国平天下之学，并非只是道德言语。不是不能经世致用，而是人们不用而已。

最初是孔子基金会到各地捐赠铜像，捐赠了大概 400 尊。捐赠的过程也很有意思，是拥有资源者向资源匮乏的地方运送资源。早期都是海外向内地捐赠孔子像，现在内地也开始建孔子像了。

典型的例子还是山东。汶上县就建了孔子像。山东认为自己已经拥有孔子文化，是孔子文化核心区，于是开始向更匮乏的边陲地区捐赠。2013 年就有孔子文化边疆行的活动，到新疆喀什、英吉沙捐孔子像，后来又到西藏捐赠，传播孔子文化。还扩大到世界各地建孔子学院，捐孔子像。孔子成为新时代中国文化的代言人，并已经被推广到海外。各地建孔子像，其文化内涵很有活力，文化意义还在不断地转变和扩大。在网上一查就能知道，民间雕孔子像、造孔子像、塑孔子像的厂家非常多，可见社会需求之大。《平原晚报》报道，有人手工雕刻核桃木孔子像以表尊仰之情，这种自己雕刻但不售卖的民间艺术家也有很多。

老百姓也开始拜孔子了，除了一些地方的家庭重新立起天地国君师的牌位之外,孔子像已经跟神像、佛像、文昌帝君一样,被老百姓寄托了消灾厄、开智慧、保佑考试如意等期许。2015 年《北京晨报》报道,5 月孔庙、国子监每天都有 1000 多人前来祈求高考顺利,考后要填志愿的 6 月又有一个膜拜高峰。各地都是如此,东北高三家长在酒店布置风水房,搭文昌塔,挂孔子像,让考生入住,孔庙中挂满了祈愿牌。6 月 2 号高考前夕,河南某地广场上树起孔子像,500 个学生列队礼敬,用以祈福。

在新媒体和商务中,孔子符号也产生了变化,有了新的作用。例如孔夫子旧书网到现在已经十几年了。作为全球最大的中文旧书交易平台,是传统旧书业结合互联网的产物,在全中国古旧书网络交易中占了 90% 以上的份额。以孔子作为它的主要符号,对于平台传播传统文化的意义不言而喻。

另外就是数字博物馆。我办的都江堰的孔庙是全国第一家全景式的孔庙数字博物馆,正式开启互联网的国学时代。这个项目并没有花钱,而是百度百科主动合作的,使用各类技术,使得孔庙所有活动和场景均能联网展示。用户通过点击切换场景,穿越棂星门,从大成门到大成殿来拜孔子、四配十二哲,还可以参观六艺体验园。其他孔庙多只有空房子,偶尔办些小活动,最多像曲阜孔庙做旅游。但是都江堰孔庙不做旅游,游客也超过 100 万人了,达到一级博物馆 70 万人次的标准,还是百度百科十大人气博物馆。

游客来孔庙一般没有什么可参观的,进来转一个圈就走了。但都江堰孔庙礼乐射御书数什么都有,人们进来后可以看,可以射箭,可以玩,可以喝咖啡。还有古代的典礼可以参与,比如婚礼、观礼、射礼、士相见礼、乡饮酒礼,以及春秋两季祭孔活动等。

百度百科推动数字博物馆已经很久了,借助网络推广文化,丰富了传统博物馆的业务功能。这并不是新事物,在国内推展也有十几年了。

传统的学者与管理者对数字博物馆的认知水平参差不齐,一些建成的数字博物馆不免有学究气,不够清楚。百度百科使用新的技术,线上吸引 2500 万人,建成了全国最大的博物馆互联网平台,孔庙在其中也打开一个新的文化符号空间。这与孔子重新受到重视密切相关。

五、 孔子红起来的时代原因

最后总结一下孔子为什么这么红呢?我北大的一个同事李零先生写了一篇文章,叫《传统为什么这么红》,分析为什么原来打倒的传统又回来了,主要有以下几点。

第一,此前反孔、反儒有其历史情景,中国衰弱,落后挨打,想要奋发图强,就觉得自己文化不行。为了民族更好的发展而毁坏掉自己的文化,就好像金庸小说中的"欲练此功,必先自宫",我们用文化自宫的方式来力图保全自身,十分愚昧。我们距五四运动已经很远了,中间过了 90 年,反反复复,这条路已经走到一个极端。现在才发现很多文化丢掉了，很多东西都不会。不说别的，都江堰孔庙礼乐演奏的礼生和乐生都是在当地学民族音乐的学生，有一定基础再重新培训。当时从山东曲阜孔庙复制了很多乐器，但他们很多不认得。现在的民族音乐说来可笑，煞有介事地在台上表演，但表演形式、座位方式、乐器分布等，都是学交响乐。古人祭天、祭地、祭鬼神、祭孔的仪式人们没见过。现在演出都是装模作样的，以创新为托词，是不懂装懂的无知妄为。比如乐器中"锦瑟无端五十弦"的瑟，现在的瑟二十五弦，比七弦的琴大得多。古代瑟很重要，如"我有嘉宾，鼓瑟吹笙""琴瑟和鸣"等。这些学生没见过，也不知道怎么弹，我给他们瑟谱，教他们怎么学。

礼乐射御书数，连一些乐器都没见过。弓箭和西洋也不一样，传统的射礼、射御，跟礼乐结合的那一套文化都没有了。日本、韩国有射道和弓道，他们传承了一部分，我们可以观摩学习，到日本学习雅乐。但日本学到的是唐朝的俗乐和民间音乐，宫廷祭天大典的演奏，遣唐使和留学生没机会参加。所以其所学雅乐是当时江南地区的音乐，有戴面具的《兰陵王入阵曲》等，还有一部分朝鲜乐曲和林邑乐，及越南半岛的音乐等，这合起来就是日本的雅乐。但是我们还是可以从它的曲调、仪式中，通过乐理了解一小部分内容。相对来说，祭孔是比较简单的，因为祭孔在古代是大典礼，所以它的典制记载比较完备，还可以恢复。

所以，我们现在从文化上来说，很多东西都没有了，文化断层，每个人有文化的需求，我们希望能够恢复、填补起来。

第二，我们现在身处后现代的情境。以前认为科技最好，因为落后需要引进科技来完善工业，改造社会，以求富足。但现在明白，科技发展也带来了许多灾难。同时生态问题严峻，应反思古人所说天人合一，方深知人与自然和谐之道。

现代社会阶层分化，人际关系紧张，而儒家讲仁爱，值得恢复和提倡。社会上部分人唯利是图，所以要谈义、讲礼。儒家不是说不要利，而要以义兴利。《大学》一大段讲生财之大道，前文论及的《孔门理财学》也表明学儒家可以生财。

儒家治理社会，讲究的一是"庶之"，二是"富之"，贯穿始终的是"信"，要以义为骨干，以义兴利。这对于后现代的中国来说，才是符合新时代语境的内容，再去讲打倒儒家就不合时宜。要认识到科技的限度，自由放任的危害，要关怀他人，"己所不欲，勿施于人"。彼此关怀、协助，构成合理的人文社会，在这个情境里，我们重新去体会孔子的思想。

第三，在全球化的时代，我们的生活方式跟西方越来越接近。要追问"我是谁"？什么是中国人？一个中国人应该有的文化主体性和文化认同是什么？我认为当然还是围绕孔子，回到儒家。孔子的思想在近代这100年来经历过无数的变化，其实这不是孔子的遭遇和变化，而是我们自己的遭遇和变化。孔子是我们处境的投影，我们焦虑，觉得没法生存了，就骂孔子，其实是自己不争气。

我们处在今天这个时代里，要为自己寻找新的文化定位，探索一个新的人文世界的合理方向。让孔子在我们的心中、我们的脑海中、我们的社会中，慢慢重新浮现他的身影，这是整个近代思潮中的孔子，其实也就是在近代思潮中我们自己的遭遇。

第十二讲　孔子思想的西方回声

刘　东

西方传播孔子思想的传教士、哲学家有很多,如果我一个一个去介绍,那两个小时是讲不完的,是一堆零散的知识,而且大家也抓不住什么要点。所以,我准备了一个引言、一个结束,用一套东西来看看孔子在西方思想界的回声说明了什么问题,下面从"轴心时代"作为切入点开始说起。

一、引言:"轴心时代"的文明

"轴心时代"是德国哲学家卡尔·雅斯贝尔斯在他的著述《历史的起源与目标》中提出的,最不寻常的时期就是这个时期。我曾经在博士论文里说过,正如雅斯贝尔斯在他的《通往智慧之路》中所指出的那样,这样一个信仰危机的"轴心时代","人开始意识到它整体而存在,意识到自身的存在及其有限性。体验到了人世的骇然可怖和他本人的孤独无靠。他提出了根本性的问题,并已为索求解脱和救赎而接近无底之渊,所以他就意识到了自身的限度,建立起至上的目标"。

公元前5世纪前后是人类精神文明的重要突破期,在这个时期,各个文明都出现了影响深远的大家,如中国的孔子、老子,印度的释迦牟尼,伊朗的查拉图斯特拉,希腊的苏格拉底,等等,所有的文明都在这个时候突然活跃起来了。与此同时,这些地方也产生了宗教。

那这样一个开头和孔子有什么关系呢?其实从这样一个宏观背景,我们可以高屋建瓴地看出来,在此后几千年的世界文明史中,本质上都发生了什么,其实说到根上,也无非是从那个时期所提出的,有一种不同的人生解决方案。几个文化在不同的背景下发育、生长,甚至相互地交集、对话,竞争各自的解释力量和规范性。大家知道,这几个文化发育出来以后,开始向外扩张,开始互相叠加起来,尤其是在西方近代出现了史无前例的扩张,最后导致了全球化。在全球化的过程中,文化继续进行交叉和辩难,不仅没有消歇,而且随着全球化的深入更加激化了。

这种文化的激化给全人类带来空前的紧张,也带来了前所未有的机遇。为什么这么说?如果你处在四个文明圈的任何一个中间,你都会相信那个道,比如道学家程颢说"道通天地有形外,思入风云变态中",他觉得我就是唯一的一个道。但是当这四个你都懂的时候,那么这四种文明就互相解构了。你会发现,你知道一些人类的价值,是孔子的而不是苏格拉底的，是佛陀的而不是耶稣基督的。那么这四种文化在互相解构，就像一个人在说话，后面总有人给他泄气。所以，其实人类现在找不到一个能够安顿自己灵魂的东西，因为这四种文化本身就是相对的，这就是所说的一种危机。

闻一多先生当年写过这么一段话，几乎和雅斯贝尔斯同时，他说，人类在进化的过程中走过多少年，突然，中国、印度、以色列、希腊，差不多都猛地抬起头来。他说再过几百年，四处都醒觉了，跟着比较可靠的历史的出现，四个文化在悠久的年代中，沿着各自的路线分途发展，不相闻问。突然，四个文化慢慢地都起着变化，互相吸收、融合，以至总有那么一天，四个文化的个别性渐渐消失。当然，这四个文化也可能最后把我们人类带到灭亡。但是也有一种可能，你会发现，这四个文化在不断地互相解构和互相对话的时候，总有一天，需要有一个新的人、一个新的文化，其伟大之处是要大于前四个，出来再造一个让人类都能信服的价值体系，这个价值体系能够重新让我们的心灵得到安顿。那么大家再想到我们活着的这个时代，就不会不寒而栗了。

梁启超先生早年曾说过，中国见败之道有二："始焉不知敌之强而败，继焉不知敌之所以强而败。"前一个，当然是指我们在鸦片战争中不知道人家强。第二个，那样一个船坚炮利背后掩藏着西方的生产制度，掩藏着它们的文化、思想、社会、机构，那些东西为什么强呢？后来这个话说完以后，中国开始了大规模的翻译运动，从严复到我们这些人，一直在领导翻译运动。严复认为,西方强,强在个人独立、自由,每一个个体都是自由的话,就像锅里每一个分子都活跃得很厉害,当然就是高压锅了,它的动力就比较大。当然,严复是非常值得我们敬重的老先生,他开始去洞悉西方的机密,而不再仅仅羡慕人家的船坚炮利。

再来看梁启超先生想要伸张的这个佛学,已经不是一般意义上的佛学,他是从儒家现实观点和大同的立场,去吸纳印度的智慧。同样,他想发挥的国学,也不是一般意义上的国学,他是通过康德的"哥白尼革命",而进行的可以为现在所理解的思想变革。所以在梁先生那里,当时的儒学、佛学和西学,都不再是僵化的教条,而是通过头脑消化理解中达成的重叠意识。

大家可以看出,这个时候,其实那几个轴心文明开始互相叠加,"意识重叠处就是智慧生长处"。也就是说,我们人类还有一个文明,一定不会在穷山沟里产生,一定要在几个大文明对话最厚重的地方,哪怕是文明战争发生最多、辩论最厉害的地方才能产生,这个过程大概从梁启超那时就已经开始了。

在这样一个宏观的背景下,此后几千年的世界文明史都发生了变化,并且随着全球化的深入和推动,大大促进了各大文明之间的交集和对话。将孔子及其影响放在这样的意识重叠处体察,才能促进智慧的生长。

二、孔子思想在西方的传播者

（一）传教士对孔子思想的传播

在历史上,传教士和哲学家对孔子思想向西方传播发挥了很重要的作用。四百多年前,利玛窦叩关澳门,开启了中西方文化的真正对话之旅,这是真正具有近代意义的中西思想交流。利玛窦号称西方的"孔子",他把轴心时代的孔子思想带到了西方,使中西文化交流形成了一种良性的对话。另一个人是比利时的柏应理,他也是传教士。当时他出版了拉丁文版的《西文四书直解》,这是17世纪欧洲介绍孔子最详细的一本书。

就是在这些传教士的影响下,孔子才开始被欧洲认识,变成了在道德、政治、哲学等方面最伟大的学者和预言家。自由派人士认为孔子是思想启蒙和思想解放的象征。那个时候的孔子,完全是思想解放的象征,他代表了启蒙,代表了跟西方的中世纪对抗,是自由派的英雄人物。实际上,孔子的思想在这一时期流传到西方本身就是一种启蒙话语,是"未知生,焉知死""不语怪、力、乱、神"的清醒理性主义。他得到了什么样的评价呢？比如说,当时中国人在德行、智慧、谨慎、信义、诚笃、忠实、虔敬、慈爱、亲善、正直、礼貌、庄重、谦逊以及顺从天道诸方面,为其他民族所不及。所以后来莱布尼茨也评价这本书,他说这位哲学家超越了我们所知道的所有的希腊哲学家的时代。大家知道莱布尼茨是当时西方最聪明的人，到现在为止，比如说我们现在用电脑的主要逻辑思想也是莱布尼茨提出来的。

耶鲁大学第一位汉学教授卫三畏本来是传教士，对中国和日本的文明有着切身的感受和体验。他撰写的《中国总论》是西方研究汉学的重要著作，从此开始，西方慢慢开始了对中国的学术性研究。《中国总论》这本书对孔子的评价比较趋于客观，说他是"温和正直地和同辈人交往。他的哲学要求人们在现实世界中，而不是从一个看不见的神灵那里，寻找约束力"。相比于对希腊和罗马先哲的学说，他对孔子的评价论述也毫不逊色。

那么我们再深入下去。有一个英国的汉学家理雅各，他将四书五经等中国典籍全部翻译了，是著名的汉学家，但是他不认为孔子是一个伟人，因为孔子对于宗教没有任何热情和冲动，这对于具有传教士身份的他来说是无法接受的，因为在传统观念里，非宗教或无神论者象征着道德败坏。前面也说到了，四个轴心期的文明，你要相信了一个，就没办法相信第二个，因为它们互相是解构的。这样的话，就可以理解理雅各为什么会做出这样的结论。理雅各的工作其实还是更有助于在欧洲人当中传播东方主义伟大的故事，而不是有助于中国人基督化。所以他本来是要来传教的，他传教没成功，反而是把中国的经典带回去了，在西方传播开了。其实这是一种移情现象，传教士踏入中国以后，他们就会移情中国。黑格尔在精神现象学里面曾提到过"历史的狡计"，就是历史往往给你一个潜在的目标，但是当你走到了那个目标以后，你会得到的东西，每一次更大，是出乎你的意料的。一个人也许是为了情欲，但是后来他们发生了爱情；一个人可能都是为了争一个向上流动的出身去进入大学，可是后来他们竟然发现那里面其道之深，他们热爱上了学术，又为学术献身了；本来你是为了晋身的，结果你那个"身"又不重要了，每一次都是这样的。人生就是有一个这样的黑格尔式的足迹。那么传教士进入越来越深，这个时候他们就会超出教会当年派遣他们的本意，这个传教运动一方面对中国本土文化有破坏，另一方面他们又在历史的客观的后效过程中，在某种程度上表现为双向的文化传播。

还有一个人叫明恩溥，这个人物对于我们清华大学是非常重要的。他的《中国文明》和《中国乡村生活》在中国影响非常大。明恩溥认为中国是有旺盛生命力的民族，一定会有一个伟大的未来。他说，人们总是认为灵魂不朽的一个有力的证据就是，灵魂中的优秀力量常常难以在此时展开，或者缺乏展开的机会，如果证据是确凿的，中华民族那种无可比拟的坚韧性格应该是用来担任崇高的使命的，而不仅是让他们忍受生活中的常见的灾难和饥饿的折磨。这种推论是合理的话，所以说，如果适者生存，他已经看出中国人特别体现出适者生存，是历史给的教导，毫无疑问，一个天生就有这一品格，有旺盛生命力的民族，必有一个伟大的未来。所以不是要消灭掉中国的民族性,而是要发挥中国人的民族性。这一点,明恩溥看得很准。后来费正清曾经说过,他的书显示出美国人开始对中国进行社会学式的研究。

刚才我说到了 17 世纪、18 世纪西方对中国的印象特别好,19 世纪对中国比较坏,孔子的形象也是连着的。我刚才讲了两个比较坏的,现在到了德意志的孔夫子形象。19 世纪到 20 世纪的卫礼贤,他是德国最著名的汉学家,他著有《中国的心灵》《中国人生活的智慧》《德国孔夫子》《中国日记》等著作。卫礼贤认为,在历史上,中国没有宗教,孔子也没有建立教派,只是在传授真理,并指明在世间实现秩序与和平。孔子并不存在能建立一个教派组织的空间。这是卫礼贤的夫人回忆他时复述的。他还认为,儒家学说有很多方面对西方社会同样具有极大的价值。在卫礼贤时代,他自己也写过儒家学说的精髓,这种精神气息还在继续发挥作用,问题仅在于是否有合适的人选来进一步发展。他的意思是,孔子的思想到现在为止还有发展的潜力,关键是有没有出现这个时代的朱熹或者王阳明。因此,对孔子尊崇的最好路径,就是使他的学说在全世界得到广泛的传播,并深入人心。

以上这些努力传播孔子思想的传教士最后都变成了著名的学者。他们的传教工作有助于在欧洲人中传播东方主义的伟大故事,而不是有助于中国人基督化。虽然,他们在中国的传教没有取得成功,但是他们把中国的经典带到了西方社会,让西方社会领略到了中国思想的魅力。一方面,这些传教士作为西方研究中国的引领者，他们对孔子的好坏判定是看信不信宗教。这种论述造成了西方人进一步理解中国的障碍。另一方面，随着他们进入中国的深度加深，那些踏入中华世界的外国人常常会移情于他们所要对付的中国。他们的作为超出教会当年派遣他们的本意，一方面对中国本土文化有破坏，另一方面又在历史的发展过程中传播中华文化，在某种程度上表现为双向的文化传播。

传教士我们就讲这么多，基本上就是一个"之"字形，后来慢慢传教士就开始衰落了，因为西方的宗教自己也开始衰落了。

（二）哲学家对孔子思想的传播

首先我们来看对孔子思想持赞同态度的哲学家。

我们知道，传教士和哲学家是互为因果的，哲学家也是分成"之"字形的。

第一个，我们来说莱布尼茨，他被誉为"17 世纪的亚里士多德"。他坚信中国对欧洲科技的理解消化只是时间问题。到完全理解的时候，中国将有可能超越西方，而且是以一个对政治强权者们而言，带有某种要求政治上和经济上平等的致命性打击的方式。莱布尼茨发现，尽管西方在理解科学方面更为先进，但在道德上中国更为出色。莱布尼茨认为这是命运的特殊安排，要让这两个文明程度最高的民族携起手来，逐渐使位于两者之间的各个民族都过上更为理性的生活。同时，这两个文明又是地域相隔遥远的，实际上刚才说这四个轴心区的文明，有一个地缘的问题，比如说希腊在希腊化过程中间遭遇的是犹太教、基督教，这个事情没有什么历史必然性，而是一个偶然，那就是因为犹太教和基督教坐落的地缘位置相同，而当时为什么唐僧往那个地方去？如果当时他不去西天取经，他也没有更好的地方去取，这完全是地缘的原因。如果当时中国人旁边恰好是希腊文明，那历史可能完全是另一个样子的。所以莱布尼茨也相信，欧洲人到中国人这里学的道德实践的习惯，不仅能够让欧洲人理解中华文明，而且能够解决他们内部的宗教冲突。

莱布尼茨有个学生叫克里斯蒂安·沃尔夫，是第一个用母语德语来写哲学文章的人。哲学家跟传教士不一样，传教士重视教堂、教廷，而哲学家不需要。他没有关于上帝的明确观点，一生都努力追求德行，教导别人如此。哲学和神学的区别就在这个地方，神学有一个出发点，哲学是对任何出发点都要批评性地反思的。沃尔夫认为孔子有理性的准则，中国人通过这样的准则维持国家。他在写给俄罗斯人的信中写道："在中国没有自然宗教，也没有基督宗教，他们完全依靠一套基于自然理性发展而来的学说来实现自然德行。"我刚才说，如果中国和希腊碰到一块，我们中国人就不会遭遇是不是宗教的困难。按照孔老夫子或者后来宋明理学的想法，就是君子"不欺暗室，不愧屋漏"。什么意思呢？基督教告诉你，天上有一个无所不能的存在看着你，所以你做不道德的事，将来是要进地狱的。道德本来是像孔子说的"己所不欲，勿施于人"，后来西方人把它说成是道德工具。苏格拉底说，知识就是道德，我们只要能够有知识，想到这个问题，那就是美。所以，人类本来可以不用宗教来监督道德问题，而且中国几千年也就这么解决的。

伏尔泰是欧洲启蒙的旗手，他的书《哲学辞典》《风俗论》中都有关于中国的解释。我们从他的书中可以看出，其实慢慢地西方哲学家就不再像神学家那样，或者传教士那样，对信仰的理解这么教条了。西方哲学家认为孔子不创新说，不立新礼，他不做受神启者，也不做先知。儒家各学派里并没有人宣传无神论，但是却有不少的无神论者。在伏尔泰看来，那些主张一个无神论者的社会可以存在的人是有一定道理的，因为社会由法律维持，而这些无神论者又都是哲学家。在法律保护之下，人们可以过一种贤明而幸福的生活。他们在一方共处的确也比那些狂热的信徒们在一地聚居容易得多了。如果以中华文明的这个角度，就永远不可能出现恐怖主义这样的事情，为什么呢？因为中国古代的时候，任何宗教都可以宽容。

还有个人是爱默生，他是美国的开国精神领袖，被称作美国的"孔子"，他的代表作是《论自然》，也强调天人合一。这个天人合一未必是孔子的想法，但一定是后面宋儒的想法。

接下来，再看对孔子思想持批判态度的哲学家。

我们知道，一种思想的产生流传，总会有不同的声音推着它前行。除了赞同的声音，还有反驳、批判孔子思想的声音。

首先要讲的是赫尔德。赫尔德是德国重要的思想家,他是批判孔子思想的主要代表人物,他对民主主义以及狂飙突进时代的浪漫主义都起了很大作用。其实他的美学思想也非常不错,但是他对于中国的看法特别坏。如果说莱布尼茨到伏尔泰是启蒙主义者,赫尔德应该是反启蒙主义。反启蒙也有很多重要的观点。他认为,孔子通过他的政治道德说教把这副枷锁永远地强加给了那些愚昧迷信的下层民众和中国的整个国家机构。前面说过,我们不能够用"对我好不好"那种简单的说法来评判。孔子应该有一个更好的继承人去思考这个问题,如果中国喜欢孔子思想的人,真正开始做顺民,真正开始永远服从于道德,那有可能就是这样的,西方人对中国的感觉就是如此了。

再往下,就是有史以来的哲学之王黑格尔。到现在为止,大概也没有人在哲学史上的位置超过黑格尔。他主要在《哲学史讲演录》和《历史哲学》两本著作里评议孔子。在他看来,《论语》讲的只是一种常识道德,这种常识道德毫无出色的地方。孔子只是一个世间的智者,一点也没有思辨的哲学,只有一些善良、老练和道德上的教训。所以他现在的教训是为了保护孔子的名声,我们最好别翻译他的书。孔子本来又没写书,是他的弟子问他一句,他说了一句。孔子的思想是经过了后世很多年的挖掘、解释,才变得系统化起来和深奥起来。黑格尔或许是从翻译本中了解孔子的,他可能无法真正理解孔子思想的精髓。

　　黑格尔之后,有个人叫马克斯·韦伯。我们知道,社会学有三大神灵,说的就是马克思、马克斯·韦伯和德国的迪尔凯姆。马克斯·韦伯在世界上是一个殿堂级、神级的人物,他统摄了整个德国的知识界。他的思想在中国有过三次较为重要的影响,第一次是宣传他的新教伦理,并以此来批判儒家,认为儒家学说无法产生出支持中国走向现代化的东西。第二次是在 20 世纪 90 年代中国社会经济复苏发展的时候,中国人顽强拼搏的精神被世界所认知,此时对于儒家精神更多的是一种赞扬,甚至产生了诸如《儒教伦理与资本主义精神》这样的著作。第三次是韦伯思想的彻底转型,当时学术界开始反驳韦伯,从东方主义话语和后殖民主义角度进行评论,认为他的理论完全来自于西方的偏见。后来韦伯自身也认识到了这点,他在写经济与社会的时候,突然意识到西方官僚主义"铁笼"的弊病,包括人际关系的疏离、环境的污染、内心的空虚、消费主义至上等现代性问题,他就再也不批评儒家了。这时候韦伯突然觉得儒家挺好。他在儒家那里面发现了大量的关于生活的高尚的学说。

最后来看对孔子思想持平等态度的哲学家。

　　这个哲学家叫雅斯贝尔斯,他是一个精神病医生,后来也是略逊于马克思、海德格尔的一个存在主义哲学家。他沿着韦伯对其他文明的看法,平等地对待孔子。他开始的时候通过对比研究,把孔子放到一个文化相对主义的立场上去研究,写了《历史的起源与目标》《大哲学家》《存在与超越》等著作。

后来雅斯贝尔斯说了很多关于孔子的话,说他不讲任何宗教体验,不曾谈及启示,他不曾经历内在的重生,他不是神秘主义者,然而他也不是理性主义者等。他追求美、秩序、真与人世的幸福,这一切的根基并不因为失败与死亡而丧失意义。孔子如何立身处世呢?雅斯贝尔斯是启蒙运动以来唯一一位以严肃的科学的态度把孔子视为"伟人"的哲学家,认为他有伟大的理性之光。就像我刚才说的那样,他认为孔子之所以可以启蒙西方,是因为整个中国文明的基础奠定在先秦理性主义之上。我们可以看出,雅斯贝尔斯阐述的许多有关孔子的深刻道理,实际上是沿着某种话语体系而来的,这种文明对比的路是由马克斯·韦伯开辟的,他的想法影响深远,十分重要。所以我们将来读书,应该先从这些重要的著述读起。

我们应该能体会到,毕生都在追求信仰的哲学家都是借着自己的哲思,将杂多归拢到整一。所以,实际上"轴心时代"一词有很大的问题。对全人类的"画卷"来说,它成了"卷轴",具有对全世界都"通分"的超越概念。到现在为止,西方哲学家关于中国的论述,都建立在来华旅行家和传教士的报告的基础上。其时,文化交流还没到这一步,也就是说,还没到让这些哲学家自行阅读中国材料的程度。那么,传教士把中国的思想都传播到西方之后,才有了后来哲学家的阅读。所以说传教士和哲学家的发展都是呈"之"字形。对西方传教士来说,判断孔子或儒学的标准只有一个,这个标准就是看他是否也属于宗教,最好他也说了上帝。"上帝"这个词也是传教士争了半天定下来的。当然,他们的一些传教士也有可能放弃自己的传教士身份,后来的学者,特别是具有哲学家风范的学者,立场比传教士更为灵活。他可以自己有自己的根基,无论判定儒学是否属于宗教,都可以表达他自己的想法。是,也可能好或坏;不是,也可能好或坏。但是,哲学家同神学家不一样,原因就在于哲学家一定得要给出自己的理由。

三、 职业化汉学家对孔子思想的传播

下面我要讲的是职业化的汉学家。我分为四组,组成四个主题:第一组是魏特夫、顾立雅和狄百瑞,我们主要是来探讨一下中国和孔子的思想是否符合西方的政治标准;第二组是庄士敦、列文森和韦思谛,来探讨一下孔子在历史和现实中的作用;第三组是史华兹、芬格莱特和杜瑞乐,我们来看一下孔子思想和宗教之间的关系;第四组是安乐哲、苏源熙和考普曼,这三个人都还在世,我们主要来挖掘一下西方人从孔子处能学到的东西。

(一) 孔子思想是否符合西方的政治标准

我们先来看第一组。魏特夫是德国共产党的常委,他最有名的书就是《东方专制主义》。在魏特夫看来,干旱和半干旱的东方国家都是属于治水的社会,由于这里受到地理条件的制约,一开始就需要形成大规模的协作,而这种协作需要严

明的纪律、森严的从属关系和强大的领导,于是就出现了专制君主和强大东方专制主义。而这种专制主义一旦形成,就会不断复制,于是就出现了中国的专制主义、斯大林的专制主义。以这样的思路推理,孔子是一个最大合理性权威的存在,在孔子的理想社会中间,善良的臣民就是顺民。

第二个人是顾立雅。顾立雅是芝加哥大学的教授,我去过芝加哥很多次,但他已经不在了。他是第一个真正用学术的手段写孔子的西方人,这本书叫《孔子与中国之道》。他还有另一本书,叫《中国之诞生》。这些作品着重探讨的是什么呢?就是孔子与民主的关系。其实,不光是西方人这样问,我们中国也有这样的疑问,即孔子是不是能实现民主呢?顾立雅区分了孔子和宋明理学,宋明理学就是程朱理学,顾立雅认为宋明理学有被统治者利用的倾向,而孔子没有。顾立雅还说,孔子不同寻常的地方,就是他使道德脱离任何东西而独立的程度超乎了所有寻常知识分子的理解。我为什么引这段话呢?大家来回顾一下,韦伯其实不像是一般俗人了解的那样反对儒家,他曾说过,儒学是范围非常广泛的理想主义,它在缺少所有形而上学宗教寄托残余的时候,就能站立在人民有可能成就宗教伦理学的最边缘。与此同时,和任何伦理相比,儒学更具理想主义,头脑更清晰。所有的大哲学家都会发现,儒家的最大的窍门、最大的价值就在这里,不说宗教,却能给你带来利益。

第三个人是狄百瑞。他是哥伦比亚大学的副校长,也是一代美国大师。他有几本非常漂亮的书,比如《东亚文明:五个阶段的对话》,这里很快就把中国文明中的五次关键点找出来,他还有《中国的自由传统》等著作。狄百瑞的主要思想特征有三个,就是儒家哲学、自由主义和普世文明。从过去的角度来说,都那么批评儒家,怎么又是自由主义了呢?儒家怎么就能是普世了?看起来有矛盾,实际上是有机相连,他在儒家学中读出了味道。他相信东亚文明中照样存在自由主义,他更相信世界各个形态能够在对话的基础上建立普世的文明。

（二）孔子的历史和现实作用

我们再来看第二组。庄士敦这个人,他在威海生活过很多年,创立了很多学说,代表作就是这本《狮龙共舞》。当时所有的传教士都以是否属于宗教来判定孔子的好坏,而庄士敦则起了个笔名,叫林绍阳,在伦敦发表文章,指责基督教企图利用宗教改变中国。他认为,中世纪的教士和教皇公开宣称以主的名义去行事,是以主的名义做坏事。而中国存在的官府交易和中国官员的贪污、勒索或者国家的海陆防御的腐败行为,都不是以孔夫子的名义进行的。所以我们说,儒家思想不仅仅能让登上皇位的杰出政治家可以随便废除一些制度,儒家思想和中国人生活的大树的根紧紧缠在一块,具有很大的活力。当面对一个孔子传说的伦理体系的时候,欧洲希望证明它各方面都不如基督教,欧洲作者很自然地就会尽最大力量使中国经典中任何文章都显示出中国专权道德的不完美。

这时候就出现了另一个人,叫约瑟夫·列文森,是犹太人,他最重要的著作是《梁启超与近代中国的心灵》和《儒教中国及其现代命运》,还有一本《中国与世界革命》没写完,由他的弟子帮助修改完成出版。他的书比较晦涩难懂,他认为面对西方文化的挑战,传统中国显得软弱无力,所以儒家就变成了博物馆的木乃伊,只存在鉴赏的唯美价值。以至于现代中国的知识分子,以梁启超为主,情感上依赖传统,理智上趋向现代,导致传统和现代构成一个矛盾。梁启超早年时喜欢传统,考科举。后来公车上书、戊戌变法,当然趋向于新的世界。他晚年时又开始赞扬孔子。列文森认为他完全没有看出梁启超对理性的追求。其实他的这种看法是有感而发的,当时中国共产党的胜利给西方社会以极大的震惊,反而是强调新生活运动的蒋介石失败了,所以他们相信中国的民间宗教更有活力,孔子不见得能约束中国。

(三)孔子思想与宗教的关系

下面要说的人,是我的老朋友,叫本杰明·史华兹,他是美国汉学界一代之王,他最著名的书是《寻求富强:严复和西方》《中国共产主义运动与毛泽东的兴起》《古代中国的思想世界》等。他出过关于佛教、伊斯兰教、基督教的精神性方面的书,唯独缺一本关于儒教的精神性的书。后来,在他的领导下,终于也出了写儒教的精神性的书。

还有个人叫芬格莱特,他是一位非常重要的哲学家,代表作是《孔子：神圣的凡夫》，译为《即凡而圣》。讲的是什么呢？简单来说，他对西方中心主义发出挑战，认为西方人以本能和直觉的方式来解读《论语》，思想上受到了束缚。西方人最不懂《论语》的是"礼"这部分，"礼"显得很外在，又对人有约束。但是，中西方所拥有的共同模式的特点就在于礼，它是一个人际性的表达，就是说相互忠诚、相互尊敬的表达。只有原始冲动受到礼的约束的时候，人才会变成真正的人。当我们用哲学不理解孔子的时候，用西方的人类学就能完全理解孔子。因为所有的人类学都发现了共同的"礼"，而"礼"是文明中非常重要的一部分，是当时西方人不能够理解的。后来史华兹在国家的思想事件里也反过来批评芬格莱特，认为芬格莱特在用西方的原则评判孔子。实际上，孔子思想在西方的发声，离不开西方的宗教和西方最新的学术，包括最新的发展人类学的进步。

我的另一个好朋友杜瑞乐，他最关键的研究是造就了 religion 这个词，西方人因为发现了中国有这样一个文明，才造出这个词语，所以说杜瑞乐这一知识考古学非常重要，彻底解决了我们多年的困扰。

（四）西方人学习孔子的智慧

现在到了第四组。当孔子在西方的影响发展至第四阶段时，西方人不再以西方标准来苛求孔子，反过来从他那里来学得智慧。下面我们要讲的这个人叫郝大维，他是美国实用主义哲学家。他的一个合作者叫安乐哲,他是加拿大人,最有名的著作是《孔子学的思维》,译为《通过孔子而思》。安格斯·格雷厄姆(Angus Graham)代表作是《希望中国》。他认为,像史华兹这样的西方学者一直关注的是中国和西方的相同处。在他看来,我们应该关注中国和西方的不同之处。

还有个人叫苏源熙,他是美国比较文学学会主席。他大骂西方人对中国的想法。我认为,在某种程度来说,汉学家对于孔子的态度,可以分成普遍主义和特殊主义。一般来说,中国人比较喜欢听特殊主义,因为这可以和西方区别开来,但同时也需要警惕这种说法所隐含的危险性。歧义的说法对人类将来的对话和融合是一种障碍。另一方面,出于对于哈佛学派的反抗,加州学派说中国人不那么特殊。苏源熙教授反对过分的特殊主义。总而言之,特殊主义和普遍主义中间要有一个居中。我觉得,每个人都应该带着一种善良的愿望去期望能够从国外的、外部的事件中获得新颖的知识。

我最后要说的学者是考普曼,他写过很多主流的伦理学的著作。他的代表作《向亚洲哲学学习》是响应孔子的著作。因为他是伦理学家,有很强烈的偏见。按这种偏见,伦理学主要是研究人的行为学说。考普曼认为我们平时好像都没有伦理问题,事实上并不是这样。我们平时把人都当成了一个很简单的个体,没有去考虑个性和道德修养。但是,现在我们强调美德伦理学而不是行为主义伦理学,这是非常重要的。很多伦理学都是由西方人提出来的,如赫伯特·芬格莱特、考普曼,他们不懂中文,却能通过译本发现很多中国的奥秘。所以说,最好的学习态度是在不失去自己的主体性的前提下去阅读别人的思想,不断增加自己的主体性。但反过来说,对自己的主体性也要有一个警惕,不能放纵,如果像传教士那样,把孔子完全用自己的色彩给笼罩了,那就什么都学不到了。

四、 尾声：孔子的世界意义

接下来我说一下孔子的世界意义。我们都知道,孔子形象所具有的多元性说明了孔子的独特、丰富、伟大之处。那么,西方人对孔子思想的重新发现对我们具有很大的教育意义,启示我们发现孔子的神圣之处,以及对于孔子风格与伦理的态度等进行重新思考。

雅斯贝尔斯在《历史的起源与目标》中提出"轴心时代",但是轴心期发展到现在,从更宏大的目标来看,不使用西方的话语体系把孔子思想说成一个历史的目标,并不意味着孔子没有制造出一个独特的价值合理性,也不意味着孔子没有自己独特的人生解决方案。其实,孔子的解决方案非常有意思,差不多是跟生死连在一起的。中国在孔子思想的教化下,对死亡的看法也发生了改变。孔子认为"未知生,焉知死",儒家文化看淡生死,所以孔子并不是没有独特的人生解决方案。从另一方面来看,正是在对"历史的起源与目标"这样的追问中,我们发现从公元前5世纪至今,几位圣人用他们的解决方案,在世界不同的角落实践他们的方案,现在终于到了全球化的地步,他们加在一块,就形成了一种对话。

从这个角度来说,我主编的《海外中国研究丛书》正是介绍了西方人是怎样阅读孔子的。我主编的另一套丛书《人文与社会译丛》是告诉我们怎么去阅读苏格拉底、耶稣这些哲学家的。如果有一天,当西方能更多地了解孔子,我们也能更多地了解苏格拉底,而我们在这个思考中,最后又能思考出一个新的人生解决方案,那个时候,历史才可以说走过了这至关重要的一步。

孔子公开课主讲人简介

牟钟鉴，中央民族大学哲学与宗教学系教授、博士生导师。

姜广辉，湖南大学岳麓书院教授、博士生导师。

廖名春，清华大学历史系教授。

王志民，山东省政协原副主席，山东省社会主义学院原院长，山东省齐鲁文化研究院院长、教授、博士生导师。

彭林，清华大学历史系暨思想文化研究所教授、博士生导师。

颜世安，南京大学历史学系教授、博士生导师。

舒大刚，四川大学教授、博士生导师，国际儒学研究院院长兼古籍整理研究所所长。

郭齐勇，哲学博士，武汉大学哲学学院及国学院教授、博士生导师、国学院院长。

徐洪兴，复旦大学哲学系教授、中国哲学专业博士生导师。

王博，北京大学哲学系教授、博士生导师。

龚鹏程，北京大学中文系特聘教授、博士生导师，北京大学文化资源研究中心主任，国务院中国国学中心顾问。

刘东，清华大学国学研究院副院长、教授、博士生导师。